陈默老师家庭教育支招系列

孩子，你怎么了

儿童、青少年心理问题解答

陈默 著

序

每当家长们看到别人家优秀的孩子，内心总是好羡慕：我的孩子也这么优秀该多好！我的孩子为什么有这么多的毛病？比如在幼儿园里不肯吃饭、睡觉，和小朋友玩不到一块儿；上小学了看他也不笨，可学习成绩总是上不去，老师还老来告状；进了初中越来越不听话，处处和家长对着干，把家长讲话当"耳旁风"，或者索性不理睬父母；苦读几年进了高中，高考那么紧张，还有心思暗恋那个他(她)；终于进了大学的门，哪想到更让父母看不懂了，对父母的话不屑一顾，内心的大门紧闭——真是时时刻刻要让父母操心。难怪有人说：生一个孩子就是买了一只难以解套的股票。

苦恼的家长不明白孩子为什么有这么多的问题，其实这些问题多半源于：各年龄段孩子应该满足的心理需求没有得到满足；孩子在与父母的互动过程中产生不良感受，并由此造成内心压抑后的各种外显行为。婴幼儿时期能否和母亲建立安全的依恋关系，对个体形成环境和人际关系的安全感很重要；儿童、青少年时期的自主活动对增强个体的自主感和自信感很重要；青春前期的同一性发展解决得怎么样，对个体能否形成核心、稳定的自我形象很重要；青春后期对他人的情感、道德、性的承诺能力的强弱，关系到个体与他人的关系能否顺利发展。这些是一个孩子从呱呱坠地到走出大学校门不同阶段的心理发展命题。

婴幼儿期没有建立良好的依恋关系,幼儿后期又没有与父母完成分化,被父母紧缠着,这样的孩子长大后会内心不安,人际关系遭遇麻烦,甚至可能行为混乱,或具有边缘型人格倾向。到了上学年龄,家长不知道同伴游戏对孩子心理成长的重要性,一味地强迫他们长时间地坐在钢琴或写字桌前,压抑了他们内心想到草地上、沙滩上打滚疯玩的欲望。而对于需要得到信任、尊重的青春期的孩子,家长往往加强防范,唯恐他们走错了道。殊不知伸展中的小树,如果头上有障碍,一定会往旁边生长。孩子进入高中,他就不再是孩子了,可是家长还是"孩子",没有随着一起成长。孩子不需要家长时,家长却不断出来干扰孩子,还自以为是地充当"教导主任"的角色,亲子关系之紧张可想而知。

当老师的总是为班里那么几个易惹事的孩子学习成绩差或者无法沟通而伤脑筋,他们就像跷跷板,就是摆不平,比如某个学生批评不得,一说就"炸";有的学生无论如何也激发不了他的学习兴趣,上课像条虫,下课像条龙,作业不愿做,成绩拖班级后腿;有的学生性格古怪,同学关系糟糕;还有的学生总是违反纪律,行为混乱。老师虽竭尽全力,但收效甚微,于是没了成就感,产生职业倦怠,感叹学生越来越难教了。

烦恼的老师不知道,学生在学校的表现只是露出海平面的"冰山一角",问题的根源在海平面下更深的地方。老师看不见,所以没办法解决。

然而,孩子心里的烦恼又有谁知?肩扛着父辈的殷切期望,背负着沉重的学习压力,想要的得不到,不想要的又硬塞给你。他们在家里没有自己的独立世界,和父母搅在一起,零距离感受父母的情绪变化,也不知道什么时候就感染了父母的不良情绪。他们接受了父母太多相悖的指令,比如"你是个男孩,不能'娘娘腔',但也不许粗野"。父母的眼睛盯着孩子吃饭,盯着孩子打游戏,读书时更是有七大姑八大姨的十多双眼睛盯着,孩子简直要发疯。好不容易到了青春期,身体发育了,可以做做白日梦,享受一下精神生活了,可是父母频频来打扰:日记里写什么?和谁通电话?在看什么书?得不到尊重和信任,没有平等的话语权,周围的监视、教导太多,却又无法摆脱,于是愤怒大爆发,攻击力或向外制造反抗、发泄,或向内制造抑郁、恐惧。

痛苦的孩子不明白自己的问题在哪里,自己到底是个什么样的人。

一个母亲,一个长期从事心理学教学的教师,一个心理咨询专家,集三个角色为一身,用多重眼光看问题,向你描述现象,揭示实质,给出智慧的应对方法。这里集中了母亲的感受、心理学教师的理论探索、咨询师大量案例成功处理的经验,对儿童、青少年心理发展中出现的问题给出解答,相信对家长、老师、学生一定有益。

杨治良
华东师范大学心理与认知科学学院终身教授、博士生导师

前言

"人啊,认识你自己。"希腊古城特尔斐阿波罗神殿的石碑上刻着这样的文字。

心理学是研究人的科学。要从心理学角度探究孩子成长的心路,揭示他们内心的奥秘,挖掘他们问题深层的根源,这样做是为了认识他们,爱护他们,使他们健康成长。

无忧的物质生活、空前的学习压力、紧密的亲情缠绕是当代孩子的生活写照。于是他们有更多的问题要问:我的快乐在哪里?我的痛苦源于什么?我为什么活着?因为不了解他们内心真正的需求,疑惑的家长也要问:我的孩子怎么了?我的教育错在哪里?同样受困扰的还有教师,他们觉得学生太难教,同样会问:现在的学生的内心世界是什么样的?应该怎么和他们打交道?

作为资深心理咨询师,我每年都会接触大量的个案,涉及从幼儿到大学生的各类问题。同时又在为报刊的心理专栏撰稿的过程中看到、听到许多读者提出的疑问,我心中难安,为人母、为人师的良知,推动我从中选出看似个性化,但实质上具有共性和探讨价值的问题,从临床心理学的角度进行解答,希望可以在孩子、家长和教师之间架起一座沟通的桥梁。

本书大致根据症状背后的成因,把问题分为七个类别,因问题错综复杂，故分类宜粗不宜细。亲子类问题包括因孩子与父母交互模式障碍导致的不良行为，或因早年依恋关系不良造成的与父母的情感冲突等，这些问题在现在的家庭中比比皆是；发展类问题集中了儿童、青少年发展中常出现的各种症状，孩子因神经系统发育问题导致的原发性学习技能障碍，以及他们在心理、学习上出现的各类困扰；情绪类问题解答的是成长中的孩子因内心冲突无法解决而出现的情绪障碍，以及因同一性发展困难造成的情绪困扰等；情感类问题涉及青春后期大孩子们的问题，如性心理冲突以及与异性情感交流中的困扰等；行为类问题是通过对孩子外显行为的描述，探寻行为背后的心理动机和心理障碍；人格类问题涉及各年龄段学生的个性缺陷表现；创伤类问题触及孩子生命历程中的伤痕，以及因灾难性事件的冲击造成的心理障碍。

当然，一本书要囊括从幼儿到小学生、中学生、大学生的所有身心发展问题是不可能的。家长、老师、学生如能对此书的某些段落有所感触，或能从中找到自身问题的答案，我会深感欣慰。

容在此，对华东师范大学心理与认知科学学院终身教授杨治良先生的指点深表谢意。

对编辑约写此类关注儿童、青少年心灵成长的书的远见及辛苦劳动深表敬意。

陈　默

目录

亲子问题

如何对孩子说爸爸妈妈要离婚了	2
她为什么老要讨好妈妈	4
家长教育孩子意见不合怎么办	7
10岁了还什么都不会做	9
在妈妈和继父中间作梗的儿子	11
14岁了还要妈妈挠痒痒	13
带着"隐私"去上学	15
儿子居然会还手打妈妈	17
救救我们，儿子把我们赶出了家	20
读不好书原来是这个原因	23
怎样鼓励孩子更恰当	25
不读书是为了报复父母	27
我想杀了我爸爸	30
真希望爸爸妈妈早日离婚	33
我爸爸是亲爸爸吗	35
没有母爱的我	37
20岁的儿子怕母亲	39

发展问题

幼儿睡眠问题	44
睡觉打呼噜的孩子	45

不愿意洗头的孩子	47
不听指令的孩子	49
这个孩子像猴子	51
5岁了还用奶瓶喝水	52
总是不能等待的孩子	54
我的女儿是个"两面派"	56
孩子挑食怎么办	58
为什么只会用一只手	60
这孩子总是独自发呆	62
稍一跑动就出汗的孩子	63
儿子的双眼总是无神	65
她为什么常发抖	67
上课坐不住的小学生	69
"b、p、d、q"老是搞错	71
长白发和学习成绩有关吗	73
她总是无法好好朗读课文	75
数学学不好的学生	77
长大我想做个卖报纸的人	79
脸部肌肉老抽动的孩子	81
我的计算为什么老出错	82
五年级了还尿床	84
孩子的学习障碍会不会是天生的	86
快要发育的儿子提出的难题	89
学习成绩为什么下降了	91
自我催眠是怎么回事	93

分析梦是怎么回事	95
选文科还是选理科	97
这是什么病	98
为什么我一定要考大学	99
到底该不该去留学	101
学海无涯何时休	103
长不大的大学生	106

情绪问题

妈妈一出差他就生病	110
她为什么总咬手指头	112
乖孩子会患多动症吗	114
她为什么无缘无故发怒	116
无法面对爸爸妈妈吵架的女孩	117
不肯去上学的小学生	119
我不敢一个人睡觉	121
儿子为看书哭鼻子	123
老师不公平	125
老师为什么总是表扬女同学	127
一到星期一就头疼的女孩	129
我不是外国人，为什么要学英语	132
暑假真无聊	134
我想做个"城里人"	136
她是不是得了"相思病"	139
我讨厌去表姐家	141
考试紧张怎么办	144

儿子就是不肯叫"妈"	146
我妈妈是"黏人的膏药"	148
上课老想着手淫	150
为教师节送礼发愁的女生	152
从此不做好学生	154
为什么我老是和父亲作对	157
如何才能摆脱嫉妒	160
她为什么要反复洗手	162
她是不是患了抑郁症	163
缠绕在心头的负罪感	165
体毛很密使我难堪	168
小阴茎造成的恐惧	170
她的运动热情没有了	172
害怕男人的女大学生	174
我不想考研究生,但又一定要考	176
让我失望的导师	179
医学博士的恐惧	181

情感问题

女儿是同性恋吗	184
爱上物理老师怎么办	186
我每时每刻都在想他	189
女儿漂亮令人忧	191
20岁的她爱上14岁的他	193
为什么我看到花枝招展的女孩就不能自持	195
花钱如流水的大学生	197

让人受不了的"小鸟依人"	200
女友很恋父	202
爱在心头口难开	205
有处女情结的男友	207
我们是一对"冤家"	209
看见女友我就恐惧	212
同居使我看清了对方	215
选择这个他还是选择那个他	218
过去的经历让我无法面对他	221

行为问题

胡搅蛮缠的女儿	226
他为什么老是拉"小鸡鸡"	228
样样跟我对着干的儿子	229
哭起来没完的女儿	231
老朝别人吐口水的孩子	233
她就是不肯与人分享	235
大班了还要喂饭	237
什么都要放整齐的孩子	238
一点亏也不肯吃的孩子	240
老在幼儿园里骂人的男孩	242
他也要弄点酒喝喝	244
不肯穿衣服的男孩	246
要不要阻止他这样玩水	248
穿着纸尿裤才能大便的男孩	250
偷了同学东西以后	252

女同学为什么欺负男同学	254
女儿居然想上吊	256
这个学生真是太大胆了	258
行为混乱的女学生	262
我的儿子没法管	264
他擅自拿家里的钱请客	267
热衷于炒股票的中学生	269
他只喜欢看滑稽戏	272
"拗分"行为的背后	274
邋遢鬼儿子	276
儿子老要和同学攀比	278
老想着打游戏的孩子	280
打游戏到不去上学的程度	282
这个学生又逃夜了	284
这个女生是不是发疯了	286
起绰号	289
留级的大学生	291
我们的爱还走得下去吗	293

人格问题

欺软怕硬的儿子	296
她是个"人来疯"	298
个性古怪的大女儿	300
两个外孙,两种样子	302
心胸狭隘的女儿	304
为什么他没一点竞争意识	305

老是对着镜子表演的女儿	307
喜欢打小报告的女学生	309
为什么难以忍受小伤痛	311
极端怕狗的男孩	313
我的孩子没有朋友	315
我感觉自己很无能	317
当众说话就脸红	319
我的儿子有洁癖	321
他为什么总和老师搞不好关系	323
和全班同学闹矛盾的女儿	326
不愿做女孩	329
经常训斥别人的小干部	331
他为什么坚持要变性	333
我失去了自我	336
同桌让我受不了	338
女儿为什么一定要穿男装	341
老师看不惯的好学生	343
难道减肥就那么重要	346
这世上有真朋友吗	348
教育者为什么都这么"虚伪"	351
上海人真让人搞不懂	354
寝室冷暴力	356
冷酷的母亲	359
难道要无止境的整容吗	361
选票总是投给中庸之人	363

我做不到大方怎么办	365
有幽默感的男人何其少	367

创伤问题

儿子挨了小朋友家长的打	370
车祸后孩子再也不敢上路了	372
老师叫小朋友都不理我儿子	374
这个老师太凶了	376
怎样开导留级的儿子	378
从来不肯唱歌的男生	380
开完追悼会后我变了	382
挨了继母毒打的孩子	384
我的家庭太不幸	387
我发现了父亲的秘密	389
女儿被骗失身怎么办	392
孩子,大胆往前走	394

亲子问题

如何对孩子说爸爸妈妈要离婚了

我的丈夫做了很多对不起我的事,我已无法再和他生活下去,我们已协议离婚,现在我面临的困难是怎样对5岁的女儿妮妮说这件事。平时负责早晨送她去幼儿园的是她爸爸,如果以后她爸爸不和她住在一起,不再送她上幼儿园,她会怎么想?我很害怕,不知道她爸爸离开后,她会出现什么样的情况。这个孩子又特别敏感,这些日子她就表现得有些反常。请教陈老师,对这个年龄的孩子该怎样说这件事?

这个问题很重要,对于低龄孩子,父母的突然分离会引起孩子的分离焦虑,影响孩子的身心健康,如果处理不当,创伤性的记忆将长久地留在潜意识里,造成心理阴影。好在你意识到了这个问题,防范在先,那就不一样了。

在给妮妮解释爸爸为什么离开时,要做到几点:第一,不要编谎话,诸如出国、去出差了。谎话是无法长久的,以后无法自圆其说时会造成孩子对成人的不信任。你要是今后一个人带孩子,孩子对你的信任感非常重要。还有,谎话会使孩子以后面对困难问题时也养成编谎话的坏习惯。

第二,不要说对方的坏话,这是国人经常会犯的错误。父母一旦离婚,整个家族的人都会在孩子面前指责另一方,就是想让孩子知道,离婚是对方的责任。这样做一是想在孩子面前充当"好人",二是想让孩子跟自己一起讨厌对方。殊不知,对孩子来说这会形成伤害。站在孩子立场上想想,一边是妈妈,一边是爸爸,要叫他在心理上认定妈妈或者爸爸是坏家伙,他本能地会拒绝,但又不得不如此做,于是内心混乱不堪,产生冲突与斗争。这也是为什么大多数离异家庭的孩子都发展得不太顺利。

最忌讳的话是:"爸爸不要我们了"。这会使孩子在潜意识里认为自己是不可爱的人,连爸爸也会排斥自己。

你可以对5岁的孩子说:"爸爸和妈妈都是好人,我们都很喜欢你,只是爸爸和妈妈两个人生活习惯不太一样(比如爸爸睡觉打呼噜,妈妈睡不着),有时会吵架,大家不开心,所以我们决定分开过。你和妈妈一起住,爸爸会经常来看你,你也可以经常打电话给他,这样我们三个人都会过得开心点。"妮妮妈妈,千万要慎重。

她为什么老要讨好妈妈

我的女儿欢欢读小学一年级,开学不久老师就说孩子不合群,有时上课会发呆,回答提问时会不知所措。这孩子在家里很乖,我发现她老是会看妈妈的脸色行事,有时会悄悄观察妈妈的表情,只要妈妈让她去做事她就很积极,一副讨好妈妈的样子,好像和同龄孩子的表现不太一样。

我女儿出生以后就一直由奶奶带,奶奶原是小学老师,比较有耐心,孩子和奶奶很亲密。妈妈很忙,经常出差,节假日才去奶奶家看孩子,孩子有些怯生。妈妈每次去总是会向奶奶抱怨孩子一大堆的问题,比如说话不如同龄孩子流畅啦,反应不快啦。奶奶不以为然,也不认同她的意见,反正妈妈就是这样一个挑剔女儿的人。

女儿上学后,妈妈坚持要把女儿接回自己家,还换了岗位,不去出差了。女儿回家后我发现她并不开心,每天做作业都在妈妈的监督下完成,只要妈妈不在,作业就会做得很慢,时间拖得很长,令妈妈很恼火。我担心这样下去孩子会出现什么问题。

女儿一出生就和母亲分离,可想而知,她早期与母亲的依恋关系没能建立起来。女儿体会不到母亲怀抱的温暖,母亲同样也不知道

怎样接近女儿，女儿对母爱的感受实际上来自奶奶。

现在孩子脱离了奶奶的怀抱，在这个年纪她已经很清楚亲密关系的构成了。爸爸妈妈应该是最亲密的人，是提供安全的人，可是她和爸爸妈妈亲密不起来，她没学会，不适应。其实你女儿在努力学习，她不断讨好妈妈就是为了接近妈妈，希望妈妈敞开温暖的怀抱接纳她。她不断讨好妈妈还有一个原因——在她的观念中、感觉中，妈妈是个挑剔、命令她的人，为了避免更多的挑剔、指责，就应该讨好妈妈，这是本能的趋利避害。

女儿上课发呆、不太合群的表现确实和她的早期经历有关，处理不好的话，她们母女的关系会一直有问题。一个人与母亲的关系和整个生命成长有关联，这种关联也是互动的，婴儿期离开女儿的妈妈要重新体验做母亲的感觉会有些困难，母女之间原始的情感交流会有些别扭。如果妈妈能意识到这个问题的根源，就不会埋怨女儿做得不够好。母亲无法让自己产生爱女儿的强烈感觉，不是因为女儿做得不好，而是因为自己没学会怎样去爱女儿。

早期离开女儿的妈妈万万不可扮演挑剔的角色，这种角色往往是不自觉地形成的，爱的角色被别人占住了，妈妈就只能做挑剔、纠正孩子行为的那个人了。但孩子会害怕这个角色的，因为妈妈没有了温情的一面，孩子心理上会离妈妈越来越远，长大以后母女间的关系也会有问题。

妈妈现在要努力培养和女儿的感情，给她讲讲故事、梳梳头、打扮打扮，经常用欣赏的口吻对孩子说话。告诉她你会保护好她的，要让孩子离不开你,而不是讨好你。哪一天女儿不再讨好妈妈了,那么母女关系就正常了。妈妈要记住,在家里,70%的时间做妈妈,30%的时间做老师,不能颠倒了。

家长教育孩子意见不合怎么办

我和丈夫在孩子的教育问题上经常意见不合,有时甚至当着孩子的面吵架,弄得孩子不知所措。为此,我心里很怨恨丈夫。要是他索性不管孩子,由我一个人管可能更好些。两个人意见大相径庭,孩子就会利用家长的分歧,违抗妈妈的指令时就说爸爸不是那样说的,违抗爸爸的指令时就说妈妈不是那样说的。现在孩子才上小学三年级,就越来越不听话,行为表现也不好。陈老师,你说这该怎么办?

  对孩子的教育,即便家长不能达成一致意见,也最好不要在孩子面前发生冲突,不然,对不明是非的孩子来说,他不知究竟该怎么做,会越来越糊涂,造成认知混乱,认知混乱的人可能形成有问题的人格。

  至于你和丈夫孰对孰错,建议你们找几本育儿方面的书一起阅读,有条件的话也可以参加一些家长学校,听听专家的讲课。教育孩子是一门学问,是学问就要学习,而且还要花些功夫去学。现在都是第一次做父母,都没有经验,因此学习很重要。你们应该先达成一个共识:从现在开始不要互相指责,而是一同去学习,然后再来讨论对

亲子问题   7

错。相信你们夫妇一定会不断提高,并积累教育孩子的经验。同时要注意的是:孩子的问题是发展性的问题,不是讲一通道理、责骂一顿就马上会有起色的,它需要时间和过程,长大是需要等待的,因此父母的耐心很重要。

还有个问题可能你们没有意识到:夫妻两人有矛盾时,压抑的一方容易把负面情绪发泄到孩子身上,而另一方看到孩子被指责、受委屈,又可能替孩子说话,抱不平。有的夫妻经常在孩子的教育问题上起争执,背后的原因自己也不清楚。

其实,在夫妻两人的教育观不可能完全相同的情况下,不妨让两者并存。但夫妻双方不能互相诋毁,要认可对方的观点有合理的地方,这样就不会极端地去操控孩子以证明自己的教育观是正确的。心平气和地对待对方不同的意见,让孩子自己选择,你们会看到,他会把双方观点中有利于自己发展的东西挑选出来。按照人本主义心理学的观点,人人都有向上积极发展的内在动力。

10岁了还什么都不会做

 我儿子小帆已读小学四年级,可他的表现却怎么也不像一个四年级的学生,连瓜子都不会嗑。春节在外婆家要嗑瓜子,又说不会,让外婆一粒一粒嗑好放桌上,同龄孩子能做的事他都不会。我这个做妈妈的几乎帮他做了一切,要是不帮他做,他确实不会做。比如不给他系鞋带,他就拖着鞋带走。我们不知道该怎样改变他,让他尽快跟上同龄孩子。

小帆上四年级了,仍不会系鞋带、嗑瓜子,显然发展得有些慢了。小帆是个正常生产的孩子吗?如果生产过程没什么问题,小帆应该不会有精细动作发育障碍。一个正常出生的孩子这方面如果落后,主要原因恐怕还是教育。小帆的一切是否都由父母安排好了?父母帮他做了他该做的事,会让他感到他是一个无需对自己的事情负责任的人,包括如何去思考。

要让小帆快快长大,你们家长要先"长大"。五年前怎样对待小帆,今天还是怎样对待他,孩子在长大,你们对待孩子的方法却没"长大",所以孩子也长不大了。鞋带不系就走了,家长就不要追上去给他系。他拖拉着鞋去学校,自有他的老师和同学会指责他,别人会教育他对自己的鞋负责,他也会从别人的眼光、态度中,明白鞋带是要系好的。瓜子不会吃就别吃,不吃瓜子不会生病的,不要对他不肯做或不会做的事太关心,盯着他,一边帮他做一边唠叨是最无效的。父母既不要提醒,也不要帮他做。让小帆意识到,没人关心他的鞋带,没人关心他不会嗑瓜子,就这样,自己看着办好了。

小帆很有可能利用他的"无能"来满足他内心让周围的成人关注他的需求,使大家都照顾他,帮助他,这里面多少有点自恋的成分。这样发展下去不利于小帆形成健康的人格。

小帆妈妈,你可以和小帆爸爸讨论一下,达成共识,相信你们会有办法的。

在妈妈和继父中间作梗的儿子

　　我们是个再婚家庭,我带着读初二的儿子和现在他的继父一起生活已经一年了。再婚前我把婚后的生活想得很好,以为只要自己诚心诚意对待丈夫、照顾好儿子,一家三口不愁吃穿,一定能和和睦睦、平静地生活。可我没想到,我那只有 14 岁的儿子怎么就那么有心机?他表面上对他继父客客气气,也不和他闹矛盾,可是只要他继父稍微对我表示出一点亲热(比如坐在沙发上看电视,他把手搭在我肩上),他就想出一些招数,把我们分开。

　　他继父刚进门时,他说发现屋里有老鼠,他害怕,非要我睡在他房间里,让他继父一个人睡。后来我们大灭老鼠,折腾半天,他又找了个新借口,说他最近神经衰弱,晚上老是会醒,心里恐惧,又让我陪他睡。

　　他继父倒是挺能容忍他的,也不跟他计较。但他这样接二连三地老是在我俩中间作梗,真让人受不了,时间长了会破坏我们夫妻感情的,这孩子怎么这么不懂事!我的第一次婚姻是很失败的,儿子 6 岁时我就和他爸爸离了婚,重新组织一个家庭对我来说是不容易的,现在的丈夫各方面都很不错,比他爸爸强多了。我很珍惜我们的感情。

　　有时想想心寒,我一个人带他不容易,他怎么就不为妈妈想想呢?

我能体会你目前的处境和心情。你对儿子有了些怨气,看上去儿子很自私,不会为别人着想,其实你儿子很可怜。原本你和儿子是一个两人世界,在两人世界里,你们的距离是最近的,可继父来了之后就成了三人世界。三个人的世界构成一个三角形的关系,儿子习惯了他和你之间的那条边最短,而你面对新来的他的继父,自然会将你与他继父的距离拉得近些,尤其是你对这次婚姻很珍惜,这点你儿子一定也看得出来。于是他心里产生恐慌,他怕继父占了他在你心目中的位置,他已经失去了爸爸,妈妈在他生命中的重要性不言而喻。你与丈夫每次亲热的行为对他来说都使他害怕、恐慌,是他要失去妈妈的心理证据,所以他能做的就是从中作梗,小孩子自然有小孩子的手段,令人啼笑皆非的手段。

为什么你儿子没有和继父闹矛盾?这一点可以说明这孩子知道继父对自己不错,也知道妈妈的生活中需要什么。但是感情有时候是排斥理性的,何况他还是个孩子。我们要做的是消除他的恐慌,不要让他有一种活在这个世界上是多余的、不安全的感觉。

你可以在他睡觉前摸摸他的头、他的背,让他安宁些,同时表达你是多么爱他、在乎他。三个人外出时让他走在你们中间,在沙发上看电视时也可以让他坐在你们中间,体会到两个大人通过他连结在一起,三个人有差不多相同的距离。你放心,你这样做不是迁就他,处处让着他,而是帮他度过这几年,过几年以后,这个问题就不存在了。

14 岁了还要妈妈挠痒痒

我儿子已经 14 岁了，个子都有近 1.70 米了，可有些行为真的让人看不惯。每天早上牙膏都要他妈妈挤好，不然他就不刷牙。他妈妈居然也会帮他去做。小时候他妈妈在另外一个城市，他从幼儿园到小学都住校，读初中时学校就在家附近，他妈妈也来到这里工作了，所以就让他走读了。按理说他也是独立惯了的孩子，以前在学校他还不得自己料理一切？回家了怎么反而变"小"了？还有，我认为他妈妈做得也不好，每晚临睡前总要坐在床前，帮他挠痒痒，这都变成习惯了，不挠他就不肯入睡，像什么样子！为此我跟他妈妈争论，可是她不接受，所以写信给你，讨个说法。

儿子变"小"了，这是有道理的，在心理学上是很有分析价值的。小时候儿子想让妈妈挠痒痒的时候，妈妈没给儿子挠过，现在他要妈妈"偿还"，为什么呢？因为在孩子眼里，妈妈挠不挠痒痒是爱不爱他的表现。

孩子从小住校，难免有分离焦虑。那时候在他小小的心里有些什么念头呢？他会觉得自己是不乖的，讨大人嫌的，所以大人要把他送到外面去，以消除他造成的麻烦。他还会想，爸爸妈妈的生活中一定有比自己更重要的东西,当这些东西和自己有冲突时,爸爸妈妈就选择放弃自己而坚持要那些东西。或许还会想,爸爸妈妈是不太喜欢小孩子的人……所有的这些念头会让孩子概括为两个疑问:我到底可爱不可爱?他们到底爱不爱我?

如今孩子终于回来了,他要你们拿出答案来,所以他"退化"到儿童时代。而妈妈的行为实际上是在补偿孩子,因为她感到自责、内疚。你想,儿子小时候就让他一个人住校,她没有尽到做母亲的责任,她对不起儿子,现在总算有了补偿的机会,自然是儿子有什么需要她做的,就赶紧去做。

这对母子在满足对方需求的同时,也在满足自己的内心需求。

你可以让他们一起讨论讨论,找找看自己行为背后的真正需要。想明白了,弄清了自己潜意识里的内容时,两个人的互动方式才会恢复正常。如果不行,可以去找专业的心理咨询师。

带着"隐私"去上学

我是一个初三的学生,每天背的书包已经够重了,但为了躲避我家那个"侦探",我的书包还得重上加重。我每天得把日记、相册、信件都装在书包里,怕的就是我妈妈的窥视。她提早退了休,整天像贼一样偷看我的东西,看到一点东西就兜着圈套我的话,还说是为我好,怕我分心,耽误了学习。有时我打电话,她也躲在一边偷听,以此为乐似的。我一点隐私都没有了。她越是想看,我越是不让,只得每天背着"隐私"去上学,心里真不是滋味。

很同情你。一个初三学生的书包已经够重了,还要每天带上自己的日记本、书信等"隐私"去学校,生怕内心的秘密被妈妈知道,不得不严加防守。弄到这个地步,你和你妈妈都有责任,你们俩的互动模式出了问题,当然还有你妈妈的教育信念的问题。

先说你。人一进入青春期往往就有些神秘兮兮,以为自己的所思、所行都是不能示人的秘密。其实大人也都是从小孩过来的,那些过程也都经历过。越是掩饰、躲藏,就越容易引起别人的窥视。试问,你几时试过向你妈妈敞开心扉,把她当成朋友,向她倾诉你的烦恼?总在她面前躲躲闪闪,让她心里不舒服,越不舒服就越没好气,越没好脸色给你看,你就更反感,与她心理上的距离越来越大。俗话说,女儿是妈妈的贴心"小棉袄",你是吗?

再说你妈妈。人到中年,自己的发展空间可能小了,就把十二分的精力投注到唯一的女儿身上,有兴趣去看十几岁女儿的日记、书信,理由当然是冠冕堂皇的:怕女儿走弯路。可是她没想过,如果女儿连心里话都不愿对她说,她的教育会有的放矢吗?会有多大的作用?平时对女儿的心理感受一点不关心,只关心考试名次,这也太功利了。她不知道,一个人没有好心情是什么事也做不好的,读书同样如此。

初三学习确实比较紧张,但也不应人为地制造心理紧张。初三进行总结性复习,其实是过去多年学习的总结,平时不好好读书的人,别指望一年里就能跑到最前面;一向学习不错的学生,也不会在一年里就成了落后生。你和你妈妈对待初三学习大可潇洒些、自然些,任何事情太不自然了就一定要出问题。

有空你找妈妈聊聊,问问她少女时期是怎么度过的,也许你能听到一些你从来没有听到过的关于她的故事。

儿子居然会还手打妈妈

我很气愤,自己的儿子养到 15 岁,孝顺行为没看到,说他几句,竟嫌我啰嗦,我实在气不过,在他背上拍了两下,他居然还手打我,我的腿被他踢得青一块紫一块。我真的好伤心,怎么养了这么个不孝之子。他爸爸也气得说不出话,不是我拦着,他会冲上去打死他。

这孩子出生以后,我和他爸爸工作特别忙,事业达到顶峰,爷爷奶奶把他接过去,我们每周往爷爷奶奶家跑,买很多东西给他。邻居都说,这孩子福气好,一家人这么宝贝他。

到了上小学,我们打算把他接回家,他死活不干,爷爷奶奶也不舍得,就继续住他们那里,我也差不多隔天去检查他的作业。进了初中,我们坚持让他住回自己的家,可他选择了一所寄宿制学校,从预备班开始就住校,一直到现在。我们夫妻经常晚上跑到学校看他,连老师都有意见了,说你们家长怎么这么不放心,老跑来看什么?我们还不是因为爱他,舍不得他?可是他怎么一点也不能体会到父母的爱心呢?他一回到家就躲进自己的房间,老说我啰嗦。因为进入初三了,学习任务紧张,我让他住回家,这样可以督促他学习,他是个自己管不住自己的孩子,学习一点都不自觉。你说我这当妈的是不是应该对孩子负责?现在不抓紧,他要后悔一辈子的。我天天跟他说,如今社会竞争激烈,不好好读书是没有出路的,可他就当"耳旁风"。

你们这样的亲子关系模式我见过很多。早年你们把孩子放在爷爷奶奶家，孩子失去了和你们建立亲密关系的机会和能力。我敢说，孩子其实比谁都在乎你们，但是他已经不会和你们表达亲密了。想想看，你们会不会表达你们和他的亲密？孩子每次见到你，最需要的不是玩具、零食，而是你们对他的亲密感情，比如你热烈地拥抱他、和他玩。你再看看孩子和爷爷奶奶的关系，是不是很亲呢？

与孩子的亲密关系没建立好的父母，等到孩子大了，总是以管教者的角色出现，不是督促他学习，就是跟他讲做人的大道理，但就是没有安慰他、爱抚他的表现。

一个人如果没有能力和自己的父母建立亲密关系，一辈子都会有些不舒服。可以说，孩子的内心是有怨恨的，所以他情愿住到学校去，现在他是被逼回家。可是一回来，旁边就是监督者、教训者，唯独没有他的知心朋友，了解他的痛苦、他的想法、他的需要。考试考得不好时，家长是指责还是安慰？被老师批评了，家长是宽慰还是火上浇油？家长们往往觉得早年教育者的角色缺失，如今要加倍扮演好这个角色。可你们做得越起劲，孩子就越怨恨。同样的话，如果是爷爷奶奶说的，孩子的反应就会不一样，因为孩子面对爷爷奶奶和面对你们时的心态不一样。

你现在要做的事是，把早年孩子需要的母爱还给他，重新建立亲密的母子关系。具体可以这样做：每天孩子放学回家，你问的话是在学校开心不开心,累不累,同学关系处得好不好;晚上睡觉时,坐在他旁边,聊一会儿,内容最好不是关于学习的;有机会还要告诉儿子,当初选择把他放在爷爷奶奶家是出于什么考虑,你们当时有什么实际的困难。

可以告诉你,有许多孩子告诉我,他们是这样想的:我是不乖的,我是不重要的,所以父母在他们的事和我之间选择做他们的事而不是我,得出的结论是——父母不爱我。

跟孩子好好谈谈,取得他的谅解,只要重新建立了亲密关系,你们的冲突就会消失。

救救我们，儿子把我们赶出了家

儿子读高二，长得人高马大，在学校里还担任了团支部书记，可是他在家里的行为令人发指。半年以来，他变得无法让人理解，像狼一样可怕。他妈妈的腿上被他踢得一块块乌青，我们不能跟他说话，一说话他就喊"闭嘴"。有两次他跟他妈妈吵架，把厨房里的东西都砸了。

小时候，这个孩子很乖，从来不闯祸，在老师眼里一直是比较安分的孩子。我做销售工作，长年在全国各地奔波，儿子一直和他妈妈两个人生活。他妈妈性格比较急躁，由于一个人带孩子，工作又辛苦，难免对着孩子发脾气。孩子小时候有些怕妈妈，在他妈妈面前表现得有些讨好她。有一次，他奶奶告诉我，孩子偷偷问奶奶："我妈妈是不是亲妈？"

每次我从外面回家，他妈妈习惯向我告状，数落孩子的各种不是，我难免教训孩子，于是孩子心里也有些不愿看到我回家。

最近两年我不再做销售工作了，每天正常回家，为家里分担了不少的家务。他妈妈退休了，脾气也不再那么急躁了，按理一家人应该和和睦睦。可是儿子就不让我们安宁，我们也知道他学习压力很大，但老师反映他在学校里的表现还可以。

上个星期他让我们给他银行账户里打进2000元，然后搬出去住，不然他进门就打。我们没办法，又打不过他，只能在外租房子住，又不敢对外人说，还要维护他的形象。这孩子究竟怎么了？

你们的问题真的蛮严重的,孩子变成这样,一定有因可查。

从你们介绍的情况来看,问题的根源出在幼年时期。你们的家庭大多数时候只有母子两个人,但母子之间并没有建立亲密的关系,孩子看到妈妈会害怕,以至怀疑自己不是妈妈亲生的。对于一个未能和父母建立亲密关系的人,他的一生都会有怨气。你儿子到了十七八岁,到了父亲能在家安居的时候,他压抑已久的怨恨终于大爆发了,他在报复。也正因为他这种强烈的情绪反应,更能够说明他多么在乎你们。

你们的孩子内心冲突激烈,应该是相当痛苦的,他为自己无法与最亲的人建立亲密的关系而痛苦,所以他要把你们推出去,但在内心,他真正渴望的一定是与父母有亲密的感情。早年他妈妈的失误是比较严重的,因为你不常在家,她得不到情感上的依赖和支持,一个人带着孩子很辛苦,也没人可倾诉,就把这种怨气撒在孩子身上。一旦你回家就抱怨孩子,实际上是为了告诉你自己的辛苦,希望你分担一些。加上她个性急躁,缺乏耐心,孩子面对这样的母亲也只能讨好她。儿子好不容易盼到父亲回家,等来的却是教训。你站在他的角度想想,这个孩子内心有多压抑。

现在可以暂时让你儿子一个人安静一段时间。过半个月左右,请孩子出来吃顿饭,认认真真地跟孩子谈一谈,主题是当时你们的失误在哪里,可能给孩子造成的伤害是什么,告诉孩子,自己也是第一

亲子问题

次做父母,并没有实习的机会,希望他以后做父亲能够做得更成功。然后关心一下孩子一个人的饮食起居,让他知道世界上只有你们是最爱他的。当然,顺便也要说一下,他的行为是不合适的,因为你们是爱他的双亲,所以你们在等待他改正自己的行为。如果效果不大,你们一家应该寻求心理咨询机构的帮助,做家庭系统治疗,重建家庭成员的亲密关系以及学会正确的沟通方式。

读不好书原来是这个原因

> 我们的儿子在一所职业学校读书,他的学习成绩一直不好,老师反映他人很聪明,就是不肯好好学。现在他发展到经常不去读书,晚上进网吧,无论我们怎么劝说都不听,还说不读书了,也不要我们管,他和同学的关系也不怎么好。
>
> 陈老师,我们为这孩子付出很多,不知道为什么孩子会变成这样。我们老家在福建,儿子5岁时我们考虑到上海的教育条件好,就将他送到上海的全托幼儿园,双休日住老师家,这样一直到他上小学五年级。我们有了一定经济实力后,才将家迁到了上海。在他独自一人在上海期间,我们隔两个月就会去看他,寒暑假也会把他带回老家,怕他和我们生分。
>
> 现在我们的经济条件也算不错,一般都能满足他的需要,可他就是不听我们的话,回到家也不说话,感觉在感情上和我们很疏远,尤其是和他妈妈,总像在斗争。我们感觉很累,真不知怎么才能让他安心读书。

孩子在早期和父母分离了那么长一段时间,这段时间在孩子心里留下了什么东西?一些小时候在寄宿制幼儿园长大的孩子告诉我,他们到了晚上就特别孤独、害怕,会躲在被窝里喊爸爸来呀、妈妈

来呀,天天盼着双休日可以回家见父母。而你们的孩子连双休日都要住到老师家里,一点盼头都没有了。这孩子心里会怎么想?孩子多半会这样想:他们的工作比我重要,我在爸爸妈妈心中不重要。于是会得出这样的结论:我是不可爱的,我是讨人嫌的。这些东西会像种子一样埋进孩子的潜意识深处,影响他以后的生活。

由于孩子有上述这样的自我认知,他在与他人交往时就会既渴望与他人亲密,又特别不信任他人,这是一种矛盾,孩子的人际关系就会出现问题。而不良的人际关系必然会给孩子带来不良的反馈,进而造成各种心理伤害。可想而知,孩子在心理上是苦闷的、不愉快的。孩子潜意识里埋下的种子迟早要发芽,现在他的这种不肯好好读书的行为就是"芽",其实质是早年依恋关系建立得不完满,孩子内心不安、恐惧,无以依托。孩子的内心独白是:"你们不是想让我'成龙'才让我一个人到上海去吗?你们最想要的东西我偏不给你们,我就是要让你们尝到痛苦的滋味。"这一切都不是意识层面的,也就是说,孩子并不是这样想的,是潜意识里的感觉引导他这么去做。

改变孩子先从感情交流着手。建议你们一家人拍一些合影,一定要让孩子和妈妈有比较亲昵的动作。照片拍出来后让孩子收藏,他一定会经常看的。

妈妈的角色是要让孩子感到安慰和温暖,而不仅仅是学业上的监督者、琐事上的挑剔者。孩子为什么特别拒绝妈妈?事实上是因为妈妈特别挑剔他。有机会妈妈可以和孩子谈谈小时候给他喂奶的情形,爸爸可以谈谈当初为什么作出一家人分离的选择,让孩子在理性上认识到过去分离的意义,找到一家人在一起的亲密感觉。

怎样鼓励孩子更恰当

 现在提倡鼓励教育,孩子他妈妈也学得起劲,有时觉得她简直是在吹捧孩子,莫名其妙。比如我儿子已经上五年级了,做一点点小事或者倒倒垃圾也是"你真棒";拿拿报纸就是"我的儿子就是勤劳";考了个班级第六名,更是捧上了天,"我儿子是天才,就是聪明"。老实说,我是听不惯,过去有句话叫"棍棒底下出孝子",现在当然不赞成这样做,我也知道鼓励孩子比训斥孩子有用,但是怎样鼓励才有效果?我认为我妻子这种鼓励法不会有什么大的激励效果,顶多是孩子不反感(也许说多了也会反感)。

我也知道她是想进行激励教育,让孩子坚持好的行为,更加积极上进,但总觉得这种鼓励"假、大、空",不切实际,而且没有什么用。她不同意我的说法,我想听听专家的意见。

鼓励孩子确实很重要,自信的孩子是在尊重孩子、有鼓励习惯的家庭中长大的。在孩子的成长过程中,鼓励可以说是心灵的甘露,在甘露灌溉下孩子逐渐长大。从来听不到鼓励的孩子、听惯了指责和呵斥的孩子,将来容易出心理问题。

问题在于如何鼓励。你提的这个问题很值得讨论。

我们做家长的现在都知道要鼓励自己的孩子，但是那些鼓励的话语常常很单调，"你真棒""你真聪明"好像广告用语。其实说鼓励的话没有什么特别的技巧，但要掌握一个原则：面对某个具体的值得鼓励、肯定的行为讲鼓励的话。例如，孩子把垃圾倒了，妈妈就可以说："孩子，你做了家务，及时把垃圾倒干净了，是你作为家庭一员的责任心的表现。"这样的鼓励可以将孩子倒垃圾的行为固化，以后他会愿意做倒垃圾这件事。"你真棒"是比较空洞的赞扬，可以针对任何好行为、任何人，不是对这个好行为的直接强化。有时过于"高、大、上"的鼓励词句反而会让孩子心烦，觉得不真实，不符合自己的实际情况。

你可以试着用类似上面的鼓励的话语，看孩子是不是更愿意听。

不读书是为了报复父母

我侄子在一所民办高中读书,9月份开学至今三个月,他大概有三分之一的时间不去上学,有时整夜在外面玩。耳朵上打了孔,还学会了抽香烟,学校现在要开除他。他小时候是个学习很不错的孩子,小学三年级时还是大队长。他上四年级时我哥遇上车祸,两条腿截肢了,从此从一个风风光光的经理变成坐轮椅的残疾人。

我哥残疾后,我嫂子就和他离了婚,嫁给了一个有钱有势的人,把侄子扔给我哥。那时候侄子很可怜,白天上学,放学回家还要帮助我哥做家务。我哥残疾后,心理上不能接受这个事实,变得非常易怒,经常打骂侄子。小时候侄子晚上躲在被窝里哭,他很想妈妈,但那时我嫂子很忙,很少关心他。到后来他根本不提妈妈了,心里似乎没有了妈妈。

进初中后,侄子的情况越来越糟,学习一天天变差,而且变得冷漠无情,初二以后就会找女朋友了,两三个月换一个,根本和别人没感情。鉴于他目前的情况,我哥找到我嫂子,要求她把孩子的抚养权拿过去,管管孩子。嫂子的新丈夫答应了这件事,侄子就住进了他们豪华的家。继父对他不错,物质上尽可能满足他,嫂子更像是在补偿过去的不足,寻求良心的安宁,整天盯着孩子,唠唠叨叨教育他要走正道。但是侄子不领情,自从暑假去了我嫂子那里,情况更糟糕了。

我问侄子,为什么有这么好的条件还不能安心读书,他说:"我为什么要让她高兴?"听起来真可怕。

你侄子这种因环境因素导致学习困难的案例,我遇到很多。这个孩子在夜夜想妈妈的时候没有妈妈,在渴望爸爸关爱的时候遭到粗暴的对待,他的心会由热变冷,最后变硬。当心被包裹起来,你们就无法走近他了。

他会怎么看待自己的遭遇?他会这样看:我在你们心目中是不重要的,妈妈找的新丈夫对她很重要;我是可以被她抛弃的,现在又这样待我,这种反差还不足以证明她在找良心安宁吗?我不会给她机会,也不敢。如果我接受了她,她会不会再一次伤害我,再一次弃我而去呢?我不需要任何人的感情,我也不给任何人我的感情。

这就是他的内心独白,这个孩子已经没有能力接受别人的爱和给予别人爱了。这从他不断地换女朋友就可以看出来,一旦别人走近了他,感觉将要亲密起来的时候,他就害怕了,因为他没有能力和别人亲密,于是就推开别人。但当别人都远离他,他内心又会害怕,又会体验到被抛弃,所以就再去找新的人。

这个孩子的行为实际上是一种慢性创伤反应,他需要比较长时间的心理治疗。目前读书对这个孩子来说是第二位的事了。他不会好好读书的,即便他有这个能力也不会这么做。他不是说过吗?"我为什么要让她高兴?"读不好书,让她难受,这难道不是最好的报复?

如果他妈妈对他的学习非常重视,这个孩子就更不会去读书了。这种报复何时可以结束呢?只有等到这个孩子能和她妈妈重新建立正常的母子关系,在接受心理咨询师的帮助后,医治了内心的创伤,摆脱不安全感,相信自己现在是安全的,周围人的行为是稳定的、持久的,并且要由继父表达希望他长大后能更好地照顾他残疾父亲的意思,才能使这个孩子的心软化,创伤得以修复。

我想杀了我爸爸

我几次晚上做噩梦,梦见我杀了我爸爸。日有所思,夜有所梦,我真的有过杀了我爸爸的念头。我心里很害怕,害怕哪一天真的就下手了。

我恨我爸爸是因为这个人人品太坏了。我爸爸年轻时犯抢劫罪,坐过牢,刑满释放后,爷爷奶奶把房子留给他,住到了北京的姑姑家。他在菜场卖蟹,因为他拳头狠,别的小贩都怕他,所以他占着最好的位置,生意做得很好。有了点钱,别人就把我妈妈介绍给了他,我妈妈是苏北乡村农民的女儿,嫁到上海、有个户口是她朝思暮想的事。一开始,我妈妈用她的辛苦、勤劳帮我爸爸打理摊位,日子也过得下去。但从我记事起,我经常见到我爸爸三天两头喝得醉醺醺的,对我妈妈破口大骂。如果我妈妈还嘴,他就拳打脚踢。最严重的一次,他把我妈妈的肋骨都踢断了。我妈妈太可怜了。

这两年他又热衷于赌博,把我妈妈一生的积蓄都输光了,无论我妈妈怎么劝都没用。有一次我妈妈跟他说离婚,他狂叫:"你这个乡下人,再讲离婚就杀了你们全家。"吓得我妈妈再不敢说了。最近我听说我爸爸正打算和他的几个狐朋狗友一起到外地做什么大买卖,我预感一定不是什么好事,也许要出点大事,他没钱了没准会穷凶极恶,干出伤天害理的事来。想到这些,我真想杀了他。我为什么摊上这么个爸爸?

父母是无法选择的。这可以说是最不公平的事,也可以说是最公平的事。不管父母是什么类型的人,他们都是给了我们生命的人,从这点来说,你还是应该心怀感激的。

从你描述的情况来看,你爸爸似有反社会型人格,这种类型的人羞耻感低,情感冷漠,以暴力对抗社会。

人格的形成不是一朝一夕的,有一个漫长的塑造过程。作为他儿子的你是无法改变他的,正所谓江山易改,本性难移。好在你没有刻上他的印记,不会步他的后尘。

你离成人的日子也不远了,你有你的人生路要走,况且你有一个勤劳、本分的妈妈,将来你的成功、你的收获一定会让她由衷地欣慰。

你想杀你爸爸是你压抑了很久后的念头,我能够理解,但这只是一种情绪上的反应,决不可成为行动。如果担心真的变成行动,那你只能调整自己的情绪。调整的方法是改变想法。不要纠缠于父亲有多可恶,甩开这些想法,多想想你的未来,未来是你自己做主,你也许可以让你妈妈过上比较轻松的日子。随着你的长大,你父亲的老去,以往的那种局面会有所改变。当然,如果他再对你妈妈施暴,一定要寻求专门机构的帮助。

想办法劝你爸爸戒酒,像他这样的人再遇到酒精的刺激就更麻烦了。你可以转移他的注意力,比如教他玩玩电脑什么的,让他的时间换种方式打发。先从玩电脑游戏开始,待他有了兴趣,自然会少喝酒、少赌博了。

至于你担心的他去外地的勾当,在法制社会,应该由法律来约束。

真希望爸爸妈妈早日离婚

> 我的爸爸妈妈真算是一对吵架夫妻,我从小到大看惯了他俩吵架,正所谓"小吵天天有,大吵三六九"。我连听都懒得听,吵来吵去都是些鸡毛蒜皮的事,只要一对话,不出三句,准会吵起来,真不知道他们谈恋爱的时候是怎么过来的。
>
> 他们应该都算比较老实的人,都在工厂工作,我爸爸是小职员,我妈妈是工人。他们在外面不会赚大钱,也不会惹什么事,但在家里一个比一个脾气大,彼此都会骂对方没本事。我想,既然彼此那么讨厌对方,没说几句话就要吵架,为什么还要在一起过那么多年?有一次他们吵架吵得我心烦意乱,我对着他们大吼:"你们为什么不离婚!"两个人都愣住了,就偃旗息鼓了,太平了好长一段时间。真弄不明白,吵么要吵,闹么要闹,离么又不离,真希望他们能好聚好散,可是他们总说为了我,他们不能离婚。我看这是借口,真的让人很心烦。

你爸爸妈妈总为鸡毛蒜皮的小事吵架,让你心烦,我很理解。但你也发现他们并没有为什么大事吵架,那就是说,原则上他们没有什么大的分歧,双方也都觉得对方是顾家的人,所以才吵归吵,好归好。

从你的描述来看,你爸爸妈妈的沟通模式有问题,而且已经固化

亲子问题

了。他们就是以吵架来对话的,不信的话,你让他们坐下来面对面慢条斯理地表达自己的想法,他们可能做不到,也不习惯。

他俩爱吵架还有一个原因是,社会高压之下他们的焦虑情绪需要发泄。在如今这个竞争激烈的社会,中年人的压力特别大,又没有什么渠道可以发泄情绪,就回到家里对着家人吼了。

你问他们为什么不离婚,我的看法是:他们为什么要离婚?难道他们彼此不需要对方,仇视对方了?都没有。

当然,吵架总是会让当事人生气,对身心不利。你不妨收集一些关于夫妻沟通技巧的讲座的信息,劝说你爸爸妈妈去听听讲座,专家们会在现场做一些示范,告诉他们夫妻沟通首先要读懂对方的感觉,对方心情好与不好的时候,说出来的话是不一样的。

你不要对他们吼"你们离婚好了",这会伤他们心的,觉得自己的孩子看不起他们了,也比较难堪。还是要多多理解他们,让他俩没事一起去散步,放松放松,同时学习正确的对话方式。

另外,你也要学着欣赏你的父母,本本分分过日子,小吵小闹会让彼此都感受到对方的存在。如果能换一种角度看待这种平凡的生活,怨恨就会变成平静和幸福,你的内心也就豁朗了。

我爸爸是亲爸爸吗

我总觉得我爸爸不太喜欢我,有时候我会想他是不是我亲生的爸爸。他平时从来不管我学习的事情,我一犯错误,他就瞪大眼睛,大声骂我,有时还打我,所以我不喜欢他。在家里更多的时候我跟妈妈讲话,他跟我讲话从来没有好气,对妈妈好像也是这样。别人家的爸爸不这样,这是为什么呀?

你爸爸怎么会不喜欢你呢?不要乱猜测他是不是你的亲生父亲,世界上所有的父亲都爱自己的孩子。那么你爸爸为什么让你感觉那么凶呢?我想其中的原因可能有这些:一是你爸爸的工作环境不太理想,他的心情比较压抑,所以回到家就不太有耐心了;二是你爸爸比较情绪化,易怒,情绪起伏大;三是在你家里,你妈妈可能太关注你了,把所有的精力都放在你身上,你爸爸回到家就像个局外人。所以当你一犯错误,你爸爸不愉快的情绪自然就暴露出来了,他骂你是想对你妈妈说:"你看你一天到晚管他,管得怎么样?"

我估计在你家可能是第三种情况。那你就要想办法了,其实你能做很多努力来改变现在这种状况。比如,你尽量照顾好自己,尤其是学习上不要让妈妈太操心,让爸爸和妈妈单独讲话的时间多一些。

亲子问题

你还可以鼓励妈妈和爸爸晚上去散散步,说你自己可以管好自己。

星期天主动找爸爸打打球,到户外玩玩,不要避着爸爸,越逃避,两人感情会越疏远。

相信你是个聪明的孩子,一定会和爸爸相处好的。

没有母爱的我

我叫小强,我是个单亲家庭的孩子,爸爸妈妈在我很小的时候就离了婚,我跟爸爸一起生活,妈妈去了国外,和我们差不多断了来往。虽然我已是个中学生了,但是每次看见同学与他们的妈妈在一起,心里就有说不出的滋味,尤其是到了母亲节或在课本里读到关于母爱的文章,我就很难受,有时还会故意捣乱。我也不知为什么会这样,是不是我特别脆弱?我写信给您,只是想跟您说说我心里的难受。

  陈老师也有一个和你差不多年龄的男孩,这样年龄的孩子对父母有什么样的感觉我都知道。你妈妈不在你身边,你心里不好受,换作任何小孩都一样,并不是你特别脆弱。

  小强,你小小的年纪就承受了生活的压力,真是不容易。要知道,世界上的事情都有其两面性,坏事往往也可能变成好事。母亲不在身边,没人照顾,你也许会更早地学会照顾自己。和同龄孩子比,可能你的生活能力更强,你的意志力更强。

  小强,大人的事不是你能选择的,你是没有责任的,但是你未来人生的路是你可以选择的,未来的幸福实际上掌握在你手里。压力可以使一个人趴下,趴在地下不动;也可以使一个人振奋,发愤朝前奔。你的名字中有"强"字,一定含有坚强的意思吧。妈妈不在身边,但爸爸每天陪伴着你,他一定对你付出了很多的爱,相信你也爱你的爸爸,你对他的关心是他最大的安慰。请多关心你的爸爸,你们一定父子情深。

小强,试着去关爱别人,除了爸爸,还有同学、老师,让自己的内心涌起爱的感觉,这样你会觉得一切都变得美好了。让自己的兴趣广泛些,有更多值得关注的事物,让生活内容更丰富些。

祝你幸福。

20岁的儿子怕母亲

　　我是一所高校的学生辅导员,这次带的大专班里,有个学生很特别。这个学生身高超过一米八,还是典型的帅哥,但他的精神总是很萎靡,一点都不阳光。他平时比较内向,有几个要好的朋友,但和大多数同学的关系比较疏远,尤其是女同学。

　　有一次他妈妈来学校找我,说他儿子把她给他的饭钱都花到其他地方去了。还有一次她站在教室门口偷看,发现她儿子没在教室里听课,她不相信他的解释,所以来找我。我发现他妈妈很紧张,一边说一边发抖。我觉得很奇怪,问题好像没这么严重呀!

　　他不住校,一天晚上我去他家家访,才了解到他的一些情况。这个家庭有三个成员:外公、妈妈、儿子。外公退休了,妈妈很早就下岗了,两室户的住房,外公住一间,儿子和妈妈住一间,这个身高超过一米八的大男孩居然还和母亲睡在一张床上!从他2岁时父母离婚后就一直这样。

　　他外公告诉我,这么大的孩子有时看见妈妈生气,会躲到桌子底下装出可怜的样子。他很怕妈妈生气,妈妈一生气就板着脸好几天。他只要一违反妈妈的意愿,他妈妈就会冷漠地对待他,所以他必须按照妈妈的意愿做事。而他妈妈对待他就像对待一个上幼儿园的孩子,他在任何地方他妈妈都必须知道,他做任何一件事他妈妈都要了解,不然她会伤心,而他妈妈伤心时他会非常内疚,内心充满了自我谴责,并在心里发誓不再让她生气。他妈妈不允许他一个人睡,他就一直和妈妈在一张床上睡。这种母子关系真让我困惑。

  这对母子的关系比较扭曲,一个在孩子 2 岁时就和丈夫离婚的女人,这么多年来和儿子相依为命,可以说把全部的感情都投入到孩子身上,这份感情其实很复杂。这个孩子很小的时候就承载了母亲沉重的情感需求,他也明白只有他会为母亲的感情需要负责。母亲给了他全部的爱,或许也给了他母亲对他父亲的怨恨,这个孩子很小的时候就学会了看妈妈的脸色行事,正如孩子说的:她不开心其实也是他自己不开心。他们母子的心理已经没有距离,开始同生。他妈妈对待他的态度似乎在他 2 岁时就固定了,所以他在 20 岁时仍然会躲在桌子底下扮演 2 岁的小男孩,以满足妈妈的需要。母亲很大一部分的需要是一个听话的小男孩,我想这可以使她停留在对那段短暂婚姻的感受里。她生气时的冷漠,是她对丈夫怨恨情绪的反映,是她对自己遭遇的不满。所以儿子很知趣,尽量讨好她,不犯错误,迎合她的需要。

  这个孩子长到 20 岁,进了大学。这个被妈妈强压在羽翼下的孩子一定要舒展肢体了,这个时候令人窒息的压抑感就会统治他的心灵,会让他的心灵透不过气来,他要出去透透气,所以就有了不上课去外面,就有了擅自支配自己饭钱的行动。我敢说,这些行为又会让他自责和内疚,所以你会看到一个整天萎靡不振的青年。

  你要帮助这个学生打开心灵的窗,让阳光照进他的心房。第一步,要让他的母亲有所调整,建议这位母亲,如果身体许可,去寻找可以打发时间和精力的事,把照顾儿子当作工作已不合时宜了。第二步,建议这位母亲让儿子单独睡觉,儿子虽然是她的儿子,但更是一个独立的人,他不能被另外一个人哪怕是妈妈占领全部的空间。第三步,建议这位母亲去找心理咨询师,帮助她梳理一下内心世界。

相信母亲为了儿子的未来发展,会作出正确选择的。

发展问题

幼儿睡眠问题

我3岁的儿子从小睡眠质量就很差,屋内稍有动静他就会醒来,早晨醒得很早,弄得我们大人很烦。这小孩很难带,总是很"作",经常咳嗽,中药也给他吃了不少,就是不见起色。听同事说,小孩睡眠不好会影响成长发育,我们也很着急,不知有什么办法可以让他睡得好一点,脾气少发一点。

睡眠不好常出现在缺钙儿童身上,你家宝宝是否入睡后多汗?从他经常咳嗽的情况来看,这孩子的睡眠问题可能与缺钙有关。你可带他去医院查查是否缺钙严重,还可以观察肋部,是否有肋骨外翻现象。

小儿缺钙会影响神经系统发育,这对小儿将来的运动平衡、神经的兴奋与抑制平衡会产生一定的影响,继而影响记忆力。进入学龄期会出现学习困难等症状,所以对于缺钙导致的睡眠障碍不可忽视。

睡眠是儿童生长发育中重要的一环,关系到小儿脑的发育和未来的身高,平时应多加注意。

补钙比较好的途径是食物,最好是喝纯鲜全脂奶,虾皮汤也不失为好的补钙食物。除此之外,还要注意增加户外运动,呼吸新鲜空气,接受光照。

睡觉打呼噜的孩子

 我的孩子只有4岁,有趣的是,这么小的人,晚上睡觉也打呼噜。这孩子白天好像比一般小孩顽皮,动个不停。晚上睡觉也不安分,睡下去脑袋在东头,爬起来却在西头了。我发现他不仅睡觉时呼吸声很重,而且常像憋住了气一样重重喘气,夜里不停地翻身,盖上去的被子总是被蹬掉,弄得我晚上睡不好觉,不断地给他盖被子。问问同事的同龄孩子,好像都没有这样的问题。他奶奶说没事的,孩子他爸爸小时候也是这样子。我问了一些人,他们都说这不算什么问题。可是我总有些不放心,希望得到专家的解释。现在一个家庭只有一两个孩子,谁都不愿输在起跑线上,您一定能理解我的。

  这个孩子的问题应当属于睡眠紊乱,和他的打呼噜是有关系的,千万不能轻视孩子打呼噜。孩子睡觉时为什么憋气、喘气、不停翻身,就是因为呼吸出了问题。

  当人仰天睡觉时,鼻腔和口腔之间的腺样体会下垂,如果人的腺样体过于肥大,就会盖住呼吸道,影响睡眠时的呼吸。这样就会影响供氧,而孩子睡眠时大脑如果缺氧,可想而知,对他的大脑发育会造

发展问题

成什么影响。随着孩子长大，供氧不足还会影响他的心肺功能，进一步影响肾功能。

长期睡眠紊乱得不到改善，这个孩子不但身体发育不够强壮，大脑发育也不会完善，开始课堂学习后会出现记不住、坐不住的症状。到时候学习跟不上，连原因也不易找到。

也许你要问，为什么你的孩子会有睡眠紊乱问题？这有可能是遗传的，更有可能是小时候呼吸道反复感染后造成腺样体增厚肥大。

看到这里你一定着急怎么办，其实没什么大不了的，你带孩子去医院作一下检查，证实一下是否腺样体肥大，根据腺样体的实际情况，医生会建议你是否做手术的。这种手术也是很成熟的手术，一般不会有什么问题，手术后孩子的睡眠会明显改善，呼吸会顺畅的。

另外，你说孩子特别顽皮，其实这也和他的睡眠有关。4岁的小孩神经系统的兴奋和抑制是不太平衡的，如果明显比同龄孩子多动，可能是因为神经系统的兴奋和抑制平衡发展滞后，而神经系统的发育正依赖营养和供氧。

常带孩子去绿树多的地方走走，早晨起来教会他对着窗外用力深呼吸。

不愿意洗头的孩子

我儿子5岁,从小到大各方面都让我们比较满意,就是有一个问题让人头痛不已。从出生起他就不愿意洗头,一洗头就哭啊哭,像我们要害他一样。其实他每周都要洗两次头,怎么就那么不习惯?帮他洗头是我们家人的一件苦差事,谁也不愿干,可又没办法。这孩子都这么大了,就是不肯在莲蓬头下冲洗,看见莲蓬头就像看见枪,急着往外逃,非得揪住他不可,你说烦不烦人,怎么办才好?

5岁的小孩怕莲蓬头,也不太奇怪,人的感觉阈限是不一样的,他对水进入眼睛可能特别敏感。或许哪一次洗发水进眼睛后的记忆太深刻了,于是就产生了洗头恐惧。

要消除洗头恐惧,有两种方法。一种办法很简单,让他去学游泳,夏天让他去游泳池玩耍,最好参加那种有教练带的训练班,教练会有办法让他下水的。

另一种办法叫作系统脱敏法,就是把他能自如地在莲蓬头下洗头当作最终脱敏目标,然后从易到难一点点接近这个目标。可以先用水在他眼皮上拍拍,进而滴点水到他脖子上,等他不害怕之后,再滴到脸上；连这也不害怕了，再滴到头上，一直到可以在莲蓬头下让水直接从头顶上冲下来。后面的这种办法比较麻烦，见效慢，夏天天天要洗头，还不能用这个方法，要等到冬天才能进行。简单些还是去游泳吧。

不听指令的孩子

我儿子上幼儿园中班,我们发现他与其他孩子有些不一样,经常对别人的话充耳不闻,有时故意叫他拿一样东西来,叫几遍都没听见。幼儿园老师也反映,他常自说自话,有时和小朋友在一起玩,一眨眼他就跑开了,行为有些稀里糊涂。他很喜欢画画,画得也不错,不过他不愿意画时,你叫他画他是不理你的。你说这个孩子有什么问题吗?

你儿子对指令的反应比较差,不过他的年龄还小,这不算特别严重的问题,你现在已注意到这个问题,可以安排一些训练。

1. 对儿子说话时,用两手扶住他的双肩,让他无法回避你的视线。看着他的眼睛说话,坚持做下去。

2. 与儿子做角色扮演游戏,让他演一个发号施令的将军之类的角色,你演一个执行命令的士兵,然后互相转换角色。

3. 编一些故事,告诉他由于主人公没有听指令而造成了不好的结果。

4. 做听指令快速反应的游戏:不停地变化指令,如鼻子——眼睛——头发,让他指向相应部位。

总之，你要掌握一个原则：对这样的孩子要有耐心。他不是故意不听你的话，他还小，有些神经通路还没发育完善，你只要经常有意识地训练，一定会有效果的。

这个孩子像猴子

我外孙小汶特别顽皮,我从幼儿园领他回家,他不像其他小孩那样安安稳稳地走路,总是上蹿下跳,见到什么就用脚踢,拉也拉不住,皮得赛过猴子。我这个外婆带他走路感觉特别累,又要叫喊,又要奔跑,比干一天活还累。陈老师,您说这小孩的表现正常吗?会不会有多动症?有什么办法可以让他听话些?

小汶好动,在他这个年龄是极正常的。这首先说明小汶是个健康的、身体能量足的孩子;其次说明小汶灵活,平衡性好,是个像小猴子一样活泼的小孩。小汶运动平衡感觉发育得好,蛮可爱的。

只是在您做外婆的年纪要和这样一个"小皮猴"相处是会有些力不从心,以后您在带他回家的路上可以跟他做些游戏,比如您讲个故事让他猜猜结尾,或者您问他答,他问您答,让他在游戏中走完回家的路。

像小汶这样的孩子,平时要让他多做些大肌肉运动,比如踢球、溜冰、骑车等,让他的能量得到释放,这样孩子就会在该动的时候动,该静的时候静。

5岁了还用奶瓶喝水

儿子5岁,上幼儿园中班,他有一个怪癖:凡喝水,一定要用奶瓶,不然就吵闹不休。

一开始是因为我们夫妻俩自己又要带孩子,又要上班,忙不过来,他要喝水,杯子又拿不好,为了省事就给他个奶瓶,让他抱着喝,又爽快又干净。等意识到这个问题时,他已经5岁了,改不过来了。

现在麻烦的是,他在幼儿园里喝水也要用奶瓶,不给他用奶瓶他就不喝,成了有特殊待遇的孩子。老师烦他,几次都让我们管管这事。我们试过不让他用奶瓶喝水,他妈妈还打了他,可没用,他坚持要用,这算不算心理问题?如何纠正他?

5岁的孩子没有什么习惯是改不过来的,别太担心。

孩子抱着奶瓶,找到的是心理上的快感,所以他恋恋不舍。从心理学上说,他在口欲期被过度满足了,要说这算不算心理问题,现在不好说,即使有心理问题,也是将来成长过程中可能会出现的一些人格上的问题。

精神分析学家弗洛伊德认为,孩子1岁以前为口欲期,也就是指婴儿通过吮吸母乳来获得口唇的快感。口欲期可能出现口欲不足或过度满足,例如断奶过早会使婴儿口欲不足,断奶过迟或给婴儿长时间地吮吸奶瓶,将使其口欲过度满足。婴儿时期不足的或过度的口欲满足,会使孩子长大后出现抽烟或者丢三落四等问题,虽然这不是什么大的缺陷,但总是不太好。你的孩子是口欲过度满足,以后恐怕会在自我管理上出现问题,常出现东西找不到、房间杂乱等现象。当然,这也不是绝对的,你们知道了这个道理以后,在孩子的成长过程中要格外注意他做事的计划性,鼓励他井井有条地安排自己的生活。目前为了改变孩子的状况,可以买几个特别可爱有趣的小杯子,以此吸引孩子喝水。当孩子对小杯子爱不释手的时候,就有可能吸引他喝水了。

还有一个办法,请一位同事或朋友的同龄孩子来家里,让那个孩子和你孩子一起做游戏,你设计的游戏就是"干杯"。让他们面对面干一杯说一句话,孩子在游戏中不知不觉学会了用杯子喝水。这时一定要给予鼓励,告诉孩子他做得很好,和小朋友做得一样好,然后可给予奖励,奖一只可爱的小杯子。以后你们父子就可以天天玩这样的"干杯"游戏,当然不是天天奖杯子,也可以奖巧克力之类的东西。

孩子在玩耍中用了杯子,比在呵责声中学会用杯子更自然。一旦坚持几天用杯子,就不能再让他看见奶瓶了,要告诉孩子他拿杯子喝水的样子真棒,像个大孩子,拍一张照片让他欣赏,并且让他带去幼儿园让老师欣赏。

总是不能等待的孩子

我的孩子谊谊是不是个有问题的孩子?他现在上幼儿园大班,老师反映他总是没有耐心,比如老师发手工纸什么的,他不会坐在位子上等老师发给他,一定要站出来抢老师手上的东西,发点心也是这样迫不及待。在家里更是要什么东西就马上得拿到,不然就急得双脚跳。如果带他出去,在一个地方他不愿待了,立马就要走人,有时弄得我们很尴尬。怎样才能让他有点耐心呢?

谊谊的问题是缺乏延迟满足能力。生活中,人的需要不可能随时随地及时满足,当一些正当合理的需要得不到满足时,我们可以通过自身的努力,经由其他途径获得,或者忍受暂时的不满足,这在心理学上被称为延迟满足能力或延迟享受能力。延迟满足能力是随着孩子年龄的增长而增长的。换句话说,越小的孩子越不能延迟,谊谊现在的问题是与同年龄孩子相比其延迟满足能力特别落后一些,这反映出谊谊在心智成熟方面,目前有些落后于同龄人。

孩子在延迟满足能力上表现出来的品质往往可以作为将来心理素质发展的一个预测维度,这很重要。然而心智的成熟是可以通过在有效的、良好的环境中的训练来提高的,人的能力不是先天的,是后天培训的、塑造的。好在谊谊还小,正处在人格的塑造过程中,你们对谊谊进行教育时应该注意的是:不要为了耳根清净,只要他一闹就去满足他。具体可以这样训练他:比如他想要一个玩具时,告诉他如何学会等待,过多少时间后来拿就可以得到两个。还有一种方法是,当他稍微表现出能等待时,就表扬他,如"谊谊等了5分钟,有进步","谊谊学会了等待",多说些鼓励的话。还可以把等待的时间贴在墙上,比如某日做什么事,等待了几分钟,画个五角星,常让孩子对着墙上的纸数数有多少五角星。

只要父母意识到孩子的问题,而且科学应对,孩子的问题就一定会解决的。

我的女儿是个"两面派"

我的女儿晶晶上幼儿园大班,很奇怪,她在奶奶家和在自己家完全是两种表现。奶奶是小学退休校长,教育孩子很有经验,她在奶奶家很乖,守规矩。奶奶特别爱干净、讲秩序,每样东西都有固定的地方,她在那儿有自己的小房间,弄得干干净净的。而且她在奶奶家说话都是轻声细语的,坐有坐相,站有站相。可是一回到自己家(双休日回家),她就像换了一个人,是一个"小疯女",在沙发上跳上跳下,房间弄得一塌糊涂,跟我们说话大吼大叫,特别是对她爸爸,简直要爬到他头上了。你说这是什么原因,我的女儿怎么会是个"两面派"?

孩子的两种表现是由两种不同的环境造成的,人是会适应环境的动物。晶晶一定是个聪明的孩子。

从信上来看,奶奶的教育方式很严谨,讲规则,这对养成孩子良好的习惯有好处,但过度讲规则的话,同样会对孩子不利。小孩的成长过程有许多特点,什么样的年龄就会有什么样的需要。这么个"小不点",正处于蹦蹦跳跳的年龄,如果让她像小大人一样到哪里都端坐着,这是很压抑小孩的。晶晶在奶奶家里,这样一种环境之中当然不敢乱说乱动,一切按照奶奶的要求去做,可一回到家,换了一个环境,你们的要求和奶奶的要求一定是不一样的,也许她爸爸更随便一些,所以就出现压抑之后的反弹。这就像皮球拍得越重,就弹得越高,孩子把压抑感都释放出来,就会做过头,故意捣乱,把家里弄得一塌糊涂,以报复自己受到的压抑。

你们可以和奶奶好好讨论一下教育孩子的问题,力争使两个环境协调一致。过严和过松对她都不利,要符合孩子特定年龄的心理需要,才是最好的环境。

孩子挑食怎么办

我的孩子挑食已经到了让人不能忍受的地步,除了吃猪肉(只吃瘦肉),其他都不太吃。牛奶不喝,豆浆不喝,鸡蛋也不肯吃,什么鸡鸭鱼、动物内脏都不吃,蔬菜每天的摄入量也很有限。每次吃饭挑三拣四,还老要大人拿着碗追在后面。幼儿园大班老师反映,每顿饭都要老师帮忙,吃得又少又慢,令老师头疼。

有人说这是家长惯坏的,谁叫家长每顿追在后面,不吃就让他饿。其实我们追在后面是没办法,你不追,他根本不吃。也有人说,是家长在餐桌上说什么好吃什么不好吃,给他心理暗示了。我们哪里会说这样的话,巴不得他多吃点呢!没几个月他就要上学了,学校老师可不会帮他吃饭,到时候恐怕他会更瘦(现在已瘦得不行了)。我们心里很紧张,又没办法,真不知该如何是好。

你儿子挑食到如此程度,显然问题出在脾胃上,祖国医学认为脾胃过于虚寒的孩子,纳食不佳。他不要吃是生理反应,你们只有在调理他的脾胃上下功夫了,在目前这种情况下,先要去看中医,需经过一段时间的中药调理,才能慢慢见效。

在饮食上慢慢来,先每天给他一餐粥,粥内加上鱼肉、虾、蔬菜泥。脾胃虚弱者不易消化,难以接受厚腻食物,粥比较易吸收、易消化,又不太伤脾胃。脾胃虚弱的孩子最怕一下子吃过量,积食后更难处理。

平时买些纯果汁给他喝,天冷的时候,不要直接从冰箱里拿出来就喝,得放至常温,大冷天最好用温水焐一下。

你的孩子不太能吃冰激凌,尽量不要让他吃,此物易伤脾胃。

从心理角度的护理,要注意不要见人就说自己的孩子挑食,更不要说出具体挑什么食物。家长老说倒是给孩子心理暗示,也不要在吃饭时弄得很紧张,首先是大人在心理上不要太紧张——要吃饭了,又要面对他这个挑食难题了,全家人绷紧了弦。孩子心理上受到负性强化,以后一到吃饭就摆出一副挑食的样子,会变成和大人玩游戏。

明白一个道理:这是一个需要比较长的时间才能解决的问题,好在孩子有的是时间,急于求成是不行的。

家长在孩子吃饭时心态要平和,孩子少吃两口就少吃两口,也许下顿就会多吃两口了。

为什么只会用一只手

我儿子今年6岁,这孩子吃饭时总是用一只手,左手就垂在那里,不会去捧饭碗,看着让人别扭。我们发现他平时很少双手一起做事,常常只用右手,不知道这样是不是对他的发展不太好。还有,他特别容易丢三落四,他待过的地方,东西总是被弄得乱七八糟。我们不知道该怎样改变这种情况。

这孩子左右手一起使用可能会不太协调,你是否观察过他跳绳,如果他跳绳时两手一边高一边低,说明他的肢体运动不太协调,这可能是感觉统合失调。感觉统合失调是近年来才被人们重视的一种心理疾病,是外部感觉信息进入神经中枢后不能很好地组合,肢体动作不协调,对儿童学习能力的发展和适应外界环境造成影响,从而导致心理障碍。因为动作不太协调,所以碰撞、打坏东西就很常见,自然会把东西弄得乱七八糟了。

解决这个问题不是一朝一夕的事,它是个发展性的问题,只要你们科学、合理地进行培养和训练,就会有所改善。

对孩子来说,要求他"开头+结尾"很重要,做任何事情时你都要问他:"你开了头,结尾是怎么做的?"比如他打开了饼干盒,你问他:

"打开盒盖是开头,结尾是什么呢?"结尾自然是盖好盒盖,放回原处。经常反复刺激他,让他建立明确的"开头+结尾"的"工作思维"。

另外,这样的小孩多进行一些协调运动也很重要,比如溜冰、游泳等。还有一些专门针对感觉统合失调孩子的训练方法。鉴于篇幅,不再一一介绍,建议你们带他去儿童医院,那里有专门针对感觉统合失调孩子的专业训练机构。

这孩子总是独自发呆

我的儿子只有6岁,为什么老是喊"没劲"?真是弄不明白,小小年纪怎么就老没劲了呢?可听上去又不像模仿,有时他从幼儿园回家,往沙发上一躺,就说"没劲"。玩具玩了一会儿就没了兴趣,经常说气闷,这么小的孩子有时会一个人发呆。外婆老说没见过这样的小孩。是不是他有什么问题呀?我们真有些担心。

我注意到了一个细节,你儿子说"气闷"?你带他去查查心脏。心肺功能差的小孩常会觉得气闷。气闷是缺氧的表现,缺氧会使人感觉没力气。你儿子的"没劲"还是从生理上找原因吧。

假如生理上没什么问题,那就在空间上找找原因。你们家是不是面积比较大?过大面积的住房容易造成小孩这种"没劲"的感觉,如果是这样,你可以将儿子的房间布置成暖色调,软性的装饰多些。家里也不要太冷清了,节假日可以在家里组织一些亲朋之间的活动,尽量让儿子多交些小朋友。这种年龄的孩子是需要"疯"的,只有小时候"疯"够的孩子,长大后才能心理健康,性格开朗。

稍一跑动就出汗的孩子

> 我儿子6岁,长得较胖,最大的特点是汗多,平时稍一走路就会出汗,夏天更是整天大汗淋漓,有时他和小朋友一起玩球,玩一会儿就受不了。幼儿园老师反映,他不仅跑步速度慢,而且跑不动,有时看到他汗津津的样子就不忍心再让他跑了。我这个好出汗的儿子,做什么都比别人"慢一拍",有时画图会因为时间来不及而完成不了。这孩子将来要是上学了,这种"慢一拍"的速度怎么跟得上课堂学习,真有些让人担心。

你儿子一定是个可爱的孩子。从你的描述来看,这孩子可能属于中医体征学上说的那种典型的痰湿质体征。这种体征类型的人,体胖脖短,动作迟缓,个性也较温和,不大有攻击性,孩子和小朋友的关系一般不会有问题。

如果孩子睡眠时也容易出汗,应该去看看中医,作一些调理。像他这样的孩子,平时要少食酸性食物,多吃些锌、钙含量高的食物,如牡蛎、虾皮。

为了训练孩子的肢体运动速度,可以带他去参加一些对肢体反应要求高、带有些攻击性的运动,如空手道、武术等。循序渐进的训

发展问题

练可以锻炼孩子的心肺功能,肺虚才会汗多。锻炼还可以使他的肌肉结实,肌力增强,反应速度就会随之变快,人就会显得灵巧些。

当然,像他这样的孩子,一开始参加训练是最难动员的,他们天生不好动,懒得很。父母可以从心理上给他制造些向往。比如先跟他讲些武林高手、空手道高手的故事,制造两个偶像;给他看些电影,带他去训练场馆看看学了几年后的小朋友的表演,让他心生羡慕;给他描述学到本领以后会多么强大,等等。

一定要注意,一开始训练时运动量要小,千万不能操之过急,对他不要有过多的要求,只要动动就行了,鼓励他一直训练下去。少则一年,多则三年,孩子一定会不一样的。

儿子的双眼总是无神

我儿子小科今年6岁,经常伤风感冒。他属于不太乖巧的孩子,平时有些讨人嫌,经常弄坏东西,动作笨拙。幼儿园老师反映他脾气不错,不大会生气,傻乎乎的,只是反应比较迟钝。我观察我儿子的眼睛时,发现他的眼睛不像其他小朋友那么有神,眼珠转动也不灵活,暑假带他去医院查了查,医生说眼睛一切正常,没任何问题。可我心里总有疑惑,为什么小科的眼睛不能炯炯有神呢?还有,他无神的眼睛和他的反应慢有关系吗?怎样可以让无神的眼睛变得有神?请教陈老师。

眼睛是心灵的窗户,心灵动则眼灵动。从生理上看,孩子的眼睛是一个人精气神的集中体现。孩子在母胎内的孕育、出生后的营养都有可能决定孩子的精气神的强弱。

双眼无神的孩子往往总体生理机能比较弱,其行为能力、运动能力、精细动作能力自然也都要弱一些。小科的动作反应比同龄人迟缓些,这和无神的双眼是有关系的。虽然没有视力问题或眼底问题,但是这样的孩子日后如果照顾不当,用眼过度也确实容易近视。

好在小科还有一个很长的发育、发展过程,这期间一定要科学调养。首先是营养,了解一下孩子的血液生化指标,补充微量元素,每日提供适量的杂粮,保证牛奶的摄入。

平时注意冷暖季节变化,外出及时添减衣服(家长事先带好),减少呼吸道感染,以避免使用抗生素。一遇到严寒,多喝生姜茶。

其次要适当增加运动锻炼,如骑小自行车、夏天游泳等。家长有空的话,给孩子作些脊柱按摩,方法是让孩子趴着,由上而下沿脊柱慢慢按摩。

对待小科这样的孩子,家长还有一个任务,即保护好孩子的心灵。他动作较慢,易受到老师催促,有时小朋友玩游戏时也会排斥动作不太灵巧的孩子,时间长了,尤其是年龄增长了,容易产生自卑心理。一定要多鼓励孩子,告诉他,在你们眼里他是个能干的、聪明的孩子。

她为什么常发抖

> 我女儿经常无缘无故地浑身抖动,抖动时手或身体痉挛,前后摇晃,没有意识,就好像面前出现了什么恐怖的场面。
>
> 这个现象已经出现一年多了,我们带她去医院检查,但医生也说不出所以然来,脑电图、脑CT也做了,医生否定癫痫,说她患了抽动症,可用了一些药物也不见效果。有朋友提议找心理医生看看,我就想到您这个心理辅导专栏,所以写信给您。
>
> 女儿出生时一切正常,只是体质特别弱,经常伤风感冒,人也长得很单薄,怕冷,睡觉不沉,和小朋友一起运动时体能明显不如别人,个性上也气量特别小,易生气。她爸爸没有耐心,烦她时会打她,她常缠着我,很"作"的样子。还有一个情况我想说一下,我怀孕时经常做噩梦,梦见老虎追我。女儿是属虎的,今年6岁。

因为没有看到你女儿,只能凭信上有限的资料作一个大概的判断。你女儿体质特别差可能和你的体质有关系,或许你怀孕时或怀孕前身体状况不够好(不知你是否减过肥),肝肾之气不太旺的女性生的孩子真元不足,容易出现体弱多病的现象。

发展问题

孩子身体太弱,神经功能同样也会显得弱些,所以睡眠差。中医认为这种体征属阳虚质,需要用一些温阳的食物和药物调理。比如吃红糖红枣粥等,你可以请有经验的中医看一看。

既然检查结果表明孩子没有器质性的问题,那这种发抖是不是心理问题呢?我认为身心两方面的原因都有。

神经功能弱的孩子心理上易产生恐惧感,出现类似于惊恐发作的症状也是有可能的。孩子太小,表达不了自己的内心感受,当外界有一定的刺激时,身体会发冷,若遇到太令人兴奋的事或令她害怕的事(如做错了事,父母发脾气等),有可能出现强烈的心理反应,导致上述症状。

你们不必太担心,随着年龄的增长,孩子的个性也在不断发展,加上身体渐渐强壮起来,她的发抖症状会逐渐消失,不会永久持续下去。目前每次发抖时,家长不要过于紧张,可以抱起她,拍拍她的后背,找一个不相干的话题转移她的注意力。这样的孩子一定要注意"养"。还有,不要增加孩子的学习任务,她不能承受过重的压力;不要对这样的孩子吼叫,她的心理力量很弱。孩子的发抖随着她强壮起来会改善的。

上课坐不住的小学生

 阳阳今年7岁,在我们眼中,他是个聪明的小男孩。他玩拼搭玩具很安静,坐在地板上可以很长时间不动,平时也能听懂我们讲的道理,看小人书也很安静。可是班主任老师反映,这个孩子不听老师的话,随心所欲,和其他小朋友相比,不懂要遵守规则,上课走来走去,不能够参加集体活动。老师让我们带他去看医生,是否患了多动症。陈老师,您说阳阳是否患了多动症,我们该怎么教育他?

阳阳能够独自玩拼搭玩具很长时间,就凭这一点,我可以明确告诉你,阳阳不会是个患多动症的孩子。阳阳可能是不太适应课堂的环境。有些孩子,家里的管教比较宽松,家长很少限制孩子的活动。在家里孩子处在一种不被管理和约束的情形中,可以自由自在地活动。这样家庭中长大的孩子进入小学的集体环境中,当老师要求小朋友们统一行动时,他对指令的反应就与其他小朋友有差异了。

阳阳的听指令随集体一起行动以及守规则的习惯尚未养成,或者发展得比较慢。家长无须担心,这是可以训练的。你们平时对他下指令时,可以用双手按住他的双肩,逼着他看着大人的眼睛,对指

发展问题

令作出反应。还可以做听指令做动作的游戏,让他站在大人对面,大人不停地变换指令,越说越快,他不断地根据指令变化动作,如"手指鼻子"——"指耳朵"——"摸鞋子"——"拉头发",等等。你们可以试试。

还要跟班主任商量,尽可能让他坐在教室前面,只要能安静听课,老师就应及时表扬。

"b、p、d、q"老是搞错

> 我女儿刚进小学,她的学习情况蛮糟糕的。老师已经找过我们几次了,说她学习有困难,尤其是学拼音时,老把"b、p、d、q"搞错。这个真的让我们很伤脑筋,我们又找不到原因在哪里,只能在家里反复地让她写、默,练得实在也不算少了,可是在具体拼写时,又是错很多。
>
> 现在小学里的学习任务很重,孩子在进小学前都已经学了很多。我女儿一开始就这样落后,以后怎么跟得上?我们心里很急。

我把一开始学习就有困难归为"原发性学习困难"。"b、p、d、q"老搞错,是因为你女儿在"视→动"协调方面有障碍。通俗地讲,这个孩子看到东西,产生知觉,再写出来的这个通道有些不顺畅。这种孩子往往肢体协调性比较差,特别是精细动作,常常做不好。在早期学习阶段,识字、写字是主要任务,孩子写出来的东西错的很多,成绩就比较落后。

怎么办?首先要搞清楚,这是一个发展性的问题,也就是说,不是你知道了怎么去做,马上就能改变的,它需要时间。其次要有正确的训练方法。对待这样的孩子,学校和家庭采取的办法往往是错误的,比如增加她的学习量,以为反复抄写和默写就会收到好效果,殊不知,大量的抄写和默写会让孩子产生厌学的情绪。

训练的方法有很多,你们可以在黑暗的房间里,让她坐着,在头不动的情况下,眼睛去追手电筒的光。

让她用筷子夹玻璃小球,从一个盆里夹到另一个盆里,右手熟练了就训练左手,接着是两手并进,同时夹,夹的时候蒙住一只眼睛,不断提高对速度的要求。

还有很多训练方法,限于篇幅,不再一一介绍,但无论什么方法,原则是坚持训练。另外还要提醒你们,在学校里,老师对这样的孩子往往评价不高,有时还可能会受到脾气急躁的老师的指责,家长要安抚孩子的情绪,不要回到家里再训斥她,只能安慰、鼓励她,告诉她落后只是暂时的,以后一定会赶上的。

如需要了解详细的矫治方法,可以找处理学习困难有经验的心理咨询师。

长白发和学习成绩有关吗

> 8岁的儿子在小学读二年级,成绩在班里是倒数,我们也没少关心他的学习,他自己也蛮努力的,可就是成绩不好,默写生字老是默不出。有时默了四五遍还是不行,经常被老师罚抄生字,于是作业量就多了,每天写到很晚,大家苦不堪言。真不知道如何帮助他。
>
> 儿子出生时被抢救过,在医院住了近两个月,以后身体情况也不好,经常感冒,人倒是很胖。他6个月时我们发现他头上有白发,心里很纳闷,这种小孩子生白发的现象和学习成绩有没有关系?想请教陈老师。

从信上来看,你儿子是个免疫功能较差的孩子,这和他出生时生病住院,大伤元气有关。8岁孩子有白头发是比较少见的,按照祖国医学理论,孩子8~10岁时应该阳气正旺,欣欣向荣。白头发是衰弱的表现,所以,孩子的身体和内部机能不太平衡,这可能是因为肾气不足。肾是根,脑是叶,肾力不足会导致脑力不足,表现为注意品质和记忆品质都较差。你儿子较胖,肾力不足的可能性更大。从这个角度来看,孩子的学习成绩差,记不住生词,确实和白发早生有一定关系。

对待这样的孩子,一定要多管齐下,可以去看看中医,做一些调理。鉴于脑力不足的实际情况,学习的时间和量只能减少,不能增加,否则会导致恶性循环。可以和老师商量一下,对他的作业量作特别的调整,学习不是一时的事情,大脑过于疲劳并恶性循环之后,会让孩子心灵受伤害,自我否定,没有信心,脾气也会越来越坏。所以千万要保护好自己的孩子,分数不高没关系,多给予安慰,让他看到今后的希望,告诉他:你是很有潜力的,现在只是暂时落后,等长大了,强壮了,你会很出色的。

她总是无法好好朗读课文

我女儿叫芹芹,上小学三年级,学习成绩是班里倒数。我们花了很多精力陪她读书,也没有什么起色,每天晚上弄到 11 点,苦不堪言。带她去测了智力,智商是 110。医生说是中上水平的智力,可是为什么她读不好书呢?我们发现她读书时,总是出现漏字、跳字或加字,语文课文也从来没有完全不错地朗读完过。这是个很奇怪的现象,为什么她的朗读会是这种情况?有办法让她学习成绩提高吗?

　　从你们介绍的情况来看,孩子的问题应该是学习技能方面的问题,属于阅读障碍。这种障碍的产生和神经系统发育有关,问题在视知觉上,所以帮助芹芹一定要帮在点子上。

　　首先不要在学习上过多地指责孩子,因为孩子自己也会纳闷,为什么自己努力地去阅读,可还是读不准确。因为阅读障碍,芹芹可能在语文学习上出现阅读、理解困难,对数学中的应用题也会有理解困难,如果学校和家长只在学习时间和学习量上下功夫,效果不会太明显。

　　对芹芹要进行一段时间的视知觉方面的针对性训练。目前还没

发展问题

有专门的机构提供这样的训练,家长可以带她找在应对学习困难方面有经验的心理咨询师,请他们帮助制订可以在家里实施的训练方案。另外,还要取得学校老师的配合,在学习任务上让老师对芹芹降低要求,特别是那种反复改错、订正的练习,可否免去?也不要反复默写以求明天能默出生词,因为在短时间里反复默写是没什么效果的。总之,要避免使她的学习进入恶性循环。

数学学不好的学生

> 我儿子读四年级,能说会道,语文和外语成绩都不错,就是数学成绩在班里一直处于中下游,我们为他请了家教,还让他在外面上了补习班,可就是不见起色,而且发现他越来越不喜欢数学了,还对我说他最讨厌数学。这到底是怎么回事?我们想不出什么办法了,写信求援,请老师给予帮助。

孩子的数学学习不佳,这种情况是从一年级就开始的吗?如果一开始就有数学学习问题,那得从思维方面找原因,看看你孩子的方向感和逻辑思维能力怎么样。如果这些方面表现不佳,家长应注意训练。比如,方向感的训练就可以经常做,外出活动时,家长有意让其辨别路径或带路,让其熟读地图,培养看地图的兴趣。逻辑思维训练方面可以找一些专门的训练题(书店里有卖),家长还可以有的放矢地提些问题,让孩子进行逻辑推理,和他一起讨论。

假如孩子的数学学习成绩是从四年级才出现下跌的,就要找他是在学哪个知识点上出了问题。数学是需要循序渐进的,一个知识点没掌握,以后就跟不上,应该针对这个知识点加以辅导。

当然,孩子的问题还可能出在情绪上,是不是你儿子的数学学习花了他太多的时间,引起孩子厌烦？家长是如何跟孩子谈数学学习的？是不是过于重视、强调它的重要性,让孩子面对这门课程时内心感到紧张、焦虑？这需要家长调整,不要人为地制造紧张,让孩子对待数学学习保持一颗平常心。可以找一些趣味数学之类的书让孩子看看,提高对这门学科的兴趣。最后,还可以鼓励孩子与数学学得好的同学多多交流。

长大我想做个卖报纸的人

我儿子是不是个很没出息的孩子？已经读小学五年级了，他学习成绩中等偏下。从小问他长大想干什么，回答是想做个卖报纸的人，问他为什么，理由是卖报纸的人卖完报纸，下午就可以回家玩游戏了。他上五年级后越发想做卖报纸的人，还说做卖报纸的人只要识字就可以了，不需要读那么多的书。真让我们失望！听听亲戚、朋友的孩子的理想，都是科学家、医生、工程师……我觉得儿子绝对是个没出息的人，从小没志向，将来不会有什么好的前途。我们跟他说了很多道理，也对他说了我们对他的期望，可都没用。这算不算"朽木不可雕"？

孩子说要做一个卖报纸的人，就认定他是没出息的人？出息是什么？一个心理健康、生理健康的人做什么都是有出息的，更何况那只是一个 12 岁孩子的梦想，能得出什么没出息的证据？

家长如果反复在孩子面前说自己认定他将来是没出息的，那么这个孩子将来就会"努力"去做没出息的人。

孩子的自我意识尚未形成，他对自己的评价来自老师和家长。如果老师和家长认定孩子是个没出息的人，孩子就会把这种评价内

发展问题

化成他自己的自我认识,就有可能在他心里埋下一颗"没出息"的种子,今后他的情绪、行为的表现就是这颗种子发的芽。

你的孩子之所以"坚持"要做一个卖报纸的人,是因为他想找到一种轻松的感觉(因为他以为卖报纸是轻松的)。那就说明他现在没有轻松的感觉,你了解一下他现在的紧张的感觉来自哪里,是不是来自父母的高期望。也许这种期望让他望而生畏,所以他索性让你们"死了这条心"。把未来的标准定得最低,这是孩子应对压力的无奈选择。

给孩子制定的目标小些,让他能够达到,他才会有信心。

脸部肌肉老抽动的孩子

我是一名小学老师,带二年级的一个班。我们班上有个男生有个奇怪的现象,他的脸部肌肉老是抽动,控制不住,伴随着抽动还会不停地眨左眼。我跟他谈过好多次,让他尽量不要眨眼,但他做不到。我搞不懂这是什么问题,可不可以治好?

  从你的来信看,这位学生的问题属于抽动症。这种病发病率不高,往往发生在低龄儿童身上,发病者好像也没有什么特殊的病因。抽动可以有各种类型,有的是不停地摇头,有的是不停地挤眉弄眼,让别人看着很不舒服。

  抽动症属于神经功能性问题,可能伴随神经系统发育问题,也可能源于神经功能轻微障碍导致的一些心理问题,抽动现象是这些心理问题的反映。患抽动症的孩子一般比较脆弱,缺乏胆量。比如,一个小孩长期在紧张的环境里成长,就可能出现抽动症状,在高压力之下也容易出现不由自主的抽动症状。对待这种孩子,一是采用心理辅导,找出他们心理问题背后的压力源,缓解他们的压力;二是可以适当服用一些药物,当然用什么药要询问医生。

  对于患抽动症的小孩,宽松的环境是很重要的,你是班主任,应当尽可能营造宽松的气氛,过一段时间他可能会有所好转。

我的计算为什么老出错

这次期中考试,我数学只考了六十几分,老师把我叫去,说我的错误都出在计算上,老师问我:"你是怎么搞的?"我也不知道,小的时候我也做过大量的计算训练题,可计算出错问题还是一直存在。爸爸妈妈都说我太粗心了,可我怎么才能克服这种粗心呢?

计算错误问题在不少学生身上都可见到,偶尔出现当然不算什么,可有的同学一做计算数字大、题目量大的卷子,成绩就很差,平时也尽可能地逃避这种计算题,如递等式、分式运算等,这就不单是一个"粗心"就能解释的。

计算错误其实并不那么简单。在低年级学生中,有 3%～5% 的学生存在学习技能障碍,他们的计算错误问题就属于此类问题,比如进位、退位总有困难,数字记忆也有困难等。这类问题可以一直持续下去,带入初中。孩子有这类问题,需要在专业人士的指导下,通过有针对性的训练才能有所改善。

如果不是一上学就出现计算困难,那问题可能是用脑过度。完成大量的学习任务以后,大脑处于疲劳状态,注意力难以集中,"15"也可能抄成了"51"。

容易脑疲劳的同学，往往身体比较弱，精气神不足，数学学习会有时得高分，有时得低分；难题做出来了，简单的题却错了。这样的同学要注意睡眠，加强体育锻炼。

还有一部分学生，他们的注意品质不太好，平时丢三落四，做事没有计划性；思维很跳跃，阅读速度很快，看文字常以"块"为单位；阅读时自我感觉很不错，读文学作品可能还行，但读数字类的东西就难免出错。这种同学在考数学时得把题目先读一遍，反过来再逐字逐句读一遍，然后又顺着读一遍，才能避免犯所谓"粗心"的错误。

对照上面几种情况，看看自己属于哪一类，可以去找专业心理老师，帮助制定详细的训练计划。

五年级了还尿床

我的孩子叫小勇,上小学五年级了,却还在尿床,我曾经带他看了好几家医院,吃了不少西药、中药,但不见效。这个问题已经影响我们家庭生活的质量,差不多每天早晨都要给他晒被子,弄得大家精疲力尽,到底该怎么办?

遗尿有几种发病原因。首先你看看是否因心理问题所致,比如在学校被同学排斥、被老师批评,或因家长施加压力造成恐惧不安,这可以从孩子的表现上看出来。如果是心理问题,你们可去寻找心理医生的帮助。

如果不是心理问题所致,中医治疗遗尿症比较有效,中医解释为遗尿的孩子真元不固,下肢虚寒。你已经看了中医,仍无效,就得查查是否有脊柱隐裂问题。这种病属于中枢神经系统问题,可通过 X 光检查。随着孩子年龄增长,一般进入发育期后,脊柱隐裂问题导致的遗尿会逐渐自愈。当然,严重的脊柱隐裂需手术治疗。

我们得到了您的指导,去医院查了脊柱,果然是腰骶处隐裂,不严重,所以我们不会去做手术(风险太大)。他的遗尿还可能持续几年,这肯定会影响他的心理,我们该如何面对这个问题?

　　首先,你们面对的问题是孩子生病了,对待疾病应该既来之,则安之。要多多安抚他,可以告诉他,这是一种病,但随着长大会好起来的;即便不会好,还可以通过手术治疗,让他安心面对。

　　其次,面对遗尿现实,家长一定要有耐心、恒心,晒被子时不要把不良情绪挂在脸上,让孩子感到难堪。在家中尽量不提"遗尿"这个词,更不该对亲友提及,保护好孩子的自尊心。

　　最后,要注意孩子的营养,尤其是钙的摄入,还有大脑保健。注意体育锻炼,小勇的下肢可能力量不太足,既不能让他下肢过于疲劳,也不能让他不活动(这样的小孩子往往懒得走动)。平时多注意他的情绪波动,尽可能创造让他身心健康成长的环境。

　　通常孩子进入青春期后,遗尿问题会自然消失。你们不要过于担忧,只有家长放松了,孩子才不会因遗尿而自卑。

孩子的学习障碍会不会是天生的

> 我是一个教了十几年小学数学的老师,在我接触的一些学生中,总有一些孩子(每班2~3名)学习很困难,但他们并不笨,家长也很配合老师,学生自己也没有什么不良情绪或行为问题,可成绩很差。老师和家长绞尽脑汁,用尽了各种办法,也没有什么效果,这让大家伤透了脑筋。我有时在想,这些孩子的问题会不会是天生的?
> 您对学习困难有研究,能否作解答?

在学习困难的学生中,有一类学生的学习困难不是由情绪、环境、文化、教育问题或智力低下造成的,他们的问题是由中枢神经系统紊乱以及心理过程中的信息加工缺陷造成的。有这类学习障碍问题的学生,其学习困难在刚上学时就会出现。这些学生往往表现得并不笨,某些方面还可能比较出色,但学习成绩很差。

如何诊断这类学习障碍,在多年理论探讨和大量个案研究中,我总结了三个维度。从这三个维度来考量,可以快速、准确地作出诊断。

1. 生理体征方面(两项以上):生产时缺氧、早产、低体重;母亲孕期肝肾虚弱;婴幼儿期做大手术,患婴幼儿肺炎三次以上;贫血;遗尿(脊柱隐裂);睡眠紊乱;有白发;稍动即大汗淋漓;胃纳差、过分挑食;腹部肥胖;有抽动症。

2. 心理、行为方面(两项以上):易怒,冲动,喜怒无常;丢三落四,不听指令;做事无计划性;无精打采,心不在焉,整日心神不宁;手脚笨拙,协调性差;反复做一种动作。

3. 学习技能方面:一是阅读(一项以上),包括阅读速度慢,阅读中跳、漏、增减字词,听写困难,无法概括阅读内容;二是书写(一项以上),包括形近字搞不清,漏添笔画,错别字太多,偏旁搞反,汉字写得难看,汉字无法书写排列成行,无法把说的话写下来;三是数学(一项以上),包括计算退位、进位困难,数字记忆难,辨认符号难,图形区分难,无法进行推理。

当知道孩子的学习困难属于学习障碍时,我们就应该明白,不是孩子不愿做,而是他们做不到。家长、老师要了解他们的痛苦,对他们的学习不能要求太高,期望也不能太高。要知道,这是一个发展性问题,需要投入很多心血,需要极大的耐心。

我在实际个案处理中采用的是"五行"(营养、医学、学习、情绪、行为)管理矫治的方法,"五行"既自成体系,又综合使用。比如,在学习管理体系中,既有针对某一种技能障碍的认知发展的学习策略指导,又有针对年龄特点的涉及平衡感、方向感、肌力、反应速度、视动协调等的运动训练方案。在行为管理体系中,既有给家长的管理技术指导,又有给学校设计的管理方案。

孩子有学习障碍问题不是孩子的错,家长尤其要保护好自己的孩子,使其心灵不受伤害。命运对这些孩子已经很不公平了,学校老师对他们要多一份爱心。这些孩子即使学习差一点,我们也要让他们的心灵健康成长。

快要发育的儿子提出的难题

儿子刚上初一,这些日子发现他总是鬼头鬼脑的,有时躲在卫生间不知干什么,有时坐在写字桌前发呆,还躲躲藏藏地看些杂志。他妈妈说:"儿子可能进入青春期,要发育了,你这个做爸爸的应该跟儿子好好谈谈青春期的问题。"我也觉得应该跟儿子好好谈谈,不然他整天胡思乱想,学习积极性也受影响。可又不知怎么跟他谈,谈什么,真有些为难。

跟儿子或女儿谈青春期性发育问题不但应该做,而且必须做。青春期是生理、心理变化都很大的年龄阶段,不少孩子就是因为被性的问题困扰,从而神情恍惚,心事重重,学习成绩下降的。

关于性和男孩子的性发育问题,由父亲来讲是比较合适的。你要告诉他,进入青春期的男孩在皮肤、嗓音、体毛、汗腺、生殖器方面都会有什么样的变化。

性器官变化的讲解可以从这样几个方面入手。

关于勃起:阴茎的勃起就像打哈欠,是非常正常的,是男人的自然功能,13岁以后勃起的频率就会增加。当性欲被唤起时、睡眠时、精液充满时、膀胱充满尿液时,阴茎都会勃起。

发展问题

关于高潮：男人性欲唤醒时会很兴奋，兴奋到一定程度，阴茎的海绵体就开始收缩，一种叫作精液的白色黏液就会从阴茎顶端喷射出来，达到性高潮。

关于阴茎的大小：每个人的手脚大小不一样，阴茎的大小与样子也是不一样的。阴茎的大小、形状与男子气概没有关系，与生育能力也没有关系。

关于梦遗：睡着时出现的射精现象就叫梦遗。男人精液装不下，满出来，需要倒掉一点，这是很正常的事，每个正常的男人都会有此现象。

关于阴茎会不会损坏：阴茎经常会勃起，但又没有射精，过了一段时间又回到原来软绵绵的状态时，会有一种肿胀的痛感，在睾丸部分尤为明显。这不会有任何问题，不要因此担心阴茎会损坏。

以上这些问题往往是男孩子心中的困扰，他们想知道又不会去问，所以做爸爸的可以坦诚地告诉他们，解除孩子心头的疑惑，让他们轻装上阵，做好准备，迎接青春期的到来。

另外，要注意青春期孩子的心理变化，此时的他们自尊心在提高。家长要告诉他们，他们有很吸引人的地方，要安慰他们，尊重他们，同时作出承诺，孩子可以随时询问他想问的问题。

这样做在解除孩子困惑的同时，也能加深父子关系。

学习成绩为什么下降了

我是高二学生,现在学习很紧张,班里的竞争也很激烈。目前我的名次在班里居中,我心有不甘,拼命地学习,常学到半夜,可是并不见什么效果,而且上课越来越听不进去。这次期中考试,我的名次反而落后了,心里不是滋味,想想自己花了那么多的时间,人也瘦了很多,为什么没有进步呢?请教陈老师,这到底是什么原因。

你目前的做法只会使你与理想越来越远。学习是需要脑力的劳动,大脑是身体的一部分,脑力和体力一样,不是可以无限地用下去的,过了极限一定会出问题,造成脑力衰弱,接踵而来的将是注意涣散,兴趣丧失,动力不足,记忆力下降,看半天书也不知所云。

高中生是人群中使用脑力最厉害的一族,强脑力劳动损耗很厉害,这就需要高中生懂得保护自己的大脑,懂得劳逸结合。比如做完以逻辑思维为主的习题,如数学题、物理题等,要接着做以形象思维为主的随笔、周记等作业。晚上保证有 8 小时睡眠,最低不能少于 7 小时。熬夜是最伤神的。注意营养,秋季可以吃些核桃,经常吃些猪肝、猪腰。如有头疼和头晕、睡眠障碍(入睡难、浅睡眠、早醒),应去医院检查，可选择做一两个疗程的高压氧舱治疗，以恢复脑力。

另外，要调整好心态，竞争不是一朝一夕的事，不能为了眼前的名次而损害了自己今后几十年竞争的资本——体能。也不能太功利了，要建立终身学习的思想，学习是一辈子的事情，人是要活到老学到老的。若年轻时的学习使人生理、心理极度不适，就会使人一生厌恶学习，对离开学校后的学习是不利的。没有学习兴趣的人也是不可能成功的，况且影响学习效果的因素很多，时间不是唯一因素。

自我催眠是怎么回事

> 我们寝室里几个同学都对催眠术发生了兴趣,但大家都是道听途说,不知道究竟是怎么回事。我们还听说有一种催眠的方法叫自我催眠,那是怎么回事,您能否给我们介绍一下?谢谢!

催眠是心理治疗中传统精神分析流派的一种临床技术,它的作用是引导被治疗者进入不一样的意识状态,在这种不一样的状态下,人的所见、想象都会有所变化,人会显露出真情实感,很容易接受催眠师的暗示。对于那些有心理障碍的人,催眠治疗可以让他们回忆起一些因内心防御而平时不能回忆出的早期生活场景,便于治疗师发现问题的根源,找到问题的症结,进入潜意识中与其对话,使其受到良性暗示,从而解决其心理问题。

有人误以为催眠就是让被催眠者入睡,是专门治疗神经衰弱、睡不着觉的病人的一种医术;还有的人看一些催眠术的表演,看到被催眠者作出一些不可思议的动作,就觉得催眠神乎其神,像巫术一样,或者认为他们是配合好了在骗人。其实,在表演中被催眠者的行为是进入很深的催眠状态中,听催眠师的指令而作动作,不是所有的人都能进入那么深的催眠状态。催眠师在表演时是有选择性的,他会选择那些表演欲望强、易受暗示、视催眠师为绝对权威的人。通常心理治疗中的催眠只要进入浅度或中度催眠状态,治疗效果就不错了。有的人是很难被催眠的,个体是有差异的。

催眠的具体操作是,催眠师让被催眠者放松,完全宁静下来,随着催眠师的指导语,被催眠者会呼吸放慢,心跳放慢,眼皮沉重,肌肉松弛,身体变轻。当被催眠者进入这种状态时,催眠师就会跟他对话,被催眠者可能会"看到"一些醒着时看不到的场面。

自我催眠就是每个人都能让自己进入催眠状态,它是一种能真正放松精神的休息。自我催眠中休息一小时要比真正睡着几小时的效果好。

自我催眠的方法也是让自己尽可能地放松肢体,自然呼吸,不受任何外界干扰,进入一种安静又安详的心灵氛围。最简单的方法就是什么也不做,安静地、舒服地独自一人坐着。通过一段时间的练习,你可以享受到内心的自由、愉悦、宁静,在那种状态下,你在内心对自己说的话就成了最好的暗示,它会给你增添心理的力量,让你心胸变得更宽广,更能抗挫折。你平时可以写下一些你愿意听的积极的暗示语句,熟读它们。在自我催眠时,这些语句就会浮现。

这是关于催眠的简略介绍,如果有兴趣,你们可以找一些这方面的书来看看,蛮有意思的。

分析梦是怎么回事

最近我和几个朋友都对分析梦发生了兴趣。一个朋友叙述完一个梦，几个朋友就来评析一番，有时做梦者觉得说得很准，有时又觉得全是胡说八道。我想问问，分析梦到底是怎么回事？可以找谁帮我分析梦？

　　分析梦是心理学领域精神分析流派的一种治疗技术，这方面研究的鼻祖是奥地利精神病学家、精神分析学派的创始人弗洛伊德。弗洛伊德认为梦是一种心理现象，梦的发生是潜意识愿望的满足，即一种被压抑的愿望的满足。1900年他出版了《梦的解析》一书，提出人脑是以两种不同的方法活动的，一种是做梦，另一种是清醒的思维。梦中出现的意象都是虚构的，是其他事物的代表或符号，了解其象征性就可以对梦进行分析。当然，在分析梦时，分析师一定要仔细地了解做梦人的现实生活和个性。

　　分析梦要从两个方面进行。一是主观水平的分析，采用综合的方法，把梦中的一切影像和情节都当成心理活动的象征。二是客观水平的分析，对梦中影像与情节进行分析，把这些与客观现实生活中的人和事联系起来,找出梦境与客观世界及现实的联系。如有兴趣,可去看看这方面的书。你要做梦的解析,可以找擅长做精神分析的心理咨询师。

选文科还是选理科

我是一名高中生,学习成绩一直比较稳定,也没有偏科现象,现在我遇到的问题是:究竟选文科还是选理科?我拿不定主意。想想文科容易学些,理科容易考些,真是各有利弊。我这人在作选择时常常会左右为难,举棋不定,这是不是一种心理问题?

你面临的问题从心理学角度来说是个双趋冲突,指一个人以同样强度追求同时并存的两个目的,但又必须接受其一才能避免其二时产生的内心冲突。其实这种情况大多数人都会遇到,如果你在选择问题时特别受折磨,比如影响了睡眠,茶饭不思,那就成为问题了。

你可以把过去所有给你带来快乐感受的课程写出来,仔细看看,到底是哪些科目的考试成绩让你由衷的高兴,这往往可以揭示你潜意识里的一些东西。那些你通过短时间学习就能有好成绩的科目,实际上是你感性上容易接受的、喜欢的科目。你选择自己喜欢的东西一定是没错的。这就叫跟着潜意识走,有时虽然不够理性,但它确实是你真正想要的。

从心理学理论上讲,解决你问题的方法是放弃一个目标或同时放弃两个目标。你只能放弃一个,不妨试试上面的办法。

这是什么病

> 我是一名重点高中的学生,这两天天气转冷,我的手出现奇怪的现象:一会儿发白,一会儿发紫,一会儿发红,而且发冷、刺痛,发作起来可以持续几分钟,过一会儿又好了,这是病吗?有人说这和心理问题有关,对吗?该怎么治疗?

从你所说的症状来看,你的这种情况有点像一种身心疾病——雷诺病。此病主要是因为情绪剧烈波动后导致交感神经功能亢进,从而引发对寒冷刺激的强血管收缩反应。发作时一般无需特别治疗,可用热水浸手,或用热水袋焐一下,就可停止发作。这种病多见于青年女性,外因是寒冷的气候,内因则是激情。你是不是在特别愤怒时容易出现这种症状?平时要注意自己的情绪调控,在与人发生矛盾时,常作些换位思考;面临一件让自己不高兴的事,不要急于下判断,尤其不要下极端的判断,多想想,可能作出的决定就比较符合实际。

人平心静气时,血液循环顺畅,对身体最有利。极端情绪状态下,人易得病,这就是所谓的身心交融。雷诺病也可能因其他疾病引起,如脉管炎等,这就需要药物治疗了。

为什么我一定要考大学

我是高三学生,在一所普通中学上学,学习成绩一般。说心里话,我对高考厌恶透了,我对读的 12 年书也厌烦透了,我实在是不想再读书了,而且我也不一定能考上大学。

我天天去读书完全是为了我的父母,我家祖祖辈辈都没有读大学的,到了我爸爸,他读的也只是电视大学的大专。所以我爸爸妈妈从小天天跟我讲要考上名牌大学的本科,这其实是让我来承担他们的愿望。

我小的时候觉得自己应该为父母争口气,考进好大学,可现在不知怎么搞的,对这件事越来越反感。甚至觉得他们很自私,为了光宗耀祖,不怜惜我。现在大学人人可以考,他们自己为什么不去考?

还有,我一直在想我为什么就一定要考大学。课堂里学的很多东西在社会生活中是没用的。我想早些工作,我很羡慕那些走南闯北的人。生活可以有很多选择、很多可能,为什么只能有考大学这一种选择?

高考不是人生的目的。读大学是为了什么?是为了接受高等教育。一个人受教育的程度和一个人的认知水平、鉴赏水平联系在一

发展问题

起。人有两个层面的享受——物质层面的享受与精神层面的享受。只要有钱,人人都会获得物质层面的享受。比如一个文盲彩票中奖,得到百万元,他明天就可以有物质享受,但是精神层面的享受不是用钱就能买得到的。比如一流的画展、精彩的音乐会、深邃的文章、充满智慧的谈话等,这些就不是有钱就可以享受的。

物质享受是有限的,你再有钱,每晚也只能睡一张床。而精神享受是无限的,知识是思想的来源,知识越多,思想越丰富,精神享受就越多。

我们来这世上走一遭,有人只享受到了物质生活,有人却能同时充分享受物质生活和精神生活。你想做哪一种人呢?所以,读大学的真正目的是提高自己的素养,扩展自己的精神世界,不在精神上做个贫穷者。

我也不赞成你爸爸妈妈把自己的意愿转嫁在你的身上,好像你应该替他们去完成他们没完成的事一样。每个人都要对自己的人生负责,谁也承担不了别人的人生。但是,即使是一些高学历的父母,他们可能也会要求自己的孩子进大学,天下父母都一样,不必对他们反感。你读不读大学应该由你自己决定,先要把为什么读大学搞清楚,作决定前全面考虑问题是很重要的。人生的路很长,有很多选择,关键是要把握得住自己。

我倒是建议你仔细想想,你那么厌烦读书,最深层的原因恐怕是不敢面对高考,不敢面对自己辛苦了12年却可能考不上的事实吧?我得不到它,只能转而恨它,这是一种常见的心理防御方式。

别沮丧,考考看,考不上再作其他选择也不迟。

到底该不该去留学

我们是一所国际学校的高中生,我们的目标就是读完三年高中后去国外继续读大学,课程设置也是为留学作准备的。

选择这样的学校是父母的决定,因为我们在初中时学习成绩都不怎么好,而家长有一定的经济实力,所以决定将来送我们去国外留学。

我们四个人住一个宿舍,有时会谈到未来生活这个话题,大家都觉得很迷茫。虽然看上去我们的目标蛮明确的,就是将来到国外去留学,但怎么学、想学什么,都是糊里糊涂的。在这种情形下,我们的学习也没什么劲头,精力大多放在双休日回家后去KTV、到饭店消费上。我们有时互相比名牌服装的价格,讨论谁家的车更好,其实也是很无聊的。

现在越来越接近这里的课程结束的日子了,我们心里都比较烦,一烦就会惹事,已经有两个同学因为打架而受了处分。我们感到心里很乱,所以写信给您。

你们的问题是到底该不该去留学,但其实换成到底想不想去留学可能更恰当。这个问题需要你们自己好好想一想。你们说这都是父母的决定,可人生的路说到底是要自己走的,朝哪个方向走,别人只能引导,不能代你们决定。你们已经是高中即将毕业的人了,有一定的判断力和思考力了,所以该静下心来想想了。

你们目前的行为比较混乱,这源自你们的心境比较混乱。其实你们对前途是没有明确的设计的,似乎有走到哪里算哪里的意思。

你们的父辈都是成功人士,他们为你们打下了良好的经济基础,你们要超越父辈恐怕是有压力的。再则,也许你们对待读书的看法就是读书是为了有个好工作,然后赚大钱,但现实又让你们困惑——父辈可能把两辈子的钱都赚好了,你们赚钱又有什么意义呢?心理学中的动机原理认为,人的动机不是来自外部世界的客观实体,而是来自对那些实体的主观解释。你们对去留学没有期望,所以没有对这个未来事件的向往。因此你们行为混乱,只有去娱乐、去吃喝、去消费才能使自己的精力有地方发泄,压力有地方释放。

我敢说,面对去国外,你们心里很恐惧。离开优越的物质条件,一个人去一个陌生的地方,可能面对一大堆困难,又没有足够的动力,怎么能不害怕呢?

留学与否当然由你们自己决定。想一想我想学什么,我究竟对哪个领域有兴趣,这个兴趣是不是能让我有动力去探寻其中的奥秘,这样你们可能会发现一些东西,或者萌发想干一番事业的念头。只有这样,你们才能作出正确的选择。目前你们要停止那些偏离学生生活常态的消费活动,拿着父辈赚的钱做"阔少",去挥霍,其实是蛮可耻的,这是无能者、无智慧者、懦夫的表现。希望你们不是,希望你们能很快从混乱中走出来,变得坚强,有足够的心理能量作出人生的选择。

学海无涯何时休

  我是一个高三学生,按理说现在是冲刺阶段,是学习投入力度最大的时刻。可不知为什么,我突然发现自己特别厌学。上两周的周末我做作业到晚上11点,突然有一种抑制不住的冲动爆发出来,我拗断了手头所有的笔,砸了一个茶杯。过后我害怕极了,怕自己疯。从那天起我不想再读书了,我已连续迟到了两周,是硬撑着去上学的,下周我恐怕走不进学校了。

  我已读了近十二年的书,照我父母的说法,接下来还要读学士、硕士、博士,这样继续读下去,哪一天是个头啊?我心里厌烦透了,做不完的题目、考不完的试,有什么意思?人生的大量时间就这样耗去了,好像生到这个世界上来就是为了读书。

  我现在一片茫然,不去想未来,也不想现在,头脑一片空白,欲哭无泪。

  老师、家长总是对我们说,你们生活在幸福的时代,物质多么丰富。我幸福吗?我差不多就是不幸的,我们的童年时光是在无数场考试中度过的,外语考级、奥数比赛一场又一场,才使我能够进入所谓的名牌中学。名牌中学里照样天天考试,我受够了!什么高考,什么大学,滚开吧,我不干了!

听上去你积攒了很多的愤怒,我深表同情。我从你的文字中就可以感觉到进入高三后紧张的学习气氛。你积攒了12年的愤怒一朝爆发,随后产生倦怠感和疲惫感。

你的身心都需要休整一段时间。最近这些天可以静一静,暂时不去面对学习。没关系的,你前面读的11年书不是假的吧?那是一天天、一道道题做出来的,即便最后一年学得不够好,也不等于前面11年没学。所以请放心,安静几天没有关系,这对你来说也很有必要。

学海无涯,但为考试而读的书是有涯的,再怎么样也有考完的一天。人总是在失去的时候,才觉得什么都是好的。你不知道,像我们这种远离考试的人,回忆起考试的那些日子,还觉得甜蜜得很呢!

你现在讨厌读书,是因为学习量太大,考试太多,心理上的包袱太重。心上放着一块石头,脚步怎能迈得轻松?如果不为分数读书,也不做那么多题目,会不会感觉好一点?你会说:这种读书就是为了分数,不为分数怎么读?我的意思是:分数让它自然地来,自然地去,我不等着它,不盼着它,不想着它;分数多也好,少也好,我还是我。

其实这12年走过来,你自己心里应该跟明镜似的,知道自己到底有多少实力。有多少力气就挑多重的担子,不要企盼自己能力办不到的事,更不能因自己能力达不到而批判自己,不用自责、内疚。

厌烦、痛苦的根源在于你到底是怎么看待考试的。我认识一位高三的学生，学得挺洒脱的，该玩什么也没少玩，电脑、打球都在行，做题目他比较自主，有所为有所不为，没有那种生怕少做一题就竞争不过别人的恐惧感。以旁观者的眼光来看，我认为那位同学有实力考进好的学校，假如他以这种状态继续在大学里读书，那有什么可厌烦的呢？他快活着呢！调整想法很重要，继而就可以调整情绪，相信过几天你就可以恢复了。

长不大的大学生

我女儿已经读大学了,可是所有认识她的人都说她还不如个初中生,根本就没长大。早上起床要反复叫几次,穿衣服要花半小时,洗脸刷牙都要我在旁边催。她不仅动作慢,而且懒散,从小读书都依赖我这个全程陪读的妈妈,不给她安排好补习班,找好的老师补课,她根本不可能考上大学。这一路书读过来,我真的又累又怨,因为任何事情你都要关照她,你忘了,她一定也忘,所以我就被她逼得非记住她的事不可。

这次勉强考上了大学,想想总可以松口气了吧!但进了大学的她成了个不会学习的人,整天泡在网吧里,一个女孩子怎么这么沉迷网络?不去上课,考试不及格,问题比小时候还让人担心,我急得不行,这样下去,她还能大学毕业吗?

你要教育她,她态度蛮好,甚至发誓再也不去了,但发完誓后反而去得更勤了。

这人怎么这么不自律?她从不会计划自己的事,就在那里等着你给她安排;喜欢交朋友,但又把握不好尺度;没有必要向家长说谎的事她也要说谎;从来不会和家人商量着说话,要么求饶,要么不开口。实在太不成熟了。

这确实是个没长大的孩子,那她为什么不肯长大?因为如果她长大了,一个喜欢发指令、作安排、挥手指方向的母亲的心理需要又能由谁满足?

独生子女承担着实现自己的父母对下一代的希望以及给予父母心灵安慰的责任,孩子的本能会促使他满足父母潜意识里的需要。

也许你不太认可这种分析,会说:"难道我希望她有这种行为表现?"你的言语中确实要求孩子自律,有意志力,快快长大,但是你的行为并不能让孩子感受到这一切。

从小到大的陪读、所有补习的安排、复习功课的计划等,都会让孩子觉得自己不需要计划、思考自己的事情。或许哪一次她幼稚地说出了自己的决定,可能很快就被你推翻了,因为妈妈总是最聪明的、最有见解的。以后孩子就不再说了,不再思考了。

孩子其实很可怜,长不大是源自你不让她长大,因而所有人又都说她没长大,她自己是不会明白这个原因的,你也是不会明白这个原因的。

如果你觉得为了让孩子少走弯路,做家长的就应该把自己的经验传授给孩子,给孩子指明道路和方向,那么按照这个想法,孩子永远也不需要开发、探索潜能,家长的年龄永远比孩子大,经验永远比孩子丰富,因此可以永远指导下去。你的女儿即使到了40岁也可以长不大,只要家长一直有指导、教育她的心理需求。

孩子是独立的人,出生的时候和母亲融为一体,建立所谓共生关系,紧密依恋彼此。渐渐地,她要完成分化,只有成功地和母亲分离才能长大成人。要是一个母亲不让孩子与自己分离,孩子就只能不长大。独立的人要有独立的意志、自我的需求。

要让孩子长大,只有母亲退后——缩小自己,放大女儿,站在一旁,做一个欣赏者,而不是指挥者。明确地告诉她,她有思考权、决策权;你只想看到她是快乐的。如果她不会作决策,那么从现在开始,请她自己探索、学习。

至于她会不会在网吧一直待下去,寻求肤浅的快乐,你可以放心,这不是快乐,而是逃避。作为一个大学生,她躲在网吧里,内心决不会是快乐的。

情绪问题

妈妈一出差他就生病

> 我儿子南南从小由我们夫妻自己带大,平时较听话,幼儿园老师也经常表扬他乖、懂事,可是他有一个问题让我们很烦恼。他妈妈这两年因为工作上的事情,出差的机会比较多,他妈妈一出差,他就会生病,真是奇怪。每次他妈妈总要在电话里责怪我不会带孩子,否则为什么她前脚走,他后脚就生病。本来以为是巧合,但两年来总是这样,那就不是巧合了。这究竟是怎么回事?

当幼小的孩子有不安全感时,也就是说孩子特别焦虑时,会由心因性的疾病反映出来。人的身心是无法分割的,尤其是在低龄孩子身上,特别能体现这一点。

南南和他妈妈母子情深,他妈妈一离开,南南就会产生分离焦虑。分离焦虑有时会导致孩子情绪急躁不安、哭闹,乃至生病。你观察一下平时南南和他妈妈之间的关系是不是很亲密,彼此都不能离开对方(这里指心理上的),他妈妈离开南南后会焦虑不安,而这种焦虑不安通过电话传递给了孩子。母子连心,孩子自然心理反应强烈了。

他妈妈最关心的是什么?是孩子是否生病。孩子如果生病了,他妈妈会更多地询问孩子的病情。可见南南生病是有原因的,他通过生病想对爸爸说:"我更喜欢妈妈在我身边。"南南怎么会不生病呢？他的潜意识会叫他生病。

告诉你妻子,以后她再出差,打电话的内容改成和南南讲笑话,或者告诉南南自己在外边看到的有趣的事,看看南南还会不会妈妈一走就生病。

她为什么总咬手指头

我是一个5岁女孩的妈妈,我发现女儿老是咬手指头,幼儿园老师也反映过这个问题,我想过一些办法,都没用。有朋友提醒,说这可能是心理问题,所以我来信求教。

你先观察一下孩子一天里哪些时候最易咬手指。

咬手指多半是孩子心情紧张、焦虑所致。年幼的孩子有什么可紧张的呢?

你们夫妻关系如何?如果这方面没问题,看看是不是孩子学习负担过重。如果这方面也没问题,再看看妈妈的情绪是否过于焦虑。有的母亲工作压力过大,神经常处于紧张状态,无论是语言还是行为都会感染与她亲密接触的孩子。假如问题也不出在这里,那就再看看孩子是否过于频繁地变换环境,如换幼儿园、换住房。

造成幼儿焦虑、紧张的原因主要有这些,当然还可能有其他一些问题。你可以先找找原因,多观察孩子的情绪变化,继续与我联系。找到原因后,下一次我们可以讨论应对方法。

我观察到孩子咬手指大多是在我让她做数学题时。根据您的指导,我找了一下原因,问题可能出在学习压力上。婷婷目前除了学数学外,还在学钢琴、绘画、舞蹈。我总希望她全面发展,学什么都要学得像样,将来一个女孩子才能在竞争中立足。这会造成她紧张?怎么办才好?

孩子才5岁,不是25岁,且不说她学了什么,只要看看这么多的学习内容,就该知道一个小孩的体力是难以应付这些的。不要再这个班那个班的跑东跑西,疲于奔波了。小孩是要"养"的,体能消耗不能过大。

你有"竞争不败"的信念,可以想见你会对她有什么样的要求,是不是要求她什么都要学得好?一个5岁的女孩就要领会学习的要求,她不紧张才怪呢!接下去她还会出现睡眠问题,身体发育都会受影响。

问题出在孩子身上,根子却在你这里。千万记住,欲速则不达。建议你读些儿童心理学方面的书,掌握这个年龄段孩子身心发育的特点。如果你知道这个年龄段孩子的生活以游戏为主的道理,你就可能会在她的游戏方面多动些脑筋,创造些条件了。

想解决孩子的焦虑问题,先解决你的"信念"问题,相信孩子会健康成长的。

乖孩子会患多动症吗

我的孩子京京今年上小学一年级。这孩子在幼儿园时一直表现得不错,老师都说他特别聪明,学什么东西一学就会,小时候在家里也很安静,一个人玩乐高积木可以玩两三个小时,背唐诗、做加减法题目也很乐意。总之,我们一直认为自己的孩子不错。可自从他进了区内一所最好的小学后,就不一样了。那个小学的学生都是经过选拔的,学习要求很高,进小学前这些孩子大都已认识约一千个汉字,报名时一了解情况,他妈妈就全力以赴给他上课,数学、语文、外语,什么都学,说不能一开始就让他落后,否则孩子的心态要变坏的。开学后,他妈妈天天陪读,孩子的作业量不小,做完作业他妈妈还要帮他复习、预习,再加些自己布置的作业,孩子苦得很。开学两个月后,老师隔三岔五地打电话,说他上课坐立不安,动个不停,不能好好听完一堂课,最近期中考试成绩也是中下,为此老师让我们带他检查一下是否患了多动症。他妈妈急得不行,对他的学习抓得更紧,每天弄到很晚。陈老师,京京像不像多动症儿童?

你放心好了,我可以给你一个结论,京京没有患多动症,哪有那么多的多动症儿童?一个玩乐高积木两三个小时的孩子哪会患多

动症？

京京一开始上学，你们家就进入紧张状态了。京京妈妈似乎有个信念，即不能输给别的小朋友，于是让京京在她的严厉监控之下学习，家里的这位老师比学校里的还厉害，要求可能更苛刻。孩子在学校里坐了一天，回来还有一只"大老虎"陪伴在旁边，也真够累的。最要不得的是，京京妈妈将她紧张和不安的情绪传递给了孩子，孩子的情绪不安是不会用语言表达的，他们只会在行动上表现出来。而且孩子对母亲的心理反应有本能的感应，京京上了学后内心就开始不安，学习在母亲眼里是那么重要，孩子自然就格外紧张。一个心神不宁的人如何能安坐在椅子上？

京京的问题显然与情绪有关，没必要带他去检查是否患了多动症，而是要让他感到父母对待学习问题和对待身体、卫生、道德、习惯等问题一样，父母相信他是可以轻松面对的。家里要有自然、宽松的气氛，不要去和别人比，这么小的孩子比来比去是没有意义的。家长的心安稳了，孩子就不会"多动"了。

她为什么无缘无故发怒

 我女儿最近脾气很坏,有时为一点小事就发作。前几天带她去超市,因为她要的文具我没同意买,她就在超市里大喊大叫,根本不像一个已经上小学二年级的孩子。她在幼儿园时倒没有这种情况。听老师反映,她和班里同学处得都不好,她常一个人玩,没朋友。我现在觉得带她越来越难了,真是头痛。

孩子脾气最近特别坏,你要全面了解一下她在学校里的情况。孩子乱发脾气的深层原因往往是感到压抑,那么是什么使她感到压抑呢?是学习,还是与同学交往?从你提供的情况看,可能是后者。

对孩子来说,与同伴交往是很重要的,确实会影响她的情绪,如果小朋友都不和她玩,她就会很孤独,内心就会痛苦,这种被压抑的情绪回到家里后就再也抑制不住了,对着她的保护人发泄就是必然的事情。所以要改变她的坏脾气,先要弄清楚为什么她和同学相处不好。可以去观察你女儿和同伴在一起时的情况,或者休息日请亲朋好友的孩子来家里,看看她与小朋友相处时有哪些让别人不能接受的地方,只有发现了问题才能有针对性地解决。你先走第一步,以后还可以继续来信讨论。

无法面对爸爸妈妈吵架的女孩

> 我们家外孙女沁沁今年 9 岁,是一个很乖、很安静的女孩,学习也不错,老师们都蛮喜欢她的。可是这孩子很可怜,让我们老两口心疼。最近她被查出心脏有问题,我们真是很难过,她的心脏病是给吓出来的。
>
> 我的女儿脾气不好,没想到她嫁的丈夫更是个"火药桶"。女婿易冲动,发起火来会砸东西、骂人,家里的门都被他踢坏了几次。每次夫妻俩吵架,胆小的外孙女就躲在角落里,瑟瑟发抖,无声地流眼泪。他们夫妻吵完架,过两天又没事了,女婿认错认得很快,可是外孙女得难过好几天。
>
> 不知为什么,她的个性一点也不像她父母,比较内向、胆小。现在她很疏远她爸爸,有点讨厌他。
>
> 外孙女有一次跟我们说她很害怕爸爸妈妈吵架,他们一吵架,她的心就发抖。她对她爸爸的行为很绝望,认为他是不可能改变的。我们很想让孩子住到我们家来,但离学校太远,不方便,再说她父母也不同意。真不知道怎样帮助这个孩子。

这孩子真是蛮可怜的,她是个细腻、敏感的孩子,容易受到外界的伤害。恰恰她又生活在一个"战争"不断的家庭中,可想而知她过

着怎样心惊胆战的日子。

孩子爸爸这种冲动暴躁的个性确实是比较难改变的，这实际上已成了他的一种人格缺陷。冲动型人格的人有周期性爆发的倾向，每次爆发完会有种轻松的感觉，所以认错很快，这种认错是在认知层面上，他确实知道自己的行为有问题，但情绪的爆发是不受意识控制的。

有这种冲动型人格缺陷的人，改变的前提条件是自己极想改变、态度积极或者是遇到重大的伤亡和灾难性事件，只有这样才有可能触及灵魂深处，使他有所改变。比如我们看到一个人坐了10年监狱，出来后性格有了很大的改变。

这样的人最好的生活环境是安静、麻烦比较少，配偶善解人意，能以柔克刚，但你女儿恰恰又是个"火药桶"。

现在的问题是如何保护好沁沁不受伤害，这需要你们给她更多的帮助。要让沁沁知道，她爸爸的行为的确比较失控，但爸爸和妈妈两人之间感情恢复得较快，他们属于同类个性的人，并且他们是相爱的。还有，一定要让爸爸妈妈告诉沁沁，尽管他们常会发火吵架，但是他们都爱自己唯一的女儿。

孩子对父亲而言其实是一帖好药，她比较安静、乖巧，让她不要疏远父亲，多接近父亲，和孩子在一起他会心情平静些。面对一个安静的小女孩，冲动的父亲的情绪控制力也会强一些的。

不肯去上学的小学生

　　我女儿已读小学二年级了。可这两年来,她去学校的时间总共只有两个星期,而且还是零星去的。她现在彻底不肯去学校了,我们拿她没办法。学校和家长一起找原因,也不明白是为什么。她所在的学校是一所中心小学,老师都不错,她的班主任虽然年轻,但对待孩子比较有爱心。学校方面没有谁伤害过她。

　　我女儿是一个十分内向、文静的小姑娘,她安静得有些像大人。她也很聪明,虽然没去学校,这两年她自己在家学习也能跟上,特别是她手很巧,做什么都很像样。老师说如果她读书,一定是个学习很好的孩子。

　　我女儿小时候由外公带大,她出生时正巧外公退休,外公把全部精力都放到了她的身上。我们那时很忙,有外公精心呵护她,我们也很放心。外公是个比较安静的人,通常是外婆烧饭,外公陪她玩,从来不分开,即使我们要带她出去,如果外公不去她就不会去。上幼儿园时她也是"三天打鱼,两天晒网",经常不去。她的生活天地实际上很狭小,一直和外公、外婆待在房子里。她从小不爱户外活动,可以待在房里一天,自得其乐,和外公、外婆的感情特别好,尤其是外公。

　　第一天上学是外公送去的,外公送到教室门口迟迟不离开,回来以后很有失落感,坐立不安。下午去接她,外公有些迫不及待。回到家,他眼睛就不能离开她。女儿问:"外公,你是不是想我一天了?"三天后女儿就不肯再去上学。问她为什么,她说:"不知道,就是不想去。"再问她,她不说话了。一年级下学期开学也只去过两天,又不去了。二年级开学时也去了几天,还是不愿去了。

　　这到底是为什么,看着人家孩子天天背书包去上学,我心里好难受。女儿的问题到底在哪儿?

孩子的问题让你们感到困惑、棘手,看上去这是一种分离焦虑,不像是学校恐惧。

这要从孩子生长的环境说起。小时候你们远离她,她是和外公、外婆一起生活的,特殊的地方在于外公把全部精力都放在外孙女身上,外公实际上是把外孙女当成晚年生活的精神寄托了。这对祖孙感情极深,外孙女坐在学校,心系着家里的外公。她走了,外公就没有玩伴了;她走了,外公就孤独了。这一根无形的线在牵着她的心,把她拉回外公身边。她不愿让她最心爱的人难过,心里很惦记外公。而我敢说外公更是舍不得外孙女离开他,他会不自觉地表现出与外孙女分离时难受的心情。这种心情会实实在在地让外孙女感受到,于是她又要跑回外公的身边。

以后她不愿去学校的行为变得像一种强迫行为,即使内心想去,脚也跨不开了。

问题是比较棘手,事情已经如此,你们不要在她面前表现出对这个问题非常着急,这会使她强迫自己不去学校的。可以带她去参加一些带有攻击性的运动训练,如空手道等。让她住回自己的家,和你们建立亲密关系。同时这问题需要外公的努力与配合,让外公去寻找新的生活寄托,不再依恋外孙女。不要急,慢慢来,已经停了两年,不在乎这一两个月,试试看。

我不敢一个人睡觉

 我读小学四年级了,已经 11 岁了。我有一个"隐私"想讲给您听。我每天晚上一个人睡觉都很害怕,睡在床上要很长时间才能睡着,心里想的都是可怕的事情。有时我想屋顶上有没有贼下来,厕所里会不会有鬼,越想越害怕,总是用被子把头盖住,搞得自己一头汗。只要我爸爸妈妈都睡觉了,我就爬起来开灯,天天晚上开着灯睡觉。被妈妈发现就挨一顿骂,妈妈说我是个没出息的男孩,胆小如鼠。其实我也不想开灯睡觉,很难受的,但是不开灯,我害怕极了。有什么办法改变我这种胆小如鼠的个性吗?

  我敢说,许多小孩在小时候都有过你这种情况,晚上害怕,不敢一个人睡觉。躲在被窝里看着黑咕隆咚的房间,看什么都像会动的人。于是蜷在被窝当中,好像被窝是铜墙铁壁,可以保护我们不遭妖魔鬼怪袭击似的。

  孩子胆怯,是因为孩子人小,力量小,他们在没有大人陪伴时就会有一种不安全的心理。因为人是从动物进化来的,任何动物小时候都是需要父母陪伴壮胆的。

  只是你已经四年级了,还那么胆小,可能比你的同学更胆小一

情绪问题

些。这没什么关系的,过两年就会好些。

我想你胆小的原因可能是你对自己的力量还不那么自信,你在心里可以这样对自己说:"我已经 11 岁了,可以独自做很多事情了。我离开爸爸妈妈是行的,也是安全的。我已经有了足够的力量来度过独处的时间,包括独自睡觉。"

建议进行一些锻炼,最好是选取跆拳道之类的运动训练。当你觉得自己的身体力量变得强大时,心理的力量也会强大起来的。

如果还是害怕,可以让妈妈买一个很小的夜灯,这样既解决了黑暗问题,又不太刺眼,不影响睡觉。

儿子为看书哭鼻子

　　儿子喜欢阅读,从小学一年级起就独立阅读,现在读小学五年级,已经读过不少书。我们家长也一直鼓励他多阅读。可是现在有一个麻烦的问题,儿子每天作业很多,老师总是对他们说,毕业班的孩子要抓紧时间复习,多做习题。每晚回家作业做到9点,9点一到,我们就让他上床睡觉,这样他就没了看书的时间。双休日学校还组织一批学习好的同学补课,这样他连看自己订的杂志的时间都没有了,为此孩子很不高兴。昨天晚上9点半他还想看书,但他妈妈把书拿走了,孩子居然哭了。我觉得他真的很伤心,他心里一定急着看完那本书,但学校作业多,他不得不克制想看书的欲望,先做作业。好不容易做完了作业,终于可以看书了,睡觉的时间又到了,家长不允许。想想孩子也够委屈的,他唯一的乐趣——阅读,也因为大量的作业而没时间享受了,自然会受不了,换了大人也受不了。可是有什么办法呢?我们很无奈,既要让他学习取得好成绩,又要让他休息好,也只有请他牺牲看书的时间了。我是怕再这样下去,孩子会对课堂学习产生厌烦。

　　我们该怎么对他说呢?

　　你儿子是个好孩子,你们从小注意培养他的阅读习惯,使他喜欢

阅读，这真是难能可贵。有阅读习惯的人，将来自我教育的能力就强了。每本书都是老师，有书陪伴，就是有老师、朋友的陪伴。

现在的问题是学习和阅读有了时间上的冲突，在这种时候一定要理解孩子，你们说的话要让他感到你们是了解他的感受的。这个问题处理不好，有可能影响他在学校的学习，使孩子产生厌学情绪。当孩子知道你们明白他的感受时，他会得到安慰，觉得爸爸妈妈能分担他的痛苦，这可以减少他的烦恼。不要说大道理，什么重要什么次重要之类的话，孩子听了会反感，只要读懂他的心情就够了。

等孩子平静些的时候，和他一起讨论时间安排，看看还可以砍掉哪些活动，比如有些补课是否一定要参加。孩子学习了一周，得不到休息，疲劳状态下补课，效果会好吗？在学习上要根据自己孩子的特点去安排，家长是应该有些自主意识的，不必完全跟着学校转，更不必跟着社会潮流跑。学习的过程其实是很个性化的，如能留出一些时间给孩子看书，那就太好了。孩子一定会很高兴的，对待课堂学习也一定不会厌烦了。

老师不公平

  我是小学五年级的学生,我想跟您说一件我心里一直想不通的事。
  我们班主任老师为什么那么不公平?比如两个同学吵架,不管谁有道理,谁没道理,她总是批评成绩差的学生,难道成绩差就什么都差吗?成绩好就什么都好吗?昨天我的同桌小浦和大队长吵起来了。老师进来后,不管三七二十一就把小浦训了一通。小浦很委屈,后来的课就没有上好,一直动来动去,不听老师讲话。作为中队长,我只能提醒他,但他因为心情不好,就对我气冲冲地说:"你们干部有什么了不起,不要你管。"小浦虽然成绩不好,但吵架那件事不是他一个人的错,我想不通老师的做法。

  你把信寄给我,就是对我的信任。这个问题恐怕也不是只有你一个人遇到。班主任老师很忙,而学生之间经常会有摩擦,老师在忙乱中处理这些"又小又烦"的事,有时难免考虑不周。当然,作为老师,在教育学生的时候工作还是应该做得仔细、公平一些,让学生心服口服。
  你的困惑在于老师为什么对成绩差的同学不公平。这种现象可

能会存在,你想过它的原因吗?像小浦同学成绩差些,但是其他方面他表现如何呢?是不是经常和同学打打闹闹,以至给老师留下的印象就是会惹麻烦?所以老师看到他与大队长吵架,就凭着一贯的印象主观地作了判断。

其实在这种事情上,你应该是可以帮助老师正确、公平地解决问题的。比如,这件事你是旁观者,你就应该将你看到的真实情况如实地告诉老师,不偏不倚。相信老师听了你的话,在了解了真相以后,一定会公平地处理问题的。以后试试看。

遇到难题不要消极地埋怨,而是要积极地想办法解决,这样你的能力就会锻炼得越来越强。

你是个好孩子。

老师为什么总是表扬女同学

我觉得我们班主任很不公平,她总是表扬女同学,批评男同学。男同学做错一点点事她就大惊小怪,狠狠地批评,而女同学做错了事,她的态度就不一样了。她还动不动就把男同学的家长叫到学校来,最好让爸爸妈妈打我们一顿似的。我们心里觉得她不公平,重女轻男,男同学都很讨厌她。您说她这样做对吗?

在小学里,男孩子确实要比女孩子调皮捣蛋一些,经常闯祸的往往是男孩子。好动是男孩子的天性,只要不生病,男孩子总是想去运动。

了解了这个情况,你就可以想见,在你们老师眼里,动来动去的大多是男孩,有时他们影响了课堂纪律,其他任课老师就会来提意见,于是班主任就会来找捣蛋鬼算账,你经常听到班主任批评男孩子也就不足为奇了。你仔细去看一看,男孩子闯的祸确实要比女孩子多。老师多批评男孩子也可能是因为总也无法把他们一个个都教育得安安静静,而女孩子往往一挨老师批评就知趣识相了,所以相比之下女孩挨骂的次数少,分量也轻。

不过没关系,男孩子一到青春期,大概是上初二、初三的年龄,就会变得很懂事了,他们也会安安静静地坐着听课了。而且到了那个年龄,男孩的智力、体力发展特别快,又健康又聪明,老师又会喜欢他们了。所以这个问题不只是公平不公平的问题。相信你和大多数男孩一样,都会长大、懂事,老师都会喜欢你们的。

一到星期一就头疼的女孩

女儿读小学五年级,这学期她得了一种奇怪的病,一周六天都是好好的,可一到星期一早晨就说自己头疼,而且觉得头晕,觉得房子在转,连下地走路都不行,不能去读书。我们非常担心,带她去了大医院,也拍了CT,脑部没任何问题,一切正常,医生也没开什么药。但是,到了星期一她还是说头疼。这样她就成了特殊的学生,每个星期一她就不去读书。怪就怪在星期二她就能去读书了,没任何问题了。

这个现象从开学到现在已经持续了三个月,我们真的拿她没办法,你要是否定她头疼,她就叫得更大声。

我们的孩子学习成绩一直是班里前几名,是老师眼里的好学生。进入五年级后,他们学校把一些学习成绩好的学生组织起来另外"开小灶",希望他们能被好的初中挑选去,为学校争光。女儿确实很辛苦,老师对她寄予厚望,她自己还想在区里考到前几名。没想到还没上"战场"就先败下阵来了,这个头疼真让我们头疼。

这孩子的问题是心理障碍躯体化的表现,她本能地采用了心理防御机制来抵制自己无法越过的心理上的坎。

你想,你的孩子是老师眼中的好学生,临近毕业又被老师们赋予

情绪问题 129

了重大的责任——要为学校争光。小小的人儿要为学校的荣誉和老师的期望负责,她就受不住啦。怎么办?逃呗。怎么逃?按照在成长中一贯接受的教育以及孩子外化的行为表现,她不可能提出不再坚持做那么累的好学生,也不会提出不想去"开小灶"了。实际上她根本意识不到这些,但潜意识里她已经很害怕学校了。

有意思的地方在于这个头疼总是发生在星期一早晨。周日在家孩子好不容易享受到了休息、放松、自由。她感觉放松的日子真好,这才是她想要的。可是她这种好学生能放松自己吗?不能。周一到周五是那么紧张可怕,这是真切的感受。

孩子潜意识里是感觉,而意识里是理性思考。意识要往前,潜意识却要往后逃,唯一可选择的逃避冲突的方法就是头疼,头疼了冲突就解决了。那么当时头是不是真疼呢?是真疼。但这是在心理作用下的头疼,不会有器质性的问题。

到了星期二终究还是理性思考占了上风,意识又引导她去学校了,又由于周一的"头疼"让自己很好地释放了"本我",心理多少也有些平衡,甚至还会有些歉疚,所以周二去上学就没话说了。

这种情况为什么会周而复始、反复出现呢?说明孩子内心的冲突没解决,面对压力的焦虑、恐惧没有解除。我们知道孩子的问题源自学校的压力,首先要做的是学校方面要减轻孩子的压力,不要给一个五年级小学生"开小灶";在学校压力较重的情况下,父母要注意在家里营造轻松的气氛。其次,家长可以询问孩子对选择初中的一些想法,看看她在认识上有什么问题,是不是有极端的思维,比如"要是我进不了最好的学校,我就没法读书了",等等,纠正孩子认识上的偏差。

  星期一早晨切莫紧张地叫孩子，不要作什么反应，也不要在星期天的晚上提头疼的事，家长对这种头疼的紧张程度会影响孩子，家长越紧张，她就越不能摆脱。如果家长自己认识有问题，那就需要自己先作调整了。

我不是外国人,为什么要学英语

我们家儿子上小学五年级,语文、数学成绩倒还不错,就是英语成绩很差。他一直说:"我又不是外国人,为什么要学英语?"叫他背单词,他总是拖延时间,对英语学习一点积极性都没有。我们也请家教,但效果不佳。眼看着就要考初中了,这门课会拖他的后腿,我们做家长的心里很急,就是没有好的办法。陈老师,您说怎么办?

看来你们儿子对英语学习的意义不明确,或者说认识上有偏差,这是为什么呢?你们要找找原因。第一,是不是一开始学习的时候就把这门课和考试分数联系起来了,而不是和这门课的作用以及掌握英语后可以给人增添什么样的力量联系在一起?第二,你们的孩子是不是除了课堂学习之外,没有其他渠道可以接触英语了?

学英语和学汉语一样,不是只有课堂学习一个渠道。如果我们学汉语只能在课堂上学课本,那么即便学 10 年,汉语水平也不会高的。你们要让他多渠道地接触英语,如看原版动画片、原版连环画,只有让孩子广泛接触英语,才能使他更好地掌握英语提供的各类信息,更愿意接近这个语种。

这两个问题请你们给予重视。另外你们孩子目前已经害怕学英语了,你们要努力消除他的恐惧心理,让他参加一些为小学生举办的英语活动,特别是和游戏结合在一起的活动。你们试试看吧。

暑假真无聊

这两天我们放暑假了,爸爸妈妈都在上班,外婆家又远,我也不想去,一个人在家睡睡懒觉,喝喝饮料,看看电视。妈妈不让我上网,要我去上补习班,我不干,上了一个学期的课还不够?总之没劲!干啥都没劲!无聊至极!怎么才能让自己变得有劲些?

有劲没劲不在于干什么,而在于你自己内心的感受。为什么有人擦桌子、抹凳子、倒垃圾、拿报纸都干得劲头十足,而有人即使身在娱乐场所也不觉得开心?关键在于你是怎么认识你在做的事情的意义的。暑假本来就是让学生暑天在家里好好休息的,你一想到下个学期能精力充沛地学习,就会觉得休息很重要,就会安安心心、愉快地在家里避暑休息。

当然,休息也有积极、消极之分,休息期间可以做些平时想做又没时间做的事情,如读读书、听听音乐、看看杂志、上上网等。只要不是用脑过度的活动,都对身心有利。激烈一些的运动,如游泳、打球,也不失为好的放松方式。但如果吃了睡,睡了吃,除了应付暑假作业之外就干这些,岂不太闷、太无聊了?自然也会觉得时间难捱了。因为消极休息时,你处于无可奈何的被动休息状态,缺乏一种主动应对的心态，没有明确的需求。所以关键不是做什么，而是做的时候怎么想，怎么想才会使你产生有劲或没劲的感受。

所以没劲时就调整那种让自己产生没劲感受的想法，看看是什么想法让你没劲，这些想法可不可以改变。换一种想法也许可以使你愉快起来，有劲起来。

我想做个"城里人"

　　我和妈妈、妹妹随打工的爸爸一起来到上海,我们现在住在青浦,爸爸、妈妈都在干很辛苦的工作,爸爸是露天架电线的工人,妈妈收废品。我们住的房子也很破旧,是人家以前堆放工具的小屋。我和妹妹穿的衣服大都是上海人捐的。和周围住在宽敞大房子里的上海人比,我们过的日子太苦了。我们附近有个别墅区,家家都有汽车,那里的孩子滑板车、自行车什么都有,而我和妹妹,还有我们民工学校的学生什么都没有。夜深人静的时候我会想,为什么城里的小孩过得那么好?都是爸妈生的,我们生来就该过苦日子吗?这公平吗?

　　陈老师,这些问题在我心里没有人可以问,我又想知道它的答案。我们是不是不该和城里的小孩比?有时我很恨我的爸爸妈妈,他们为什么要把我们带到上海来?在乡下的时候我们还是蛮开心的,乡下的孩子在一起玩得也很有趣,心里也没那么多的烦恼。我真的想做一个城里的孩子,渴望过上他们那种生活。可是这可能吗?恐怕这是在做梦。我天天不开心,不知道以后的日子会怎么样。如果爸爸妈妈把我领回老家去,我是无法再过下去的,到时候还不如去跳河。

渴望美好的生活是每个人的本能,你自然也不例外,生活本身也是一个不断追求美好的过程。由于客观条件差,你目前的生活水平比较低,尤其是和高收入人群的生活条件比较时,就显得更低了。你说你看到周围别墅区的居民的生活境况时心里不好受,你这是在作比较极端的比较。任何极端的比较都不是科学的比较,如果把你的生活和非洲难民的生活相比也是不合理的。你不是说你在乡下和小伙伴一起玩的时候,心情还是很不错的吗?那个时候你没在"比",所以你很平静愉快。"比"是烦恼的根源,"比"实际上使你产生了一些会导致不良情绪的想法。很多时候,问题不在于事情本身如何,而在于你对这件事怎么看。不同的想法就导致不同的情绪。明白了这个道理以后,你可以试试转换自己的想法,看看会不会好过些。比如你可以这样想:因为我来到了上海,才看到了那么多在乡下看不到的东西,看到了什么是别墅,看到了什么是城市生活,我比留在乡下的同学懂得更多。这是爸爸妈妈带我出来的好处,我为什么要怨他们呢?我应该感激他们。

读你的信,我倒是感觉到你是一个要强的女孩,隐隐约约让人感觉你内心有一种不服,这是一种动力。不要埋怨,埋怨会使人情绪低落,精神不振,蹉跎了大好时光。要努力,从现在开始立下志向,命运就掌握在你自己手里。从大山里、田野里走进大城市,创造辉煌人生的农村人多得是。对你来说,第一步就是要打好基础,读好书,有一个积极的人生态度。未来是可以创造的,别墅里的一切也未必不能实现。

还有个道理你以后会明白,有车、有别墅并不等于有幸福,城里人并不比乡下人更幸福,幸福来自很多东西。

她是不是得了"相思病"

我们家女儿莉莉大概算完了。她现在读初二。她从初一开始暗恋一个男同学,但那个男同学初二开始转到其他学校去了,她因此茶饭不思,每天只吃一点点水果,身高1.63米的人瘦得只有三四十千克。现在她已休学在家,无法继续上学了,一天大部分时间躺在床上。

学校的老师也曾花功夫帮助她,但她就是无法走出过去,她给那个男同学写过几十封信,但一封都没寄给他。她的日记全是关于那个男同学的。她说只要那个男同学能和她说几句话,她就会异常开心。有一次那个男同学看电影时坐在她后面,拉了拉她的辫子,她感动得流了眼泪。可我们知道,那男孩纯粹是调皮,根本不会知道她的内心活动。我们这个女儿极其敏感,又内向。她很少有朋友,非常关注自己的内心世界,经常一个人发呆,我们让她去上学,她就发火、扔东西,我们确实能感觉到她内心的痛苦。她说她整天想着他,这种日子已经好久了,好几次她企图割腕自杀。看着女儿这么痛苦,我们的心都碎了。我们想请那个男同学来家里一趟,让女儿面对面地跟他谈谈,或许可以交朋友,但女儿死活不肯。她说如果他不答应,那就意味着她的末日到了。

她现在整夜睡不着,对什么事都没兴趣,经常一边发呆一边流泪。我们一点办法也没有,请您帮帮她吧。

情绪问题

你们女儿的症状像是抑郁症。此病有生理、心理双重发病机制,治疗需要药物和心理辅导相结合。你们可去精神卫生中心诊断后采用药物治疗。

从心理辅导的角度来讲,你们女儿最基本的问题是人格问题,也就是说,是她的个性使她受到了如此严重的伤害。

莉莉居然写了几十封情书都不送出去,也许是她不想送出去。她是一个内心体验深刻的人,她喜欢在内心里塑造她渴望的形象,在内心里一个人把玩她的爱情游戏,那个男孩只是一个道具。你们分析得对,那个男孩压根不知道她爱他,这种小男孩或许心智还没成熟到理解爱的程度。你们女儿就不一样,拥有深刻而细腻的情感世界,她生活的很大一部分时间都徜徉在这个世界里,悲悲切切,自爱自怜。对她来说,这也许是一种享受。

现在道具突然离去,她没有了精神寄托,一下子就崩溃了,就进入了抑郁状态。没有什么让她兴奋的了,她只有折磨自己,用自残来发泄。

解决她的问题需一边进行药物治疗,一边请有经验的心理咨询师给她帮助。这个过程比较长,家长要有耐心,就让她安静地休学一段时间。你们能做的是尽可能营造宽松、随意的家庭气氛,不要对她说她有什么病(这种人是禁不起说的),用药时就跟她说是为了改善她的睡眠。如果她坚持寻死,就只能到精神卫生中心采用其他疗法了。

我讨厌去表姐家

　　我妈妈很喜欢去她的姐姐家,每次去总要带上我,我不陪她去她会不高兴。可我打心眼里不愿去姨妈家,其中的原因又不想对我妈妈说,实际上即便说了她也不会明白。

　　我不愿去姨妈家是因为我感觉姨妈和表姐对我不是那么真心实意,只要我妈妈不在场,她俩就会说一些贬低我的话,打击我的自信心。有时候姨妈还会莫名其妙地对着大我一岁的表姐发火,说表姐比不上我,这时表姐就会朝我瞪眼。其中的真实原因,我想恐怕是外婆老在家里人面前说我比表姐长得漂亮,使姨妈和表姐心生嫉妒吧,我找不出其他原因了。

　　小时候暑假里我经常住姨妈家,尝够了被嫉妒的滋味,但又说不出来,因为在我妈妈看来,姨妈一家待我确实很不错,姨妈送给我很多东西,对我家的帮助也很大。但是我并不在乎这些东西,我在乎的是真感情。既然没有真感情,就不要互相虚伪地交往,这有什么意思?

　　我的烦恼是我无法对我妈妈说这些,一说她就打断我,说我敏感多疑,不识好人心,说姨妈是最亲的亲戚。我真的很无奈,只得跟她去姨妈家。

你这个问题倒真有点像哑巴吃黄连,有苦说不出。

你姨妈和你妈妈是亲姐妹,她们感情一定很深,不然你妈妈不会常去她家。从你姨妈帮助你家,送好东西给你这些事来看,你姨妈也确实和自己妹妹感情不错。但是你的实际感受也是真实的,相信你也不会无端猜疑。你姨妈和表姐的有些态度和行为是你无法用语言描述出来的,你妈妈不明白也就不奇怪了。

你姨妈和表姐的态度其实也好理解,也许他们家什么都不缺,唯有表姐的长相不如你,而你姨妈和表姐恰恰可能把这一点看得很重要,所以当你出现在表姐面前,你姨妈一对比,心里自然就有些不平衡,难免在态度上表露出来。你表姐发现只要你一出现,她妈妈就会不开心地挑剔她,心里自然讨厌你出现,态度也就好不到哪里去。可是碍于你妈妈,她们是一定要克制住真实的情绪的。一旦你妈妈不在场,被克制的情绪就冒了出来,你就受到了如此对待。我想道理你都明白,你自己也分析得很到位,问题是怎么做才可以既做到你去你姨妈家,满足你妈妈的需要,又不使自己太不开心。

我的建议是这样:首先,在认知上你要调整到这一步——人都不是完人,姨妈、表姐确实待我不错,这是真实的,见到我她们心里不平衡这也是真实的,但这种不平衡不是我的问题,而是她们的心理问题。

其次,当你妈妈不在场时,你设法拉着表姐离开你姨妈的视线,当你和表姐单独在一起时，你们年龄相仿，姐妹俩一定有很多话可以说，这样表姐心里就会愿意你去她们家了。

另外，告诉你妈妈，在大家都在一起时，多多赞美表姐，夸赞她各方面的进步，你姨妈听了一定高兴。

孩子，人与人交往要掌握一个原则，即宽容别人对你的不利之处，感激别人对你的好处，这样的心胸会使你快乐。当别人看到无论怎样都无法影响你的自信心时，别人就会被你感染，就会向你靠拢。

考试紧张怎么办

不知什么原因,我一到考试就十分紧张,同样的题目在考场里做和平时做感觉就是不一样。有时拿到考卷,我紧张得脑子一片空白,手脚冰冷。再过半个月又要期中考试了,陈老师,有没有办法改变我这种情况?

你现在遇到的问题其实是怯场,这源于你心理上的焦虑。焦虑的背后一定有一个压力源,找找看你的压力源是什么。是来自家长的高要求,还是来自同学间的竞争?压力并不一定是坏事,人无压力会轻飘飘,压力可以使一个人时刻感到肩负的责任,有使命感才有动力。但是如果压力过重或者不切实际,就变成了包袱,大有压力之下喘不过气来的感觉。在重压之下,人的能力难以发挥到最佳状态。你和你的同学也许面对的压力是一样的,为什么你会怯场呢?或许你怕考不过同学,脸上无光;或许你怕老师不喜欢你了。怕这怕那,哪里还有轻松自如的心态去考试呢?有句话叫"战略上藐视敌人,战术上重视敌人",你要扔掉那个"怕"字,考砸了,下次再来,天又不会塌下来。

下面我教你一些实用的方法。

进考场前和同学说一两句笑话,或者进考场前去操场、厕所或走廊里,想象几个曾经让你笑得前仰后合的场面。

进考场后坐在椅子上,双手做喇叭状,然后缓缓地呼气、吸气,把自己的意念集中在呼吸上。

老师发考卷时注意力集中在老师的手上,不要集中在猜今天的题目难不难上。

考卷发下后,按先易后难的顺序做题。考题太难做不下去时,就想大家说不定都被卡住了,考卷上总有一两道题是比较难的,这是惯例。你可以跳过难题,接下去做,最后再回头来钻研它。

你不妨试试这些方法。

儿子就是不肯叫"妈"

我们是一个再婚家庭,孩子6岁时我与前妻离婚,现在的妻子也是再婚。我再婚的妻子没有生育,她来我家确实是把我儿子当作她自己的孩子。在我看来,她做得一点不比他亲妈差。早晨起来给儿子做好早餐,每天翻花样;下班回家督促孩子做作业;双休日给孩子制定复习、学习计划;生活上更是把他照顾得无微不至。可是我那儿子是特别没良心的人,他一点不领情,经常闹情绪,板着脸给我们看。有时他继母苦口婆心地讲了半天,他一甩头就走了。他继母追上去打他,他就还手。我儿子已经15岁了,身高1.75米,一动手就把他继母推翻在地,他继母气得坐在地上号啕大哭。我心里很不好受,知道她委屈得很,她视儿子为己出,处处想讨好儿子,尽自己的全力去教育儿子,盼望他成才,将来不至于让别人说闲话。可是儿子两年来从未叫过她一声"妈",始终筑起一道心理的篱笆,把自己和他继母隔开。他继母其实真想听到他叫声"妈",但是她听不到,我也无能为力。为什么儿子叫声"妈"就那么难呢?

你遇到了难题,再婚家庭常有的难题。你妻子作为继母能如此用心对待你儿子,你儿子为什么还不领情?问题出在哪里呢?

你的现任妻子没走进你们家庭时,你和你儿子是一个两人世界,这已成为一个稳定的结构。她进入家门后,就会冲击这个结构,对你儿子来说心里的宁静被打破,他要接受一个和自己没有血缘关系却以教育者的面目出现的陌生女人。这个女人的出现实际上占了他在家庭结构中的位置,你和他的距离拉大了。对你儿子而言,她是个"侵占者"。

你的现任妻子待你儿子确实不错,从你的描述来看,作为继母,她努力要做得像亲生母亲,或者说希望自己在你儿子心目中和亲生母亲一样,甚至比亲生母亲还重要。这又打破了你儿子的心理平衡,尽管你和前妻离了婚,可亲生母亲在儿子心目中永远是亲生母亲,母亲在孩子心里的这个位置,孩子不愿让别人来占,于是他就拼命抵抗这份"爱"。他表现出来的方式就是不叫继母"妈",告诉继母"你甭想替代我亲妈"。

继母难当,难就难在这里。父子关系在你们夫妻关系之前,应遵守"先来后到"的原则。

继母永远不要试图占据亲妈在孩子心目中的地位,要鼓励孩子与亲妈保持良好的关系(至少在心理上),继母最好以朋友的形象出现在孩子面前,以朋友的沟通模式对待孩子,得到孩子尊重后,那声"妈"一定能听到的。

我妈妈是"黏人的膏药"

我现在上高一。我妈妈是个下了岗的中年妇女,她整天缠着我不放,我走到哪个房间她就跟到哪个房间,我吃饭时,她也会看着我。有时我在厕所里,她也会进来跟我说话,实在令人讨厌。学校里没有一件事她不过问,差不多能把我班同学的名字全都叫出来。我最向往的时间就是她不在家的时候。我爸爸在外省工作,我真希望她也去那儿,我要是一个人过日子,保证比现在省心多了。您说我该怎么对付她这个"黏人的膏药"?

听着你给你妈妈起的绰号"黏人的膏药",我差点笑出来。想来一个人被别人过度关注确实不好受。人都需要独立支配的空间和时间。你妈妈的母爱很浓厚,这是你内心应该感恩的,只不过你妈妈有特殊情况:一个下了岗的更年期妇女,丈夫又常不在身边,其内心的孤独寂寞可想而知。于是你就成了她生活中的唯一,她的内心世界被你占满了。你的行动、你的变化都是她关心的,不然她的生活就没有了内容。你明白了她的需要,就知道该怎么做了。

你也不小了,高一的学生应当有处理问题的能力了。你看看有什么办法可以给你妈妈增添一些属于她个人生活的内容?你动动脑筋,想想什么样的社会活动适合你妈妈参加,也可以推荐你妈妈订一些适合她看的杂志。另外,你最好能主动和你妈妈谈谈学校里的事情,不要老躲她,你越躲她,她的疑问就越多。你可不可以反客为主,主动关心你妈妈在想些什么,有些什么样的需要?有空的时候可以帮助你妈妈干些家务,让你们两个人的天地其乐融融。别忘了经常和你爸爸联系,让家里始终有你爸爸的声音。相信你一定是个聪明的姑娘,会让你妈妈的"兴趣"转移的。

上课老想着手淫

我是高二的学生。说出来有些难为情,我上课时经常忍不住想手淫,有时憋得受不了,一边骂自己没出息,一边还是克制不住地产生性幻想。我这是不是病?我心里很痛苦,这已经影响我的学习了,有什么办法解决?请老师帮帮我。

高中阶段是男性性能力最强的阶段,此时男性青春勃发,精力旺盛。一个正常的青年男子每天都会有性幻想,这说明你健康、正常,不必担心是不是病,其实其他同学也会有你这种情况的。

人类的性行为是要受社会道德规范约束的,人既不要把性冲动看成可恶的,也要学会克制,不然就天下大乱了。

以后一旦你上课时注意力集中在性上面,就赶紧关注呼吸,深深地吸气,慢慢地吐气,使自己躁动的心安静下来。如果性幻想停不下来,就想办法去想象漫画、动画、故事书中出现过的那些穿着黑袍、面目狰狞、丑陋不堪的老巫婆的形象,或者想一个恐怖电影的恐怖画面,并将它停在眼前几秒钟。你可以试试看。高中男学生的学习成绩多少和性方面的克制力有关。

另外，课余多参加些对抗性的运动，诸如空手道、跆拳道，让精力有正向释放的渠道。你还可以和你爸爸聊聊这方面的话题，他也是从年轻人过来的，也许能给你一些指导。

为教师节送礼发愁的女生

教师节要到了。我想送些礼物给老师,感谢老师一年来对我们的辛苦教导。可我现在感到烦恼的是:送什么礼物合适呢?每个老师都应该送吗?有的老师特别喜欢我,我想多送些,可想想这样也不太好。我心里很烦,拿不定主意。您也是老师,您说我该送老师什么礼物?

你真是个可爱的小女孩,心里面装着老师。你问送什么礼物给老师最合适,我是老师,我告诉你老师的心理吧。凡是做老师的人,都渴望得到学生的尊敬,一个老师得不到学生的尊敬,会觉得自己很失败,会很沮丧;当然,得不到学生尊敬的老师,也许是没有把自己的工作做好。

老师最渴望学生的尊敬,这并不体现在物质层面上。当然,礼物也能反映出学生对老师的爱戴,但老师最想要的是自己的学生学业出色,品质优秀,对师长有礼貌。好学生对老师来说是最好的礼物,老师得到这样的礼物是会很自豪和骄傲的。

一个学生即使送了老师许多礼物,可他没有做好一个学生该做的事,学业马虎,自由散漫,对师长没礼貌,老师心里也会觉得很遗憾。

现在你明白送什么样的礼物给老师最好了吧!

教师节到了,学生都想庆祝老师的节日,感谢老师的教育之恩,送一些礼物表达感情,这礼物真的不在于有多贵重,只在于能否体现一颗感恩的心。比如自制一张贺卡,写上自己的心里话,也许比一盒补品更让老师欣慰;一枝康乃馨插在老师案头,也许比昂贵的礼物更让老师感到温馨。所以,不在于礼物是什么,而在于有没有一颗真心。

从此不做好学生

　　我是一个公认的好学生，曾经被评为市级三好学生。我现在在市重点高中读高二。去年以来，我开始思考自己过去的经历，发现我的成长过程太可悲了。小时候我从来没有好好地疯过一次，我无法回忆出哪怕一次童年的快乐情景。从我记事起我就总是坐在写字桌前，我有做不完的作业，参加不完的竞赛。在小学我必须考第一名，我自己也是这么认为的。初中时我依然是年级组前三名，我一直认为我的位置就应该是这样。我留给同学、老师的印象是永远能拿到好成绩的学生。

　　我妈妈是教育局干部，她对我的要求是必须跑在别人前头，争夺第一，做竞争中的强者。我是她教育的成果，是她让别人羡慕的理由，是她未来人生愿望的实现者。

　　可是有谁知道我心里的苦？我也是一个男孩，我也想玩游戏，也想和三五个同学一起疯玩，也想看几本被我妈妈认为是不务正业的书，心里也有自己喜欢的女同学。但所有我想做的事都不能去做。首先我自己就会批判这种愿望，一旦冒出这种念头，我就会认为这不是我这种人应该做的事。我应该、必须是能控制自己并做得最好的人。

　　现在我有一种强烈的愿望和冲动，我再也不想那么痛苦，为了做别人喜欢的人而压抑自己的个性和欲望了。我到世界上来只有一次，难道就只为了做好学生？

　　这两天我在房间里像困兽一样，来回踱步，什么作业也不想做，我想发火，想砸东西，想大哭，我已经一周没去上学了。我妈妈跟我大吵，我居然还了手，这使我完全陷入了混乱，我觉得我完了。我会不会发疯？

目前你的心理状况确实比较混乱,问题不仅仅在于你不愿再做你一贯做的那种好学生,还在于你也不会做不是好学生的学生。旧的打破了,新的是什么呢?内心为之冲突不已。

像你这种问题我遇到好几例,情况大致相同。你们这些孩子在整个儿童时代被非常规则化地教养,童年的心理需求基本没有满足,留下许多遗憾,形成了压抑感。

小时候你们的一切都由家长决定,你们很少有自己自由支配的时候。当你们取得好成绩后,家长就认定自己做的是正确的,变本加厉地去引导和支配你们。你们丧失了作为独立人的精神空间,所以你有个性被压抑的感觉。

过度压抑一定会出问题,不是寻求往外攻击,伤害别人,就是往内自虐,导致抑郁。你的痛苦是长期的教育环境把你塑造成一个超我极强大的人,你的道德感和自我批判很强势,而主张快乐原则的本我被压缩得很小。但本能需要总是要释放的,人要玩,要自由,要放松。一旦本我冒出来,你的超我就会出来批判,让它缩回去。你的同学们也玩,但他们不会指责自己,不会内疚,可你要是玩了,你就会内疚。

要解除你的痛苦,你就要修正你的一些做人的信条,比如我应该、必须是能控制自己并做得最好的。为什么你就应该和别人不同?什么叫做得最好?这些你都应该问问自己,搞清楚。获得三好学生称号证明你是好学生，但也不是只有获得这个称号的学生才是好学生吧？

你不打算再做好学生了，那要做什么样的学生呢？总不见得要做坏学生吧？有可能你习惯于极端思维，真的就想做坏学生了，不做最好的，就做最坏的，是吗？你得找心理老师好好讨论这些问题。

你的问题一定要得到妈妈的帮助，妈妈的教育信念和你的问题密切相关，你妈妈要和你一起去做心理咨询。她要做很大的调整，懂得把精神空间还给你以后，你们的关系才有可能修复。

为什么我老是和父亲作对

  我和我爸爸的关系一直不好，凡是他讲的我都不听，有时他觉得他讲的东西对我很重要，非讲不可时，那我们一定是以吵架的方式收场的，最严重的一次发展到我拿着菜刀对着他。

  我是家里唯一的女儿，爸爸妈妈是很疼我的，而我到了17岁也应该很理智了，我也不知道为什么自己就不能克制对我爸爸恶劣的态度。有时我觉得他的任何表现都让我厌恶，比如他刷牙、洗脸我看着讨厌，他睡觉的样子我看着讨厌，甚至他高兴时哼两句我也觉得讨厌，对他我从来没好气。我妈妈总是叹气，她也没办法。

  我极力找原因，为什么自己老是讨厌父亲，并和他作对？找来找去，我想起了一件事。

  那是我刚读小学一年级时，有一次春天我爸爸带我去公园玩，当时阳光好，心情也好，我很开心。到了公园的一个小亭子里，我见到一个带着个比我小两三岁的小弟弟的阿姨，那个阿姨很苗条，嗲声嗲气的，让我印象很深，她和爸爸显然是约好的。

  爸爸帮我买了一只风筝，让我和小弟弟一起去草地上玩，我虽然人小，可心里明镜似的，一边在草地上奔跑，一边往亭子里望，果然我看到爸爸和那个阿姨很亲昵。我从来没有看到我爸爸对我妈妈那么亲昵过，我一边在草地上跑，一边流泪，还强忍着不让自己哭出声来。

  回家后我告诉了妈妈，但后来妈妈好像没什么反应。当时不明白妈妈的态度是什么意思，以后也没再见过那个阿姨，这事我就渐渐淡忘了。但之后我开始讨厌我爸爸，我对他态度那么恶劣和这事有关吗？我弄不清楚，我那时太小了。

　　这两件事有关系。你是个极敏感的女孩,而且心智早熟。那次你见到的情景给你的心灵造成了伤害,随着时间的流逝,这种伤害好像已经淡忘,但痛的感觉留在了潜意识里。

　　由于你年龄太小,不可能弄明白那阿姨和你爸爸是什么关系,为什么后来又没见到她,这些对你来说都是谜。而它们不是让你品尝到好滋味的谜,它们其实成了你心中一朵压抑的乌云。这可能会导致你对你爸爸情感上的疏远,但据我分析,这不是最关键的。最关键的是,你妈妈居然对这件连你这个小丫头都觉得难受的事没有作出反应,你可能把这解读成你妈妈懦弱、无用。

　　妈妈这样一个和你关系最亲密的人受到了伤害却无力反抗,这会让你不自觉地承担起这份伤害,你下意识地在做你妈妈应该做的事,你在替你妈妈报复你爸爸,你要把你妈妈没有发泄的恨发泄出来。再加上作为女儿对父亲的爱的心理引出的对那个阿姨的妒恨,你就成了这样一个处处和父亲作对的女儿。

　　其实,当时你还小,那件事也许不是你想象的那样,或许当时你爸爸确实喜欢上了那位阿姨,但过后你爸爸又理智地回到了你妈妈身边,他们之间可能并没有越界,你妈妈当时不可能跟你这么小的孩子去解释,要不她为什么没作出应有的反应?

　　时间过去那么久,追溯原因已无意义,你看看你爸爸现在对你妈妈、对你和你们这个家的态度,这才是最重要的。爸爸妈妈这么多年不分不离,足以证明他俩的感情,你就不要再替妈妈"战斗"了。努力去爱你爸爸吧,不要到他老了你再后悔。

如何才能摆脱嫉妒

> 我是学生会的一个文艺干部,我的学习成绩在班里排在前十名。因为我从小在"小荧星艺术学校"接受训练,文艺方面也很有特长,所以学校有文艺演出时,我会表演朗诵、跳舞等。我想作为一个文艺干部,我应该带头把学校的文艺工作做好,所以学校的艺术节我花了很多心血,帮助同学排练节目,耽误了自己的学习,这些我都不计较。可是我现在很不好受,情绪也很低落。
>
> 我们班里有个女同学,她特别嫉妒我,她是那种一点艺术细胞也没有的人,但是她似乎很擅长搞人际关系,很多女同学好像被她控制住了,很听她的话,而她讲话从来都是拐弯抹角,很巧妙。我心里很清楚,因为嫉妒我,她拉拢其他女生冷落我。我原先有两个关系不错的女同学,现在对我也有些冷淡,所以我觉得很没劲,不想待在这个班里,甚至想换一所学校。陈老师,您说我怎样才能摆脱她们的这种嫉妒?是不是我什么都不要干,把文艺干部也辞了?

很理解你的处境和心情,其实在任何环境里,都会有嫉妒和被嫉妒。

嫉妒这种行为有一些规律,比如说同性别、同年龄、同身份,这三个中有一个不同就不容易造成嫉妒。人其实都会被人嫉妒,也都会嫉妒人,谁敢说他没嫉妒过人?可以说这是人的一种常态。但是妒火烧过了头,往往会造成很大的伤害。不会调整自己的嫉妒心态,反而只会增强这种心态的人早晚会倒霉的。你的那位同学嫉妒你,是因为你身上有她想要而没有的东西,她得不到,只能把这种需求转换成嫉妒。嫉妒心理掌控她以后,她的行为目标就是使嫉妒对象受到伤害,这样她才可以产生心理平衡。

摆脱嫉妒的做法通常是这样的:不要往后看,拼命往前跑,远远拉开与她的距离,让她望尘莫及,这样,嫉妒规律中的"同身份"就丧失了。比如你努力考进最好的大学,她没有考进去,嫉妒就消失了。也许你们再见面时还可以不计前嫌,彼此真心诚意地做个朋友。你如果能把这种被嫉妒的压力变成动力,那就是最聪明的做法了。

另外,你也应该看到,那位女同学虽然没有艺术细胞,但她的情商不低,与人打交道的能力很强。女同学为什么能被她"控制"住?你去观察一下她都做了些什么,也许你会发现她身上也有你能学到的东西。

还有就是千万不要被嫉妒搞趴下,那正是嫉妒者所期望的。大家都是学生,没有必要这样。如果她当面说一些令你不愉快的话,可以立即回击,毫不客气,通常这样的人喜欢在暗处,不喜欢在明处,最怕你挑明处理。放宽心,走自己的路。

她为什么要反复洗手

我的好朋友小嘉有奇怪的行为,她一天中要洗很多次手,而且每次洗的时间都很长,手都洗白了。有人说这是强迫症。您能告诉我强迫症是怎么回事吗?能治好吗?

强迫症是一种以强迫观念或强迫行为为主要特征的神经症,即思考和行为用一定的仪式机械地重复着。当事人知道这些观念和行为是不合理的,但又无法控制,内心很烦恼,对生活质量影响很大。你的同学小嘉如果像你说的那样多次强迫自己洗手,她的问题就属于强迫症。

产生强迫症的原因有很多,除了生活环境和大脑生理因素外,个人的人格特点是一个重要因素。患强迫症的人往往情绪消极,畏首畏尾,因循守旧,感情内向,有完美主义倾向;同时缺乏自信心,守规则,对自身和他人要求很严格。患了强迫症就应及早寻求治疗,拖得越久越不利。主要治疗方法有药物治疗、心理治疗。

心理治疗是最常用的方法,治疗的过程也是重建患者人格的过程,使之树立一种新的价值观、认知观,改变其心理活动内容,进而改变不良的行为。不知这样的答复你是否满意?

她是不是患了抑郁症

我女儿已经一个星期没去上学了,她说她实在没有精神去上学,白天睡在床上,晚上起来玩电脑,其他什么兴趣都没有,连同学的电话也不愿接。我们发现她好像有很长一段时间心情不好。中考没能考进理想的学校,她就一直不开心。有时一个人坐在那里流眼泪,我们也试着带她出去玩,但她都拒绝了。现在连喜欢看的书也不想看,晚上睡觉也不好,而且很烦,我们如果多说几句,她就发火,还砸东西。她这种状况是不是患了抑郁症?如果是,我们该怎么办?

  从你们描述的情况来看,你们女儿的症状像是抑郁状态,睡眠质量差,长时间处于低落状态,兴趣缺乏,易发火。

  抑郁症是一种心境障碍,主要症状就是心境长期低落,情绪一直处在负面状态中。它有生理、心理双重发病机制,免疫功能下降,机体能量低,加上诱发事件,就容易导致情绪抑郁。情绪抑郁又会进一步降低机体能量,加重抑郁状态,进入不良循环。人在生活中经常会有导致情绪低落的事情发生,一般情况下,几天以后就会从低落的情绪中走出来。如果心境持续恶劣、无法兴奋,就可能患上抑郁症。

情绪问题

得了抑郁症应及时治疗,通常需要药物治疗加上心理疏导。药物主要选择抗抑郁剂,需去专业医院,根据医嘱服药。心理疏导可以求助于心理医生,运用心理学的原理及技术对患者进行心理分析、认知调整,使患者转变自己不合理的信念,认清自己潜意识中埋藏的心结。

你们应动员女儿去专业医院检查其抑郁的程度,然后按照医生的指导服用药物,接受心理辅导。

在目前的阶段,不要明确地告诉她她患了抑郁症,让她戴上这顶帽子,抑郁症患者极其敏感多疑,易接受负面的心理暗示。家庭成员不要埋怨她,应尽可能制造轻松的家庭气氛;不要太关注她,谈话不要过于集中在她的问题上,大家该干什么干什么。

另外要作好思想准备,抑郁症可能病程比较长,大多数患者在患病期间会特别"作",要有耐心。

缠绕在心头的负罪感

从我妈妈过世以后,我就没有开心过。我的心情很低落,去医院检查,医生说我得了抑郁症。我也试图调整自己,可随着自己的长大,内心隐藏的负罪感也越来越强,挥之不去,真的很痛苦。

现在我进入高三了,紧张的复习需要我集中精力,可是我难以做到。

我妈妈是在我读小学二年级时过世的,当时她得了很严重的病,住了一段时间医院,治不好就回家了。那时我爸爸让我住在离家不远的奶奶家,那天早晨我打电话给我爸爸,说我想吃鸡蛋卷饼,让他买了送来,没提醒他别忘了给妈妈吃药。我爸爸怕我迟到,买了饼就送来,却忘了给我妈妈吃药,而这个时间正是我妈妈吃药的时间,等我爸爸送完饼再回去的时候,我妈妈去世了。

我恨我自己,这么不懂事,为了自己吃饼,不管妈妈的死活,如果爸爸没忘了给妈妈吃药,妈妈可能还活着,因为医生说那药不能断的。我妈妈是我间接杀死的。

从此以后,我再没有开心过,内心老有一种声音:"是你害死了你妈妈。"每当这种声音出来,我就深受煎熬。我也想摆脱这个声音,但就是做不到。

因为这个声音对你说你是有罪的,所以你觉得一个"害死"了自己妈妈的女儿是不配享受快乐的,你就从内心里抵抗快乐的感觉。你用你的不快乐来赎你自认为的心灵上的"罪",用心理的自残——痛苦来减轻你的"罪过"。

我们索性把你内心的这个"声音"请出来,好好跟它讨论一下。先要问它你的罪在哪里——"只顾自己要吃","没有提醒爸爸出门前别忘了给妈妈吃药"?我会这样告诉它:作为一个二年级的小学生,早晨上学前自己是没有能力买早点的,奶奶年纪又大,想到请爸爸送吃的过来这很自然。二年级的孩子要自己过马路,要提醒爸爸给妈妈吃药,这个要求也太高了吧!也许那时你根本不懂妈妈什么时候该吃药,这能责备你吗?你用你如今的认识来指责七八岁的小孩,这不太公平吧?

还有,你妈妈的病很重,去世可能是预料之中的,不是个意外,不是谁的错误造成的。人类现在还没有发展到任何疾病都可以治疗,面对有些疾病,我们真的很无奈。

你的负罪感来自你对妈妈的爱,你心理上依恋的人过世了,你内心深处不愿接受这个现实,因为她的去世意味着她抛下了一个依恋她的人,这是残酷的。你找到一个不是她抛下你而去的理由,那就是妈妈是因为自己的过错而死的,在心理上将你妈妈离你而去合理化了。从这个意义上讲,负罪感是你自己的心理需要,而不是有无"罪"

的问题。

应该举行个仪式来帮你摆脱缠绕你的负罪感。清明那天你去扫墓吧,带上鲜花,对着妈妈的墓碑叩三个头,然后对着妈妈的照片说(一定要出声,不能默语):"妈妈,在这世界上你是最爱我的人,你现在一定在天堂上看着我,因为你爱我,所以希望我快乐。那时你病很重,我还很小,没能好好服侍你,现在我长大了,马上就要考大学了。你放心吧,我会好好复习,好好照顾自己。你不会怪我小时候不懂事的,现在我们身处两个世界,让我们在各自的世界里都开心吧。"

体毛很密使我难堪

由于遗传影响,我身上的汗毛比一般女同学密,尤其是腿毛,更加浓密,所以夏天我从不穿裙子。别人问我为什么不穿,我说我喜欢穿裤子。其实我心里很喜欢穿裙子,有时走在街上看到穿裙子飘然而过的女孩,心里好生羡慕。在有男同学的场合,我很不自在,总想躲在别人后面不被注意,觉得自己见不得人似的。

我觉得我小时候是很开朗、自信的,每天都过得很开心,无忧无虑,现在再也找不到这种感觉了。有时候我会对父母发火:为什么把我生成这样?当然,脾气发过后自己也是后悔的。进了高中后,体毛问题越来越干扰我,心情变得越来越差,集体活动也不愿参加,学习的状态也不太好。有时我想,将来我要去一年四季都是冬天的地方,穿得厚了,就不会出丑了。心里很烦,真的。

有的人觉得自己眼睛小,有的人觉得自己鼻梁不够挺,人身上总有些不同于他人的特征。但对待这些特征,每个人的心态都不同。同样两个塌鼻子,一个人就没觉得这算回事,自己连想都不会想到,别人即使提到也没有多大反应;而另一个人可能整天想着自己的塌鼻梁,反复照镜子,对自己说,自己是难看的,甚至是见不得人的,对鼻子特别敏感,别人提到鼻子就会觉得是针对自己。看来问题好像不在于鼻子本身,而在于你如何看待它。

通常,当人们坦然地接纳了自己的一切,包括有缺陷的特征,这个人就是爱自己的人,爱人和爱己都是有心理力量的表现。

我接触过两位同样患小儿麻痹症的下肢残疾的人,她们年龄也相仿。一个是社会工作者,整天摇着轮椅在社区里奔走,处理社区居民的各种矛盾,包括家庭矛盾、邻里纠纷等,扮演教育者、引导者、调解者的角色。她做得很出色,在同行中成绩突出,被评为这个领域的劳动模范。所有与她打交道的人并没有因为她腿部残疾而对她另眼相看,很多人有问题都会求助于她。

另一个人坐在轮椅上从不出门,读了很多书,但认定自己是被上天抛弃的人,一直怨恨父母,对他们没好气,觉得这个世界欠自己很多。父母劝她外出参加一些社会活动,她认为出去是丢人现眼,别人的热情是怜悯,骨子里是鄙视。她父母认为她心理有问题,于是来找我。我介绍了第一位残疾人去帮助她,我想前一位的出现会让后一位有一些新的思考。

孩子,现在你明白了吗?体毛浓密本身并不会让你痛苦,痛苦的根源是你对自己体征的不接纳,是你对这个问题的想法,你想的就是自己低人一等,见不得人。你如果坚持自己这种想法,那么不妨去问问别人,别人也是这么认为的吗?所以改变想法是你要做的最重要的事,当你接纳了自己的特征,你就会变得自信,而人一旦是自信的,就没有什么缺点会造成自卑了。

另外,体毛密的问题现代科技也不难解决,物理的、化学的方法都行。你可以去整容医院咨询一下有没有必要作处理。

小阴茎造成的恐惧

我是一个大专生,这些年我一直被"阴茎是否比别人小"这个问题困扰着,真是寝食难安。我不敢去公共厕所,生怕被别人看见;有时和同伴一起聊天,我满脑子都是我的阴茎问题,我觉得同学们可以轻松自如地谈话,一定是他们有足够大的阴茎,想到后来我就逃开了。我只能自己躲在家里,什么地方也不愿去。

我自己也在找原因,什么时候我开始冒出这个念头的?那是我上小学四年级的时候,那一年爸爸将在郊县读书的我转到了市区一所小学住校,因为那年爸爸妈妈离婚,我被判给了爸爸。我去那所小学时说的是郊县方言,同学们嘲笑我,欺侮我。有一次洗澡时,有个男同学指着我说:"他的'鸡鸡'这么小。"从此,这个问题就进入我大脑了,但小时候这个问题并没有像现在这样天天困扰我。

进入高中后,我喜欢上了一个女同学,但她对我很不屑,她喜欢上了另外一个男同学。从那时起我就不得安生了。我也找了医学书来看,对医学上的解释也很了解,知道即使小也没有什么关系。但我就是无法摆脱这个念头,它天天困扰我,不停地冒出来,让我苦不堪言。

你自己也清楚并不是阴茎大小的问题在困扰你,是那个念头强

迫性地反复出现,已经成了一种强迫思维。

阴茎是男子汉的象征,是雄性强有力的证据。在你上四年级的时候,你小小男子汉的自尊就受到伤害,这不仅是因为同学说你的"鸡鸡"小,而是因为你感受到他们在欺侮你这个郊区来的说方言的孩子。同学的态度让你自卑,加上正值你父母离婚,母亲离开了你,最亲密的人离你而去,这又加深了你的自卑。你带着自卑感和自卑的人格倾向一路走到高中,再一次遭重创,这一次的遭拒绝其实是必然的。你想想你那时的自卑心态,会吸引哪个女同学?

你不行,你不如别人,你是被人看不起的,这类想法如影随形,这种信念得有个出口——"我的阴茎比别人小"就成了可以找到的外化物证。你抓住这个思维不放,直到后来成了强迫思维,想摆脱也难了。

首先你要清楚,不是阴茎大小这个问题在困扰你,而是你的自卑的人格在困扰你。你要向前发展,读完大学要进入社会,自卑会使你无法前行,而你又不得前行,内心冲突就来了。

现在你的精力得放在如何调整自己的人格上,办法是让自己用现在的身份和年龄和四年级那个"你"对话。写封信给"他",告诉"他"这些年你是如何留恋"他",离不开"他",现在你打算紧紧拥抱"他","你俩"不离不弃,合二为一,并且让"他"和你一起长大。

可以用一个仪式来处理:站好了,深呼吸之后假想小男孩在你前面,你伸出双臂紧紧拥抱他,直至感觉你们合在一起长大了。

她的运动热情没有了

我是少年体校的乒乓球教练,我们队有棵好苗子,她从9岁开始学打乒乓球,现在已是高中一年级。她的身体条件很好,反应速度、灵敏度都是训练队里最好的。这个孩子最大的特点是对体育运动有着极大的热情,是态度最积极的一个队员,在赛场上充满了斗志。我非常喜欢这个学生,对她寄予了较高的希望。

可是从去年开始,这个孩子发生了变化。先是她留下一封信后离家出走,告诉父母不要去找她,她是去散散心,然后就会回来。接着她回家了,但随即提出结束训练生涯,理由是她对运动不再感兴趣了,她厌恶赛场上的竞争,她不想训练下去,高中的学习又很重要。无论家长、同学、教练如何规劝她,全都没有用,她的态度很坚决,在家里对父母也十分冷漠,说:"你们再逼我打球,我就从楼上跳下去。"我们只是觉得可惜,这么好的一棵苗子,又训练了好几年,眼看就要瓜熟蒂落,却半途而废了,真让人痛心。我不明白这孩子心里到底起了什么变化,才使她义无反顾地脱离了球队,而以前她是那么有热情、有活力的一个人,真想不通。

曾有心理学家研究职业体育训练对心理的影响,发现过度竞争、过大强度的训练、来自家长和教练的高期望,都会给运动员带来心理

上沉重的负担,产生消极的影响,使运动员运动热情消退。这个女孩对运动丧失了热情,根源在于竞争的环境和周围人的观念:运动就是为了取胜。毋庸讳言,教练和家长都渴望孩子成为体育明星,特别是现如今世界冠军的耀眼光芒会对孩子的内心产生很大刺激。压力大到一定程度,当事人就只有逃避这一条路了。

教练和家长都应该想想,你们是不是将自己未实现的梦想寄托在孩子身上。有的家长会为孩子作出重大的牺牲,甚至放弃工作。小的时候孩子一切听从父母的安排,到了高中阶段,孩子的自我意识增强了,他们可能会想自己到底要什么。他们也许会发现自己并不想成为运动员,有的还会因为自己因运动训练而没学好文化课而沮丧,这时候他们就会情绪糟糕,会让人感觉突然对运动丧失了热情,甚至碰也不想碰,有了厌恶的情绪。

其实,无论是教练还是家长,一开始就要引导孩子在运动中体验快乐。运动带来的轻松、快乐比胜负更重要,要把这个观念传递给她,这样她就不会再在乎输赢,也不会因为自己花了大量的时间和精力,却没有取得比赛的胜利而沮丧逃避。

教练和家长不能只给孩子训练目标,只给她加压,而不给她提供心理支持。现在到了这种地步,就不要再去强求了。大家要表示理解她的行为,由她自己安排后面的路,不然说不定还会弄得更糟。

害怕男人的女大学生

我是个大三的学生,本校的外系几个男同学对我有好感,我知道他们在找机会接近我,尤其是一个山东来的同学,听大课时老是设法坐在我旁边。按理说,只要自己心里清楚接受还是不接受就可以了,可是我一定是出了什么问题,我内心充满了恐惧,只要他一坐在我旁边,我就开始发抖,控制不住。在校园里迎面见到他也会心跳,现在发展到只要有男人接近我,我就心神不安。我不想看男人,看见男人就害怕。我觉得我已经没法好好听课了,注意力无法集中在学习上,而我一向对自己的学习比较在意。我内心很痛苦,已经开始考虑是否休学一段时间。

你一定会问我与爸爸的关系怎么样。我爸爸是个不太负责任的人,家里主要依靠我妈妈,开的商店也由我妈妈打理,我爸爸只会出去打打牌、聊聊天,回到家里还常和我妈妈吵架。他是个长不大的男人,而且不太尊重我妈妈,所以虽然他很爱护我,但我一直疏远他,有什么话只对我妈妈说。我和我爸爸不太亲近,最近一段时间,我回家特别讨厌他,差不多是厌恶他。他拉过的门把手,我会用抹布拼命擦(这不太正常)。他在这间房,我就去那间房,听到他的声音也讨厌。我也知道这是有了心理问题,但又不知道问题在哪儿,怎么解决。

在一个接受爱情的青春年龄,拒绝异性,甚至对异性深感恐惧,这种不正常现象的背后有比较深的原因。

你爸爸是你第一个接受的男人,从小你就回避他,他和你妈妈的互动模式让你不喜欢,随着年龄的增长你越发讨厌他,你一直在压抑和你爸爸建立亲密关系的本能愿望,为无法和你爸爸建立亲密关系而内心冲突。因为你没能力和你爸爸建立亲密关系,在其他男人接近你时,你怕你同样不能和他们建立关系,但你内心一定是渴望交男朋友的,既渴望接近又无法接受,恐惧由此产生了。

你在心理上拒绝你爸爸,还有一层原因是,你认为你妈妈是应该拒绝你爸爸的,他那么不负责任,还跟你妈妈吵架。但事实上,你妈妈没有拒绝,因此你来替她拒绝了。

随着内心对异性的渴望越来越强烈,你的内心冲突也会越来越强烈,症状就越发严重。为了和恐惧战斗,你采用的防御手段就是让自己产生厌恶感。厌恶了就不必接受了,不接受了也就不冲突了,不冲突了就可以不恐惧了,但事实上这是做不到的。

解决你的问题,可以这样做:找你妈妈好好聊聊你爸爸,听听她对你爸爸是怎么个说法,问她为什么可以几十年和这样一个人相处;找一些小时候和爸爸的合影,回忆一下儿时的感觉,你享受父爱时的感觉;三个人在一起聊聊早年一些愉快的记忆;和你爸爸一起去找心理咨询师,重建亲密的父女关系。

我不想考研究生,但又一定要考

我是从四川考到上海来的大学生,本科毕业以后考了一次研究生,但失败了,打算继续考。按理考研究生是我自己作的决定,我应该勇往直前。但是我心里有说不出的难受,不是因为我没考上,而是因为我并不真正想做一个搞学术研究的人,我更大的兴趣是做一个思想自由的文学创作者。

从来上海那天起,我就不想再离开这个城市,我很清楚这个城市适合我生活,但是我又无法在这个城市里迈出第一步。我去应聘了两家单位,都是中学,那里严格的坐班制以及繁重的教学任务使我却步。我明白自己一旦陷进去,就可能会"教书匠"做到底,我的人生理想也就离我而去了。

我考研究生因此就承载着两个目标:一是有理由让家里再供我生活两三年;二是读完研究生可以找到一个不坐班的单位,既可以维持我在这个城市里的生活,又可以达到自我实现。可是我从心里对课堂学习不屑,对学校里研究生们在导师带领下做的那些课题也不屑。

我的痛苦在于努力地去做自己想逃开的事情,而且我无论如何都要成功。

用心理学的动机理论来解释你的问题可能对你有些帮助。

动机是对所有引起、支配和维持生理和心理活动过程的概括,例如人饿了就有寻找食物的动机。你考研究生的动机来自生存需要这个内驱力,这个力量很强大,足以解释你为什么考不取还要坚持考下去。但问题是,你潜意识里压抑着另一种动机,出自基本信念这个驱动力,让你排斥考研究生。

你内心有两股力量在斗争、冲突,说不上哪个更强。在这种状态下,你考得辛苦却又难以考上就一点也不奇怪了。

你可以做的是:要么放弃考研究生,要么调整信念。放弃考研究生马上可以解除痛苦,但你会有另外的问题使你痛苦。调整信念不太容易,但是可以试一试。像你这样排斥考研究生的信念是认知上存在极端思维,改变极端思维认知心理学有一些可用的技术,你可以去找学校里的心理老师寻求帮助。这里我教你一个"箭头向下技术"。很简单,你不断将你的信念、想法刨根问底地追问下去。如:

考研究生是让我不屑的。

我为什么对考研究生不屑?因为它只是一种课堂学习,价值不大。

课堂学习为什么价值不大?

……

你不停地问下去,到最后你会发现极端思维的荒唐和不合理,你就自觉地去修正自己的信念了。这样可以使你摆脱内心冲突,安心朝一个方向做好一件事。如果仍然不行,一定要找心理老师,或许你需要做精神分析。

让我失望的导师

考上研究生后我内心很失望,主要是我的导师太让我失望了。

现在的人考研究生的目的大都很功利,很多人是为了混张高学历证书,将来好找工作,可是并不是所有的人都是这样的吧?我真的想将来做学问,我考研究生的目的确实是想投身于科学研究,让导师教给我一点"真经"。可是事实令我很失望,我的导师年纪不大,五十多岁,似乎很谙熟社会上世俗的"潜规则"。我发现他的大部分精力不在理论探讨和研究上,而在社会活动上,整日从这个讲座到那个讲座,只要有钱,任何地方都去讲。他热衷于在学生写的文章上签上大名,主编一大堆书,却很少看到他有原创的理论研究。在社会上外行人的眼中,他是这个领域的绝对权威,而我看到真正有学问的教授都比较低调,才没有他那么招摇!

这当然是他自己的选择,但问题是我是他的研究生,总希望他能静下心来教我一些东西。我有时真后悔考了研究生,真正做学问靠的还是自己。心中有苦没处诉,只能跟您说说。

像你这般求学、求真理的学生真的很难得。就像你说的,做学问真正靠的还是自己。你的失望可能源自你的希望太大、太美好。你

在考研究生前把研究生的学习、生活想象得太精彩、太理想了。所谓希望越大，失望越大。这样的导师也是时代的产物，人都是离不开现实环境的，定下心来做大学问，要面壁多年，苦心研究，有的人是耐不住的，这也就是当代大师这么少的原因。正处社会转型期，人们对富裕生活的期望很高，这是可以理解的。导师也是凡胎，自然无法免俗。

既然你无法选择导师，我认为你应该好好地选择一下你的学习方法。华罗庚没读过大学，是自学；梁漱溟没读过大学，也是自学。他们都成为自己领域里的翘楚。你毕竟在大学里，有良好的学习氛围，图书馆也可以给你提供好的学习条件，只要想学习，一定能学得好。在失望的心境中注入希望的成分，比如让自己多出几篇论文，这样就能从对导师的失望转向对自己成就的希望。导师只是引路人，路绝对是要你自己走的，只要你能静下心来研究学问，将来你一定会是这个领域里的带头人。什么客观因素都阻挡不住自己内心的渴望，千万不要因为对导师的失望而放弃自己的希望，停止追求的步伐。导师的指导只是一个充分条件，不一定是必要条件。

相信自己，鼓励自己吧！

医学博士的恐惧

　　我在医学院读博士学位,我的研究工作需要我经常用老鼠做实验,可是我的麻烦大了。我不敢解剖老鼠,甚至想到老鼠就不舒服,看到老鼠就厌恶,碰到老鼠手就发抖。我算是完了,不能做实验,我还怎么搞研究呢?

　　往后我几乎天天要和老鼠打交道,我都有学不下去的感觉了。怎样才能克服这种恐惧呢?

　　你回想一下是什么时候、因为什么事情使你开始害怕老鼠的。恐惧发生前往往有个应激事件,产生恐惧感后(恐惧是有生理反应的)这些应激源就会继续发挥作用。人们通常会想起恐惧发作前的几周或几个月内所发生的负性事件,如与朋友交恶,与家庭成员争吵,生病或学业上遇到麻烦等。应激事件会降临到每个人身上,但这些事件本身并不会导致恐惧发作,恐惧的发作通常是身体或心理处在脆弱状态时遭遇生活应激事件产生联合作用的结果。换句话说,就是由生理的、心理的、社会的因素合起来导致的。

　　你一定害怕恐惧会无法克服吧,实际上有80％的人使用认知行为疗法使症状得到改善。

情绪问题

从你描述的问题来看,你患的是对特殊物体的恐惧症。你对老鼠产生恐惧一定是因为你看见老鼠时产生了一种消极的想法,你先排斥这种消极的想法,用更积极、有益的想法来代替。你还可能在没见老鼠之前就已经先让自己紧张不安了,这叫作预期性焦虑,见到老鼠后就恐惧得发抖了。你仔细想想看,那时候你脑子里自动冒出来的念头是什么,比如"一旦恐惧发作,我就没任何办法了","我会失败的,没有谁能帮助我"。你对这些自动化的念头多问几个问号,是这样的吗?然后转换这些想法。

在实验室里如果产生恐惧感,可以用一些小技巧,如屏住呼吸几秒钟、专心数数字、做深呼吸等。还有,哪天你去了实验室后又不能面对老鼠了,你当场把你恐惧的体验写下来,并自己打分(0~10分),估计程度。这样做可以使你像一个旁观者一样站在远处来观察自己的状态。你在"观察"恐惧,恐惧就控制不了你了。

容易产生恐惧感的人,都是焦虑水平比较高的人。如果同时感到抑郁,情绪很久都处于低落状态,那就要寻求专业人士的帮助了。

情感问题

女儿是同性恋吗

我女儿在卫校读护士专业,辅导员向我反映,她和另外一个女同学十分要好,晚上常挤在一张床上,平时她俩也不和其他人来往。辅导员去干预过,可过一段时间她们又挤在一起了。从外表上看我女儿没什么变化,我去学校看到过那位女同学,同样也看不出什么。

让我多了一个心眼的不只是辅导员说的话,还包括女儿对那个女同学的情况讳莫如深。我常有意挑起话题,想问问她的情况,可女儿总是避开话题。女儿的学校在郊区,她一周回来一次,休息日也会和那个女同学通电话,可见她俩要好的程度。

我的怀疑是个难题,既不能直截了当地问女儿,又不知道如果证实了我的怀疑,我该如何应对。老实说,对于同性恋问题,我知之甚少。

你女儿这个年龄的女孩,对同伴有很强的依赖,也就是说,她们一个人是很难独处的,往往是两个一对或三五成群地在一起,不然就会内心深感惶恐。有的女孩子因没有好朋友和她一起玩,或者被他人排斥,连书都没心思读了。

从你描述的迹象来看,很难判断她是否是同性恋。因为同性恋产生的机制很复杂,生理的、心理的、遗传的、环境的,诸多因素都有可能涉及。

如果你女儿是同性恋,那也只是一个性取向的问题,她有这个权利决定自己的性取向,这就像你用右手而别人用左手一样,要纠正也是很难的。

作为父母,你们更需要关心的是一个学生在学校期间对性活动的态度。作为一个高中年龄的孩子,不管是同性恋还是异性恋,都不应该很随便发生性行为。这个阶段是不能够和他人发生性关系的,起码这是违背校规的。难道同性恋就可以肆无忌惮地在学校里进行性活动,就是因为同性恋不会怀孕?

家长应该明确告诉孩子自己的观点,让孩子知道学校里什么能做,什么不能做,不要去提同性恋、异性恋的问题。

不管朋友是同性还是异性,广泛交朋友的孩子兴趣广泛,性格开朗,很少把精力集中在一个朋友身上。

另外,可以建议学校进行寝室大调动,同性恋与环境也是很有关系的。在一个缺乏异性的环境里,又是青春勃发的年龄,难免会把性欲投射到同性身上。

鼓励你们的女儿参加文体活动,比如跳舞、游泳,通过正常渠道释放生命能量,运动后酣畅淋漓的感觉有利于心理健康。

千万要注意,不要对同性恋本身表现出恐慌,尤其在女儿面前,不然可能会造成她心理上的混乱、自责,或者痛恨自己,导致心理障碍。

当然,你还要进一步观察了解,慎下结论。

爱上物理老师怎么办

我在一所区重点中学读高二,我们的物理老师是刚从学校毕业的大学生,长得很帅,课也讲得很好。说出来别人也许觉得我轻浮,当这个老师出现在教室里,我就有了异样的感觉。我对自己说:"不能喜欢上他,我不能分散高考的精力。"可是完全没用,我还是无可救药地喜欢上了他。

我每天上学就是为了能看到他,晚上回家无时无刻不在想着他。我一直想打听他的过去,想知道他是否有女朋友,有的消息说他有女朋友,有的消息说他没女朋友,我真是在受折磨,又无法向他表白。现在我学习都提不起劲了,这样下去家长会发现的,我妈妈又是个非常厉害的人,她一定会干涉的。

我写了几封情书,又不敢给他,有时借故去问物理题,想要接近他。

陈老师,您能理解这样的单相思吗?真是苦不堪言,为此我人都瘦了十几斤。如果他是我同学,也许我们早走在一起了,可是他是老师,这就有了障碍。我怎么办呢?怎么才能让他明白我爱他,或者怎么才能让我摆脱这种单相思,不去想他?我两者都无法做到,真的很痛苦。

爱情是无罪的。单相思是痛苦的,你的痛苦的独特内容是你处于该不该爱的冲突中。马上就要高三了,高考必须全力以赴,但爱情是需要精气神大量投入的活动,这就是所谓的双趋冲突。我敢说,如果没有高考,你一定已经大胆地表白了。表白完了至少你可以知道他接受不接受了。爱情绝对是双向互动的事情,没有对方的回应,你会一直痛苦下去。我想如果对方拒绝了你,也许你痛苦一阵子也就恢复常态,投入学习了;如果对方接受了你,实际上那才是你更害怕的,因为你可是赔不起啊(时间宝贵),对吗?

建议你这样做:在纸上把你的人生分成几个阶段,把你认为的每个阶段的主题写上,然后把这个阶段可能出现的影响发展的障碍写上,最后再写如何排除这障碍,画成一张表,这是在认知层面上的调整。

在行为上你可以试着这样做:不妨常常去找这位老师请教功课,最好约几个女同学一起去。你会看到老师对所有的女同学一视同仁,他会在你面前充分展示他作为一个老师的应有形象的。多去找他,作为一个学生去找他,你会得到作为学生对老师的心理需求的满足,这种满足也是对你感情需求的一种弥补。同时,最好也找找其他男老师聊聊,你会看到他们作为老师的共性的地方。

在情绪层面上也要做一些功课:为了避免你看见他时情绪激动,可以在见到他时想象一些场景。比如你没带伞,站在路上被雨淋得瑟瑟发抖,大雨从头淋到脚,你感觉透心凉;在上他课激动得听不进去时,可以想象他的形象缩小缩小再缩小,越来越远,成为一点,而他的声音放大放大再放大,没了人影,只有声音。试试看!

别忘了,成功的人都能够排除干扰,走向目标。

我每时每刻都在想他

我在一所重点高中读高二,我们学校高三有个学生会负责人,他是我见到的最让我心仪的男孩。他不仅人长得帅,组织能力也很强,篮球打得好,看上去又阳光,是那种鹤立鸡群的人。只要他出现在我的视野中,我就会一直追随着他。我无数次地做白日梦,梦里他成了我的白马王子,幻想我和他在一起的种种甜蜜的感觉。幻想使我对他的感觉越来越强烈,现在我已发展到每时每刻都在想他。上课时注意力无法集中,听着课就会想到他,晚上躺在床上更是摆脱不了他的影子,这样下去怎么办?

我试着不再去想他,可是做不到。我心里很紧张,因为像他这么优秀的男孩很多女同学都会喜欢的,要是他接受了哪个女同学的爱该怎么办?可是我又不敢表白,万一他拒绝了我,那就再也没有希望了,我受不了这种打击。我真的好想他,心里很痛苦,又不能对别人说。

喜欢一个人又不敢表白确实痛苦。你为什么不敢表白?怕拒绝?你已经想好了他会拒绝你?他可能拒绝你的理由是什么呢?恐怕是你觉得配不上他吧。这说明你不够自信,那就先从培养自己的自信着手吧。你不敢表白的另一个原因恐怕是你不愿打破白日梦,

情感问题

你沉浸在白日梦中，独自把玩着爱情，很是享受。在白日梦里可以让想象的翅膀张开，想飞哪里就飞哪里，可以按自己的意愿塑造白马王子。

你很急，怕别的女同学会向他表白。其实你并不了解他，不知道他现在是不是有自己喜欢的人，你们甚至连交谈都没有过。

你目前的难处是正面临高考，白日梦如此做下去必定影响学习。怎么办？你可不可以对自己说，"我想要的东西延迟一下去拿，暂时把它打包，到了毕业再去打开它"。

上课时如果思绪又飞到他身上去，可以用一个小技术——"切换频道法"。想象脑子里有一个频道按钮，画面一出现白马王子立即用按钮转换到另外一幅预先想好的画面上，如大学校园图、男女同学欢聚图等。中断自己的白日梦，思维自然就会回到课堂上来。试试看。

女儿漂亮令人忧

  我女儿极漂亮,走在马路上曾经有星探找过她。凡见过我女儿的人,都说她很漂亮。

  可是漂亮的女儿有时真的让我这个做老爸的很烦恼。比如她去军训,回家跟我说班里男同学抢着帮她提东西,还有男同学在车上把占到的好座位让给她。小孩子说得很轻松,可她不懂,那些高中生还不是冲着她的漂亮才献殷勤的,没安好心。

  女儿在小区里进进出出,也总是有男青年注视她,有的还会尾随她,看她进了哪幢楼。学校里的青年男教师也特别照顾她,同样犯了小错误,别的女生挨骂,但她就没事。

  我太太对女儿极不放心,于是保护女儿安全的任务就落到我这个老爸的头上。她外出补课,天一黑,我一定要去接的。去路远的地方参加活动,也一定要由我护送的。我这个角色就像一个护花使者,不让拈花惹草的坏小子来骚扰她。

  可是最近女儿脾气变得很大,她说:"你怎么像个跟屁虫?可不可以不要我走到哪儿就跟到哪儿呀?"现在她讨厌我了。她妈妈急得不行,让我必须跟得更紧,不让她受到骚扰,我这个做爸爸的真是苦不堪言。怎么才可以让女儿知道老爸、老妈的担心?

情感问题

漂亮的女儿居然也会有令人头痛的地方,看来做漂亮女儿的爸爸确实不轻松。

女儿已经读到高中,她一定认定自己是个大人了。当爸爸护着她、跟着她的时候,她的感受一定是自己被控制了,这会使她难受,所以要发火。

美丽的花朵一定会有蜜蜂来采蜜的,我们不能因为躲避蜜蜂而把花朵罩在玻璃罩里;美丽的姑娘一定会有小伙子青睐的,我们也不能因为有小伙子来欣赏而把女儿牵在自己的手上不放。

孩子终究要脱离父母,你就是想保护也是保护不了的。父母如果对女儿的漂亮充满了焦虑和担忧,只能使女儿心烦意乱,想尽快摆脱父母。这样还容易影响女儿的心理,使她在今后交男朋友时要么一点也不信任人家,要么特别容易轻信别人,反而会受到伤害。

父母要做的事是教会女儿如何应对异性骚扰。从两个方面教导孩子:一是让孩子能够识别性骚扰的具体行为,二是教孩子一些应对潜在有害情境的具体办法。告诉孩子,没有谁有权利触摸你,如果有人敢冒犯你,就拨打110。

假如你的孩子对你说的这些办法都很了解,那你就可以放心,她会保护好自己的。孩子终究要成长,更重要的是学会保护自己,而不是一味地被别人保护。父母要在如何提高孩子的防范能力、如何应对性骚扰的实践能力上多动些脑筋,而不是整天将焦虑情绪传染给她,制造紧张。

20 岁的她爱上 14 岁的他

我表妹是本市一所名牌大学的大二学生,今年春天她去参加一个亲戚的寿宴,在餐桌上认识了一个正在读初二的 14 岁男孩,那男孩身高 1.80 米,长得像 18 岁青年。他从小跟着父母走南闯北,见多识广,谈吐比较老练,待人接物也较成熟。没想到接触了两个小时后,表妹居然死心塌地爱上了这个男孩,从此陷入爱的漩涡。

现在问题是整个家族的人都在反对,我姨妈气得生病住院了。但不管别人怎么说,表妹就是不回头,她说他俩已商量好了,如果大家继续反对,他俩就从这个城市消失,还说这个男孩她跟定了。

他们这种关系谁看了谁别扭,男孩只有 14 岁,还在读初中,怎么可以进入恋爱阶段?家族里的人都想办法给表妹介绍男朋友,都是年龄相当、学业出色的男青年,表妹说:"你们就不要白费力气了,学校里追我的人也有一大把,我今生只爱他一个。"我们问她,他什么地方吸引了你,她说,吸引她的是他身上男子汉的气概,真是不可理解。作为她的亲人,我们怎么才能劝说她不要糊涂?

爱情是非理性的产物,劝说是理性的内容,所以劝说热恋者是没有用的,弄得不好还可能火上浇油,愈烧愈旺。

情感问题

20岁的表妹爱上14岁的男孩总有她的理由,外人是无法体会两个当事人的感受的。

我分析你表妹爱上他可能有这样几个理由:你表妹对异性有她自己的审美标准,那男孩的外形条件一定符合了你表妹的标准;你表妹说喜欢他的男子汉的气概,也许你表妹周围那些好读书、读死书的男孩恰恰缺少这种气概,这里面多少带有猎奇的成分;20岁正是反叛传统、追逐时尚的年龄,做出一些与众不同的举动也满足了这种心理需求。

旁观的人需要克服过于紧张的心态。20岁的年龄充满了变数,14岁的年龄变化的可能性就更大。别过分紧张什么,家长要是为了拆散他们寻死觅活,用尽手段,即使这对"小鸳鸯"被迫分开了,后患也会更多,你表妹和她父母的亲情就可能被破坏了,以后会有其他的麻烦。

等一等又何妨?在他们感情炽热时,周围的人要冷处理,表示对此不感兴趣,少涉及他们的问题。这也可以在他们"由热转冷"后,促使他们冷静思考。你说呢?

为什么我看到花枝招展的女孩就不能自持

我一定是心理不太正常。不知为什么,从高中时代起,我一看见那种打扮得很招摇的女孩,就无法克制想上前搭讪的冲动,后来还进一步想占有她。我确实曾经有过几个女朋友,也把关系发展到了不一般的地步,但是随后我就会没了兴趣,很快地离开她们,又去追逐下一个目标。我离开她们之时,往往是她们表示离不开我的时候。

我这样做似乎是道德沦丧,但是我心里并不感到快乐,好像有一个目标非让我去达成,不然就焦躁不安。

初二的时候,我曾经喜欢一个女同学,她是那种学习不好、喜欢打扮的女孩,可我就是喜欢她,也说不上什么原因,那时只是暗恋,尽量找机会和她说话什么的。后来上初三时听说她和校外的一个高中生好上了,而且还有那种关系,我顿时陷入痛苦之中,有好长一段时间情绪很低落。再后来我考进了市重点高中,听别人说她去了职校,从此再也没有见过了,她也不可能出现在我的同学圈子里。

我不知道过去的这段感情经历和我现在的问题有没有关系,其实这样的女孩和我们家庭成员是格格不入的。我妈妈是传统的知识女性,不爱打扮,整日埋头科研,一件衣服可以穿很多年,没兴趣关注外表,生活态度也是严谨的。可为什么我偏偏喜欢这种看上去很轻浮的女孩呢?

情感问题

花枝招展的女孩就是打扮给男人看的,更何况你是个年轻的男人,爱看、看了动心也不足为奇。奇怪的是得到了你会逃离,抛开前一个后又去追寻下一个,这倒是值得探讨的心理问题。你曾经爱过一个花枝招展的女孩,结果被拒绝了,她还投入了别人的怀抱,这对你来说是一次心理打击,自尊受到了伤害。你的报复行为就是一次次地去招惹同类型的女孩,让她们爱上你,这可以大大地满足你的自尊,可是为什么在她们真正爱上你时你却逃离了呢?因为在潜意识深处,你无法忘记那次被拒绝的伤痛,你害怕交往深入后你会再次被拒绝,你真正害怕的是被拒绝的感觉,那种感觉留给你的印象太深了,所以就变成这样一种循环:把花枝招展的女孩抓过来治疗受了伤的心,再推开去逃避被拒绝的感觉。

还有一层原因是你想不到的——你妈妈不是这种类型的女人,也许你渴望你妈妈打扮得漂漂亮亮;推论下去还有一层更深的含义,因为花枝招展的女孩不是你这个生活圈里的人,你们家庭不会接纳她们,你在弥补遗憾。

以上是我对你的问题的分析。如何才能结束这种循环?我的建议是处理掉潜意识中留存的感觉。可以想办法找到初中的那个女生,把当时对她的感觉告诉她,作为一种对少年时代的回忆,把见到她时的感觉也告诉她。

你的伤口缝合好了,就痊愈了。然后转眼去认真看看你圈子里的那些女孩,你会发现她们的魅力,因为你很少关注她们。

花钱如流水的大学生

　　我儿子考取了北京的一所大学,我们全家都很高兴,我们祖辈没有人读大学,儿子从小就聪明,读书读得好,其他各方面也都不错。

　　儿子大学读了两年,我们发现他变了,最突出的地方是他花钱像流水一样。我们不知道他怎么会变得那么大手大脚,说这话倒不是经济上我们有困难,我们就一个儿子,我自己搞实业,养几个大学生是不在话下的,但是他这样用钱真让我觉得有些害怕。不算去年一年学费,他用了近十万元,还不包括回家的路费。

　　他妈妈问他钱是怎么花的,他很不耐烦。我们只知道他班里的同学大都是北京人,还有些同学是其他地区考来的,听说不是官家子弟就是高级知识分子的子女。他隐隐约约露出的意思是:他在同学中有些自卑,见识没有别人广,消息没有别人灵通,那边的同学都骄傲得很。

　　我们估计他的钱大都花在了请同学吃饭或者女朋友身上,可是这种花法未免也太"冤大头"了,这不像他这个孩子一贯的为人。这孩子怎么会变成这样? 不知他心里到底是怎么想的。

　　我不希望把他送到北京去上学,最后学成一个"败家子"回来。我们赤手空拳创事业是非常艰辛的,还指望他将来能使企业有所发展。我们怎么说服他不乱花钱呢? 可不可以对他用钱作出限制?

情感问题

从你的来信看,你儿子不是个一贯乱花钱的人,又是个聪明、有头脑的孩子。为什么现在会如此无度地花钱,我猜想,你儿子是花钱买他需要的东西。我们来想想,你儿子需要什么?需要他认为的自尊吧。

你想,你儿子来到这样一个圈子里,同学都见多识广,很有家庭背景,相比之下你儿子觉得自己的条件不如别人。为了维护自尊,你儿子想到了他的优势——家庭富有,你儿子要同学看到他的这个优势,所以请客吃饭,为女同学花钱,以引起他人的注意。这种心理很好理解。

这种心理背后是自卑和虚荣在作祟,说明你儿子毕竟还只是一个学生,还没有明白什么是真正的成熟和自信。

等你儿子回来你可以问问他,如果他是个贫穷农民的儿子,靠政府资助完成学业,他该怎么办?让他明白用钱是买不来自尊的,乱花钱的人在别人眼中往往是没什么智慧的人。

一个人要赢得别人尊重,首先是他让人感觉到了他的自信,有定力、有底气,不迎合别人,坚持做自己觉得有意义和有价值的事,而不是给别人花钱。

至于你担心将来你儿子会变成"败家子",这倒未必。但我认为,你儿子乱花钱可能会更没有自尊,还可能会受到伤害。假如哪一天他突然感到别人在"玩弄自己",自己其实是在做"冤大头",他会非常难受,心理会受打击,对他的学习和他积极向上的人生态度都会有负面影响,也许会带着一颗伤痕累累的心回到家里。

现在是不是要限制孩子用钱,我想这要你与你儿子协议后才能确定。关键问题不是花多少钱,而是为什么要花这些钱。你和孩子讨论的核心问题是:你想用钱去换什么?相信你的孩子会清醒的。

让人受不了的"小鸟依人"

在没恋爱前,我特别欣赏那种小鸟依人的女孩。只要在文学作品、影视作品中看到这样的女孩就特别心仪,心想自己将来一定要找这样的女孩做女朋友,这可以充分满足我男子汉的自尊心。

进大学后果然出现了这样的她。她不但长得娇小,而且特别喜欢小鸟依人。一开始我的感觉好极了,她几乎什么都听我的,她特别害怕因为和我意见不合产生冲突,外出吃饭、买东西都说,"你决定好了"。

可是渐渐地,我觉得我好累,比如现在我在读研二,她今年本科毕业,她找工作的事全放在我身上了,自己一身轻松,一谈到这个话题就总是催促我,还说只要是我给她找的工作,她都放心。这令我心理负担很重,找工作是多么重大的事,怎么能让别人来负责?还有,谈到我们将来的家,她也说"你想怎么样就怎么样好了"。

恋爱两年来,我不知为她做了多少事,她一有困难就打电话找我,她的事差不多都成了我的事,有的事情她完全可以自己去做的,她还是会找我。

我看到周围那些能干的女孩,心里会想,小鸟依人简直是不负责任,将来和她一起生活,一定是家里家外的事都由我一个人承担,我一定会心力交瘁的。

　　有一种人,他们具有依赖型人格特征,通常是尽可能让别人来照顾自己,自己顺从和依附别人;没有别人的建议和保证,他们就不能对日常事情作出决定,需要别人对自己生活中的大部分事务承担责任,对自己的判断没有信心。在这种类型的人的内心世界里,这个恐怖的世界是他们不能胜任的,必须寻求别人的照顾,因而把自己的责任、愿望都放到次要的地位,认为只要能换取他人的照顾,就都是值得的。

　　不知道你的女朋友是在什么环境下长大的,形成了这样的人格。现在你是充分体会到小鸟依人的滋味了。

　　恋爱也好,婚姻也好,是"两个人跳的舞"。你进她退,你退她进,不然就要踩到脚了。明白这个道理就好办了。你的舞步能不能尽可能地往后退,你想,一开始因为你要小鸟依人,人家也只能配合好,这里面你也有一定问题。现在你要尽快地让她"大鹏展翅"。

　　工作要让她自己去找,大学能考取的人能力就那么低?还有那些琐琐碎碎的小事,你要学会拒绝,让她自己去干。只要说过两次"不",情况就会改变。当然,你自己要做"大树",那就没办法了。

　　为了将来"长治久安"的生活,还是从现在开始培养她。不过不要把"独立""自主"这些字眼说出来,因为一开始就挑战这些最核心的信念,她会拒绝接受的。只要想办法让她自己给自己的事情拿主意、订计划就是了。

　　相信你的"小鸟"慢慢会变成"大鹏"的。

情感问题　　201

女友很恋父

　　我与女友恋爱一年多了，我们彼此已进入对方的生活圈，可我去了她家以后，心里老有个疙瘩。

　　我的女朋友生活在一个优渥的环境里，是父母的"掌上明珠"。不过她和她爸爸的亲密程度让我很不舒服。一个大三的女生还会坐到她爸爸的腿上，而且还当着我和她妈妈的面。有一次，我、她、她父母四个人去郊区踏青，一路上她挽着她爸爸走，看上去他们更像一对恋人。吃饭时，她爸爸有时还会喂她一口，难怪她妈妈一直不大开心，女友也很讨厌她妈妈，说她妈妈老在她爸爸面前挑剔她。

　　女友的爸爸是个成功人士，又有权又有钱，在官场上轻车熟路。女友经常对我的表现不屑，说我跟她爸爸比一个小指头都比不上，我自己想想也是如此，可是她这样的说法对我的自尊和自信打击太大了。要是我这辈子都赶不上她爸爸，是不是我这辈子都得让她不屑？

　　女友跟我说话也老是爸爸长爸爸短的，我心里越来越反感，同时觉得她不太正常。她是不是太恋父了？她的恋父情结对我们以后的关系会不会有影响呢？

俄狄浦斯情结（即恋父情结）和伊莱克特拉情结（即恋母情结）人人都有，但随着年龄的增长、经历的丰富，绝大多数人都不会固着在"杀父娶母"或"杀母嫁父"（精神上）的幼年幻想上，而你的女友似乎固着在那里。原因可能是这样的：你的女友是父母的"掌上明珠"，受父母百般宠爱，这使她在情感上十分依恋父母。为什么恋父重于恋母？这可能与其父母不同的个性有关。是不是女友的母亲更难亲近些？这还可能和她父母之间的关系有关。如果她母亲的个性比较强硬，她父亲就可能更多地去接近个性温柔的女儿，或者女儿的温柔个性恰是她父亲根据自己的情感需要逐步塑造出来的。

你想，她父亲身在官场，心理压力大，回到家有个小猫一样绕膝的乖女儿，这不啻一种精神享受。与此同时，情感失落的母亲会变得越发愤怒和挑剔，她的态度会使他们父女走得更近。

待你女友渐渐长大，应该拉开和父亲的距离时，她又从理性上理解到她爸爸这种男人才是强有力的，无论从哪个角度看都是她最好的保护人。精神上的欣赏，心理上的亲近，使得你女友和她爸爸的关系就是现在这般模样了。小伙子，难怪你吃醋吃得不行了。

告诉你的女友，不要拿二十几岁的你和她中年的父亲比，这种比较客观上是不公平的，主观上也不公平，她完全偏向她的父亲了。为什么不比比谁的力气大，谁跑得更快，谁的电脑玩得更好？

和女友在一起时谈谈你妈妈,用赞赏的口吻谈论你妈妈,她会有所触动的,也会去想一想自己和妈妈的关系,想一想自己是不是应该把爸爸"还给"妈妈。

爱在心头口难开

爱上一个人很久了，但是又无法表白，这种滋味实在令人不好受。

我非常喜欢我们学校的一个年轻女助教，可以说是一见钟情，我天天思念她。我在食堂里第一次见到她时就目不转睛地看着她和别人说笑，我觉得她很像我妈年轻时候的样子，好像不是初次见到的人，而是生命中一直有这样一个人似的。后来经常在食堂里看见她，再后来知道她在做助教，不是学生是老师，而我只是个没毕业的研究生。我们现在只是校园里普通的熟人关系，见面时点个头而已。

我不敢表白当然不仅仅是因为师生关系，而是因为我这个人没有出息。面对异性我总是不自然，尤其是自己感觉很不错的异性。要独自对一个异性表达情感，这对我来说真的比考研究生还难。我现在心里很着急，怕再不开口，那个女孩就会属于别人了。我经常去她住的宿舍楼转转，去她所在的系转转，一直在寻找表达的机会，但是我知道就是有这样的机会我也是抓不住的，我真的恨死了自己的笨嘴拙舌。

今生今世如果不能和她牵手，我活着还有什么意思？我不知道别人能不能理解我的感受，或许会嘲笑我这种单相思吧。

这个问题放在如今这个年代倒确实属于比较稀奇的事,现在是什么时代?男追女天经地义,女追男也已司空见惯。

你的问题是,你本是个腼腆、害羞的人,却爱上了师长,且是一种没有把握的爱。你面对这个难题,如何还开得了口?如果你生性胆怯、腼腆,与人交往、与异性交往只能从易到难。比如可以先和一个大大咧咧的"自来熟"的女孩聊聊天,能够做到轻松自如地面对女孩后,再找那种比较内向、拘谨的女孩说话,反复练习,直到能够应付自如,就可以尝试向你的心上人表白了。采用传统的做法,比如写封信给她也是可以的,因为你并不知道她的情况,只是根据自己的估计、观察,推测她没有男朋友。当然,你要是有勇气,即便她有男朋友,你也是可以公平竞争的。

可以写封信试探一下,相信这样一个知识女性不会让你难堪的。至于你害怕得到令你失望的反馈的心理,只能由你自己来克服了,毕竟这事是双向的。想想看自己身上有哪些优点是资源。

大胆地去试吧。

有处女情结的男友

我的男友是在上海长大的时尚男青年,在校园里他也属于比较新潮的人。他追求我是出乎别人意料的,因为我们的生活环境差异很大,我是贫困山村出来的姑娘,学费也要靠国家资助。我们相似的地方太少,我当时觉得他可能是闹着玩的,见多了漂亮的上海姑娘,想找找农村姑娘,有新鲜感。可是经不住他坚持不懈地追求,我们终于谈起了恋爱,我也确实被他感动,对他也越来越有好感了。但当我问他为什么会喜欢我时,他说:"你应该是个处女,我相信自己的眼光。"我觉得很不舒服。以后他也经常会提到"处女"这个字眼,他把它看得比感情重,我觉得他似乎不是喜欢我这个人,而是喜欢处女。他一直想和我发生性关系,我有一种受侮辱的感觉,所以一直拒绝他。

他这样一个大城市的先进青年,头脑里怎么会有旧时代男人的思想?而且还那么执着,这是不是心理上的扭曲?

这个问题暂且称它为处女情结吧。这里面有动物选择交配、延续种族的自然法则,有传统文化的积淀,但现在更多的已是一种心理层面的问题。两性接触时,男人内心涌动着占有的欲望,处女膜是一种阻挡的象征,是需攻克的阻力,战胜阻力、达到目的更能体现雄性

情感问题

的斗志。开垦处女地能充分满足男性的占有欲,体现自己的男性气概。

但是为什么有的人如此看重此事?更深的原因恐怕是对自己的雄性气概不够自信。雄性气概含义很广,包括生理和心理两方面,如果一个男人没有足够的雄性的自信,就会更在乎生理上雄性的表现。

爱处女和爱情不是一个概念,处女一旦被占有,会不会因为不再是处女而激情消失呢?爱情的含义更广,除了异性肌肤之爱,还有心灵的、性情的、情趣的吸引。狂热地追求处女当然有爱情发生的可能,但更可能只是含义单一的"爱处女"。

男性如果不够自信,占有处女的"强心针"打完以后,心理问题仍然会存在的,难道再打一次?

和你的男朋友在一起时,你要多多探索他强硬外表下的内心世界,多了解他的成长经历以及他和父母的关系,看看他成长过程中经历了什么,造成他外强中干,他真正的心理需求是什么。

你们的感情还在发展之中,有些偏差是可以调整的。你要多关心男友,给予他心灵上的关怀,让他体会到你最可爱、最令人向往的是你的温情,这是他可以长久拥有的幸福。

我们是一对"冤家"

从高中到大学,我俩已相恋五年,这个时间不算短,所有亲朋好友都认为我们是很合适的一对,在一起一定很相爱。其实别人不知道,我们俩好了五年,也吵了五年,不在一起时就互相想对方,见了面却又要吵,吵的都是些鸡毛蒜皮的小事。有时我俩也说,既然老要吵那就分手吧,可最终我们还是不会分手。可以说,我们彼此已经吵得互相离不开对方了。

您说这种现象怪不怪?我自己也挺纳闷的。是我俩的个性都有些问题呢?还是我俩的交流方式有问题?要说个性嘛,我俩和其他人都能搞好关系,他比较内向些,在学校里人缘也不错,可他和我在一起时就不肯迁就我,当然我更不迁就他。要说沟通方式嘛,一定是有些问题的。比如有时我希望他能明白我的意思和我对他的关爱的需求。我觉得有些话不需要我说出口,说出口性质就变了,变成要来的,还让我觉得他不够爱我。结果常常是他并不明白我的意思,什么都没为我做。我会心里不舒服,不舒服了自然就会出言不逊。听我说了不好听的话,他往往先是不吭声,到后来就反唇相讥,于是就吵架,吵得各走各的路,但第二天两人都去找对方,好像没发生过什么似的。

我们就这样一年年走下去,不知道别的恋人是不是也这样?我想我俩是不是前世的冤家,不是冤家不碰头。这到底是怎么回事?

真是一对可爱的"冤家"。吵架是你们生活中的"胡椒粉",不洒点没味道。想来这五年一路走来,爱你爱我的话也说得差不多了吧?不过,吵吵架、耍点小性子,就有了新的乐趣。

爱没有统一的模式,小打小闹也是爱的形式,关键是看伤不伤元气。我倒是像看到了一对小孩子,两小无猜,打打闹闹,是逗着玩儿的,它伤不了感情。真正对感情有杀伤力的是冷漠,冷漠会拉开人与人的心理距离,使热情冷却,爱情死亡。

从你描述的你们的互动方式来看,你俩都是独生子女吧?独生子女有个明显的特点:对他人需求的感受相对弱些。他们生活的环境告诉他们,他们是最重要的,周围的人都是自己的配角,别人都应该辅助自己。在和一般朋友交往的时候,心理上终究要维持一定距离,但是和恋人就不同了,相恋的人亲密无间,这样一来,独生子女对他人心理需求感受性低的弱点就表现出来了。他感受不到你要的是什么,是呵护,是疼爱,是关怀?你也感受不到他其实是不能接受别人对他出言不逊的,彼此不能细致入微地感受对方,又同时要求对方能感受自己,所以就不舒服,就要"作一作"。

以后你不要试图让他做你肚子里的蛔虫,你需要什么不要让他去猜,要让他干什么就说。只要你觉得是合理的需要,他一定会满足你的,因为他爱你才会和你一起走过五年时光。一旦他满足了你的需要，你就很愉快，愉快的情绪又传染给他，他也愉快，形成良性循环，吵架就少了。

好好享受生活，享受爱情吧。

看见女友我就恐惧

女友大我一岁，她研二，我研一，是我追的她，可以说费了很大的劲我才把她追到手。因为她哪方面的条件都好，人漂亮、家境好，又很独立能干。相处了半年多，一直是她"作"我"哄"。不知道为什么，她明明喜欢我，但就是百般的"作"，也不知到底什么地方不满意。我每天都打几次电话给她，要是不打给她，她是一定不会有好脸色给我看的。哪怕我再忙，解释也是没用的。

有一次说好了给她买馒头，后来我忙着忙着忘了，想起来时晚了，我飞快地冲出去给她买来，她看也不看，拒绝接受。我求她别生气，可是她仍然板着脸。我突然火了，可能是一种压抑的怒火，我一冲动把她推在椅子上，这下子不得了了，她大哭起来，说从小到大没人敢打她，让我滚。

过了几天我又主动找了她，一则我是男人，二则我确实爱她。接到我的电话她自然是作出一副勉强接受的姿态。那天我请她吃饭，吃着吃着，我忽然有一种从未有过的感觉，胸腔里躁动得不行，手心也在出汗，我看着她，觉得自己可能要做出什么不可收拾的事，心里恐慌，后来找了个借口很快离开了饭店。

从那天以后，我一见到女友，那种感觉就会出来。我努力想喜欢她，可是一点也兴奋不起来了，想的只是尽快离开，离开她后又无时无刻不在想她。我还产生了强迫行为，自行车放这儿也不好，放那儿也不好，放来放去要放半天，而且我开始失眠。

刚读大学时我也交过女朋友，那时和女朋友在一起很轻松自如，也没花那么多心思去哄她。我这也不算初恋，怎么会弄成这样？心很累，我想放弃了。我该怎么办？

　　一个男人如果不能在一个女人面前放松，他就是做再多事情大概也无法让女人感到他热烈地爱她。你有没想过你女友为什么那么"作"，她在要什么？她是要你证明给她看，你是有男子汉的气概，敢于征服她的。

　　是什么让你对女友产生了恐惧？是她所有高于你的那些条件？还是她和你互动的方式？那次"打架"事件确实触发了恐惧，但根源是你的认知。你把"打架"看成你与她的关系的一个分水岭，你内心里觉得"完了"，她不会再和你维持关系了，你努力追求这个女孩将是一场空了。而追上她可能恰恰是你证明自己价值的方法，也是你可以向他人炫耀的资本。你一定把这场恋爱看成很重要的事情。

　　和她"完了"实质上让你否定了自我价值。一个人如果颠覆了对自我的认识，那当然是一件恐惧的事情，于是看见她后你再也不能平静、正确地看待自己了。她现在就像一面哈哈镜，照出扭曲的你的形象，你只有夺路而逃了。

　　呜呼，谈恋爱到这个份上，真是辛苦加痛苦。

　　两个人在一起，能维系关系的只能是情感。两个人有缘，能走下去，随着时间推移，感情就会越来越浓。如果体会不到对方的情谊，只能说明一方没有投入感情。

　　对于"打架"导致的恐惧，你可以试着这样处理：平躺在床上，将注意力集中在呼吸上，从头到脚放松全身肌肉，感觉自己像一堆棉

情感问题

花,然后把"打架"的场景在脑子里像放电影一样过一遍,体会一下自己是否会恐慌。如果还是会恐慌,就继续关注呼吸,接着再放松肌肉,再放电影,直至自己不再恐慌。一次做两遍,不行明天再来,恐惧终究会消失的(当然还有更好的办法,比如女友能为你按摩)。

这段时间要让心灵休整一下,不要急着去找女朋友。

同居使我看清了对方

我在这个城市里读硕士,和我的男朋友(本校在读博士)一起租房子住在校外。原本我们打算毕业后就结婚,但这半年的同居生活使我越来越怀疑自己的选择是不是个错误。

我们恋爱的时间也不算短,有三年了。这三年里我始终觉得我自己是有眼光的,他是我的意中人,我在温州的父母也很喜欢他,所以我和他同居父母也没反对,同居在一起的生活费都是我父母给的。我们家有规模比较大的家族企业,父母在物质上是能够充分满足我的。

我看中男朋友的理由是:他学习非常勤奋,生活十分节俭。他老家在贵州山区,非常穷,但是他从不甘于落后,从小读书就拔尖,是他们那个地区的高考状元。我能考上硕士,其实也是在他的鼓励下,更确切地说是在他的督促下促成的,我是比较懒的。

人和人有没有在一起生活过,感受是不一样的。在家里,我觉得他大部分时间都不太开心,我有时说话不太注意,他就非常计较,尤其不让我提他的父母。有一次我说,"你妈妈在上海是没法出门的,路也搞不清",他就大发雷霆,简直莫名其妙。以前我认为他节俭,现在我看到真实的他是一个过于算计的人。做家教、做科研挣的一点钱,总是偷偷摸摸瞒着我,我不是要他的钱,而是这种感觉不好。最令我受不了的是,他好像总是监视我,有时偷看我的手机。我朋友交往较多,有时我晚回家,他就板着脸,让我难受。

> 他的心态很不好,有时说到社会上的一些负面现象,他恶狠狠的样子让人害怕,让人感觉他似乎怀着很多的恨。同时野心又很大,就想着进政府机关,去做人上人。
>
> 每次我父母来看我们,他殷勤有加,鞍前马后,服侍得很周到。可他们一走,他就是另外一副嘴脸,说总有一天这些民营企业主都会来孝敬他的。
>
> 我和他同居的时间越长,越感到不认识他,越感到他的可怕,同居使我看清了他。我似乎有些庆幸,没有正式嫁给他。

人在一个屋檐下生活,对对方的了解会更深刻。人回到家里的面目是最真实的,很难掩盖。从这个意义上说,同居也有积极意义。

从你的描述来看,你的那位男朋友是个有很强烈的自卑感的人,他让你看到的算计、对你交友的监视以及向上爬的野心,都表现出了这个人自卑的一面。

尽管他从不肯落后,努力考上了博士,但他还是背上了很重的自卑的包袱,因为他来自贫困山区,似乎天然有自卑感,这从你提到他没文化的母亲时他的过度反应中能看出来。

一个男人和一个女人同居在一起,用的却是这女人父母的钱,这对一个男人来说无论如何会使他感到自卑的,所以他会说将来他要让像你父母这类有钱人去孝敬他的话。

他要往上爬,他努力的动力正来自强烈的自卑感。自卑使他痛苦,要摆脱这种痛苦就得奋斗到他认为的成功的境界,然后才能不自卑。

读过《红与黑》吗?主人公于连就有类似的心态,最后的遭遇很惨。

一个人要发展,最重要的条件是心理素质,一个心理不健康的人是很难发展得好的。自卑发展到一定程度会导致悲剧的发生,马加爵就是过于自卑形成过度敏感、猜疑的人格,最终实施了犯罪行为。

关于你和你男朋友的关系,这得看你们的感情有多深。如果你觉得他是爱你的,那么你首先要做的不是作出是否分手的决定,而是想办法帮助他找到自己心理问题的原因,调整情绪,改变人格中一些影响发展的因素,使他心理健康地面对人生。

你如果帮不了他,可以劝他去找专业的心理医生。

选择这个他还是选择那个他

我现在在做的事情就是人们所说的"脚踏两只船",我同时和两个男朋友在交往,但我是严肃的。这两个男朋友是我选择的婚姻对象,正因为如此,我左右摇摆,无法抉择。

男友甲是我高中时的同学,他追了我几年,因为两人分别考进了两个城市的大学,我们见面次数少了,但是我心里很清楚,他是非常爱我的。高中时,他看我的眼神就和看别人不一样。高三时我患阑尾炎开刀,他冲到医院就问医生是不是要输血,医生笑着对我说:"他不知道阑尾炎是小手术,看他着急的样子!这男孩对你可是真心的。"我在他的追求之下先是若即若离,随后又平平淡淡地和他走在了一起。进大学后他会把他勤工俭学赚的钱寄给我用,他说他生命中有没有我意义是不一样的。我知道这话的分量。

男友乙是我现在的研究生同学,他是个我第一次看到就会脸红、心跳的男人。我一直克制自己想接近他的欲望,但感情这个东西是难以控制的,我们渐渐走得近了。跟他在一起的时候我充满了激情,更能展示女性的魅力。坦率地说,就是这点让我迷恋。他的家庭经济条件比甲要好得多,如果不恋旧情的话,选择他作为婚姻对象应该是更合适的。但是不知为什么,一想到和他结婚,甲的形象就会冒出来,心里就会有一种说不出来的不舒服。并不是甲挡在了我和乙的当中,而是我自己站在了甲乙的当中。

> 和甲谈话时我往往想得比较实际,讨论的也是实实在在解决现实问题的话题;和乙在一起时我往往想得比较浪漫,谈论的问题也比较形而上学一些。
>
> 我现在非常烦恼,年纪也不小了,必须作出决定了。可是我该选择谁呢?您能不能替我出出主意。

选择就是一种内心冲突,幸福的选择同样也会制造烦恼,更何况你是在选择爱你的人还是你爱的人。

我们先来看看,你选择的目的是什么。是婚姻吗?你得把婚姻的意义、内容、价值等研究清楚了再来作选择。

婚姻是什么?极端的说法是"爱情的坟墓",也有人说是"围城",其实这些对婚姻的定义都不正确。

我的理解是:婚姻是一种归属。人在婚姻之内和婚姻之外最不同的感受就是,一个是飘忽的,一个是坚定的,这是婚姻能给我们带来的最基本的意义。婚姻不是靠激情来维持的,激情稍纵即逝,可遇不可求。婚姻是两个人一起来跳的交谊舞,一个人跳得再好,另一个人不跳,舞就跳不好了。换句话说,好的婚姻不是谁更爱谁,谁多爱谁,而是两人不断调整步伐,修正与对方沟通的技巧,适应对方个性,对对方的情绪表达作出合适的反应。

婚姻组成一个经济共同体,它要以一个经济实体对外开展活动,那就一定要接触柴米油盐这些形而下的东西,否则就不叫婚姻了。婚姻的内容总是让人无法浪漫的。

婚姻的价值在于:人是群居动物,无伴侣的生活违背人的本性;人在退出社会生活回归家庭时,伴侣的价值就更加凸显。

另外要讨论的问题就是,什么是爱情?爱情不等于激情,爱情的内涵更深刻。持久的爱情是由除了激情之外的更多附加成分来支撑的。也就是说,人的感情除了激情之外还有其他的情感因素。关怀、照顾、尊重、依恋、能感受对方心理变化等,都是爱情的要素。

不知道你同不同意我对婚姻的意义、内容、价值的诠释。如果你有你的婚姻观(不是恋爱观),那你就把它写出来,然后分析一下,甲乙两人谁更符合你的婚姻观,谁更能在你的婚姻里与你跳好"双人舞"。你的选择应当以你的婚姻观为基准,这就是我告诉你的方法。

过去的经历让我无法面对他

　　半年前我在同学的家里认识了他。他是我一位本地同学的表哥,第一眼看到他,我就觉得这是我渴望遇到的白马王子。他刚从国外学成回国,在属于全球五百强的一家大公司里任职,他的气质和学识是我见过的男人中最让我心仪的。不知是不是同学的有意安排,我们在一起畅谈了几个小时,从此以后他就经常约我,我们正式恋爱了。我的同学及他的父母也都称赞我俩是极好的一对。他拥有博士学历,我也即将硕士毕业,凭我的专业找份工作也是没问题的,一切似乎都很美好,前景是那么的灿烂。可是随着交往的深入,随着我对他的爱越来越强烈,情感上越来越依恋他,我开始失眠了,整夜整夜无法入睡,我的头发也开始脱落了。

　　我是从外省市考进这所学校读研究生的,在这个城市里几乎没人认识我。我在南方读本科时的经历,这个城市也没人知道,连我在东北的父母也不知道。我的经历就像"黑匣子",被我藏得很好。我想永远封冻它,不打开它,而且我觉得我真的已经做到了。但是现在到了和他谈婚论嫁的时候,它就像魔瓶一样被打开了,魔鬼出来了,我的末日来临了。

　　从大二起,我和两个女生为了赚钱,显示自己自食其力的能耐,在当地的娱乐场所做了一年"三陪"小姐,赚了不少钱。尽管只做了一年,但这一年我的经历实在太丰富,我已谈不上什么纯洁如玉了。一年以后我又步入正常的人生轨迹,拼命读书,努力考研究生,我都成功了,我从不去回忆那一年的生活。

> 现在,纯洁的白马王子来了,他要娶我,我也爱他,我能向心爱的人掩盖这一年的经历吗?如果我坦诚地说了,后果可想而知。这些天我就像被火烤一样煎熬着,我已想到和他分手了,为了保护我的隐私,也许只能这么做了。陈老师,我内心的痛苦您能理解吗?

我能理解这份刻骨铭心的痛楚,你的痛有几层含义:你痛你这样一个优秀的学生,有一段抹不去的污迹;你痛你不能和你的爱人平等地站在一起;你痛你不能坦诚地对待心爱的人。

你的这一年经历确实比较特别,你如果对你的这段经历作一个深刻的反思,而不是掩藏,也许对你今后的选择更为有利。

为什么你会有这么一段经历呢?为了证明自己的能力?但作为一个大二的学生,应该已经建立一些做人的原则了,判断力也不会很差——也许有更深层的原因,只是你没找到。可不可能是作为一个一贯在老师眼中的好学生,一贯守规则的人,青春初期的叛逆心理没有满足,到了大学期间,找到这样一个藐视权威和社会准则的行业,去体验一下叛逆的感受?还会不会是因为家里的经济状况一直不好,赚钱的欲望过于强烈,赚钱的目的太明确?另外,你分析一下自己和父母的关系,在你的生命历程中是不是缺失爱的感觉,或者有情感上的创伤性经历。这些都可能导致你去作这样的选择。

一定要认真地把问题分析透，自己没有这个能力可以去找你们学校的心理老师或者校外心理咨询机构的专业人员。为什么一定要你找出这段经历深层的根源呢？是因为只有找到了根源，你才能正确面对这段经历，你才能作出如何面对爱人的决定。而不是独自饮苦酒，自我折磨，同时也折磨你的爱人。

当找到根源后，你会明白自己的问题应该怎样归因，会减轻自责和内疚，会放下背在你肩上已久的包袱，着眼于你长长的未来人生。你会有一种舒心的感觉，这时候对爱人说与不说就不会像现在这样折磨人。也许你选择说，也许选择不说，只要你真心地爱你的白马王子，这就是你给出的奉献，这样你才会有幸福。

在你和爱人相处的时间里，你对他也会有所了解，他的感受你也会知道，在你的选择里考虑他的感受，这是你为他着想，也是相爱的人应该做的。

生命的过程就像河水的流动，过去那段已经流过去，不可能倒流，你已不是几年前的你，你要学会宽容过去的你，更不要带着你的爱人一起去谴责你的过去。你们俩携手奔的是未来美好的日子。

行为问题

胡搅蛮缠的女儿

我女儿咪咪只有 4 岁,却很让人头痛。她经常发怒、扔玩具、大哭大闹,脾气比一般孩子坏得多。这个孩子出生时就特别难带,晚上常哭吵、惊醒,弄得大人疲惫不堪,她算不算精力特别旺盛?可她又老是生病,经常呼吸道感染,常要吃抗生素。现在我们几个大人都被她搞得吃不消,有什么办法吗?

从你介绍的情况来看,咪咪属于难养儿。从婴儿气质类型上区分,她就是个困难型孩子。这类孩子出生后就显得特别难对待,稍有怠慢就等待不及,常用激烈的情绪来表达需要,而且很难控制情绪。

难养儿可能有生理上的原因,比如体能比较弱,神经功能也比较差,在养育过程中要注意调理,营养、运动都要科学安排。

虽然难养儿的气质类型是天生的,但后天也是有一定可塑性的,在早期养育中,纠偏十分重要。这样的孩子很烦人,家长在和她互动时往往会被她闹烦了,等到她安静的时候就不再去注意她。久而久之,孩子会越闹越厉害,她会本能地意识到,只有在大闹时才能吸引家长,她的行为表达方式就会慢慢固化,到后来想改也难了。

像咪咪这类孩子,尤其需要一个安静的成长环境,和她接触的成年人在她面前要能控制住自己的情绪,不要跟着她的坏脾气而情绪起伏,大呼小叫,尤其在她扔东西、脾气发作时,更应采取冷处理,不搭理她,在她的坏脾气消退后才去理她。坚持这样做,孩子的问题会愈来愈少的,当然一定要有耐心。

晚上孩子哭吵,还要考虑是否有缺钙现象,或缺乏其他微量元素,应该去医院作个生化检验。

他为什么老是拉"小鸡鸡"

我那个上幼儿园小班的儿子,为什么老是要拉自己的"小鸡鸡"?真是搞不懂,这会对他造成什么不利的影响吗?洗澡的时候他要拉,上床睡觉的时候也要拉,不知道其他男孩有没有这种情况?怎样才能改变他这一"恶习"?

这个问题你大可不必紧张,算不上什么大问题。孩子在幼儿阶段都有可能对自己的生殖器发生兴趣,常用手去触摸。在触摸的时候可能产生了一些快感,所以就会经常去摸。家长在发现孩子摸"小鸡鸡"时,千万不要大惊小怪,尤其不要吓着孩子。可将孩子的注意力转移到其他感兴趣的事情上。比如拿一个玩具吸引他,或者拿出一支彩笔,让他在纸上写写画画,再或者将一只球滚到他身边,总之办法多多。

小孩子是很容易转移注意力的。一旦对新的东西发生兴趣,他就会停止触摸"小鸡鸡"了。

临睡前,家长可以编些故事给他听,故事中的小动物睡觉睡得好,把手放在小脸旁,被妈妈表扬之类,并且可以摸摸他的背部,让孩子很快入睡。

样样跟我对着干的儿子

我的孩子只有5岁,可他什么事都与我对着干,我说让他拿张报纸来,他说:"就不拿。"我说这幅画真好看,他说:"真难看。""偏不""就不"成了他的口头禅。

我们也不知道这孩子为什么会是这样,总跟大人闹别扭,这么小的孩子就这么拧,将来可怎么办?这是什么问题?

有些男孩在这个年龄段是会出现这种逆反的态度的,这不是什么大不了的心理问题。

孩子这时候似乎明确了他是个独立的个体,我是我,你是你。在更小的时候,他和妈妈其实是连在一起的。现在不一样了,你看我多有能耐呀,会跑、会跳、会唱歌。我不和你连在一起了,你说什么我说"不"就证明了我的独立、我的存在。这就是小孩子的心理活动。于是他们就会有可笑的逆反行为,这说明孩子和你分离得比较成功。

一个人小时候依恋期没有满足,分离期又没完成,将来才会有问题,造成人格不健全。你的孩子很健康,他的行为只是一个阶段性的问题,过一段时间会好的。你们别大惊小怪,或逢人便说孩子的不是。

平时可以让这个小不点多发表自己的看法,比如爸爸说这样,妈妈说那样,你说呢?充分满足他的成为独立个体的需要。你这孩子将来一定很不错。

哭起来没完的女儿

女儿5岁了,是个"哭包",哭起来总是没完没了。早晨眼睛一睁开,只要不见人就哭开了;从幼儿园回家,玩得好好的,看见房里没有人,自己会哭着跑出来找人。她的眼泪比她的话还多,真不知哪里来的那么多泪水,哭好像成了她的语言,稍有不顺心,就用哭来告诉你们。幼儿园老师说,小朋友一跟她有碰撞她就哭,胆子特别小。她奶奶和爸爸最见不得她哭,一哭奶奶就来哄,爸爸就嫌烦,她想要什么都满足她,只要她不哭。我总觉得这样不太对头,她是不是特别脆弱?这算不算心理问题?

家里有这样一个爱哭的孩子,那个气氛可想而知,难怪她爸爸心烦。

我不知道这孩子的身体发育情况怎么样,低龄的孩子如果体质很弱或者有慢性疾病,的确容易哭。另外,孩子的气质类型是先天的,有的孩子出生后就爱笑,容易满足,容易带,有的孩子则相反,我们称之为"难养儿"。当然,孩子已经5岁了,过了婴儿期了,也已经上了幼儿园,算是进入小朋友的社会群体之中了,还是这样爱哭,恐怕已经是一种应对困难的习惯方式了。她习惯用这种方式,一定是

行为问题

因为她采用这种方式是获益的。

你看,一哭奶奶就来了,奶奶一来,爱的表达就来了,孩子满足了爱的需要;一哭,爸爸就来了,要什么给什么,只要不哭得让人烦心,各种需要都满足了。孩子不哭才怪呢,多好的控制大人的办法啊!依我看,大人对待孩子哭的反馈行为实质上强化了哭的行为,因此这种行为越来越严重了。

对待孩子的哭,最简单的办法莫过于使行为消退,即大人不要对她的哭作出反应。一开始或许难一些,特别是她爸爸。要坚持一会儿,就让她哭一会儿。哭了没人理,可能哭得更厉害,还是没人理,再哭,最终没人理,也就不哭了。规律就是这样,她会悟出一个道理:这个办法没用了,得想想其他办法。这样才能使她学会用其他方法处理问题。你还可以编写故事给她听,比如"爱笑的讨人喜欢的小兔"之类的故事,告诉她大家都喜欢爱笑的人。

老朝别人吐口水的孩子

　　我们的儿子5岁了,最近不知道怎么搞的,老要对着人吐口水,也不知从哪里学来的。每当他吐口水,我们总是严厉指责他,可是没用,一会儿又吐了。这是不是有心理问题?这种行为很让人讨厌,我们怎么应付呢?

　　孩子的行为也许是从哪里模仿来的,不断地玩这招是因为吐口水可以把你们的注意力吸引到他身上。独生子女很寂寞,他们格外地需要父母的关注,什么样的办法可以吸引父母的目光呢?什么办法可以吸引,他们就选什么办法。对这么小的孩子来说,没有什么是非可分,严厉地指责他就是在关注他。满足了他的需要,他就会不断地做下去。

　　对付这种问题,最好的办法莫过于使行为消退。他之所以会一直做,是因为他的行为得到了强化,不管这个强化物是正面的还是负面的。你们要做的是撤退,对他吐口水的行为视而不见,在他吐口水时只顾自己讲话,不去注意他,他慢慢会感到这样的行为得到的结果是不被关注。同时你们要注意他的一些正面的行为,一旦出现就给予关注,比如他在那里安静地玩玩具,你们就去说:"真乖,像个大孩子,自己玩得真开心。"这种行为矫正的方法对小孩很管用,可以一试。

她就是不肯与人分享

> 我女儿上幼儿园大班,老师说她特别小气,自己的东西别人一点也不能碰,平时在家里,要让她把零食、玩具拿出来和邻居小朋友分享也是做不到的。小的时候她因为经常生病,常常一个人在家,和奶奶在一起,不去幼儿园,所以很封闭自己。有时有小朋友来玩,她会关上装玩具的抽屉,用身子护着,不让小朋友碰。我总觉得这样小气的孩子将来不会有出息,所以想请教陈老师,怎么教育才有效?

这孩子确实有些小气,过分小气和气质类型有些关系,也就是说,有一部分因素是天生的,但是后天的教育对塑造人格也是绝对有作用的。好在您孩子还小,只是个大班的孩子,一切都来得及。您可以经常给孩子讲一些故事,主人公因为慷慨大方、愿意帮助他人而得到了大家的尊敬;也可以扮演孩子的同学,表演小朋友不愿与她分享好东西,让她说说有什么感觉;还可以在路上遇到乞丐的时候,让她去施舍,尔后给予赞美和鼓励。过一两年您可以让孩子参加一些夏令营活动,在离开家独自和小朋友在一起的时候,合作、分享就特别重要,她会学会的。

只要家长有了改变问题的意识,正确引导,孩子就会渐渐改变的。在如今这个物质丰富的时代,过于小气的人确实不会有人格魅力的。

大班了还要喂饭

我的孩子上幼儿园大班,他同班的孩子大都能自己吃饭,而他还要家长喂着吃。即使在幼儿园里,也要老师帮忙喂,让他吃饭成了我们很头疼的问题。我们搞不懂为什么让小孩自己吃饭会那么难,怎样才能让他吃饭正常些呢?

你的孩子是不是特别瘦?平时吃饭是不是含在嘴里不愿咽下去?如果是这种情况,可以考虑孩子可能脾胃虚弱。

脾胃虚弱的孩子不仅进食困难,而且胃口很小。可以考虑找中医诊断一下,通过一段时间的中医调理,孩子的胃口会好的,吃饭自然就快了。

如果孩子不是脾胃虚弱,就得看看他的饮食是否科学。牛奶是否喝得太多,高蛋白的东西吃得太多了,吃饭自然就不香了。

可以每天给孩子提供一顿稀粥,一段时间后他的胃口可能会好些。同时勿忘增加运动量,锻炼身体后,进食也会增加的。

从心理角度看这个问题,孩子的行为似乎是退化,就是让自己变得更小些,妈妈爸爸来喂饭,就又享受到了小婴儿的待遇,他在找婴儿的感觉。

如果是这样,就让他饿着吧,饿极了自己会吃的。

什么都要放整齐的孩子

 我的外孙女有个奇怪的习惯,她经常去拉自己的两只袖子。问她为什么,她说要拉得一样齐,问她为什么要拉得一样齐,她说不一样齐心里难受。晚上睡觉时两只拖鞋也一定要放得一样齐才能上床睡,她这样的情况是不是不太正常?

看来孩子是一个十分守规则、做事很细致认真的孩子,这是好品质。但任何事情过度了就会有问题,孩子现在有些强迫倾向。不知道她平时是在怎样一个环境中生活的。一般来说,有这样问题的小孩,家长往往要求严格,态度严谨,日常生活规则化。她的这种倾向一直发展下去,会形成强迫人格,将来造成心理上的痛苦。

当然,孩子现在还小,一切都是可以改变的。平时在家里,她应该有一定的自由自在的活动时间和空间,家长不必事事提要求。她想干什么、玩什么都可以让她自己去选择,鼓励她在家里跳、蹦、叫。家长不要多加干涉,尽可能让这个孩子身心舒展。如果有过多的束缚,她的这种强迫行为会越来越严重,希望家长能注意到这些。

家长在教育理念上要有所改变,对幼儿来说,过多的约束,生活中有过多规则或做事程序化,都是不利于孩子心理发展的,对孩子将来的创造性思维发展也不利。

只有家长作出调整,孩子的问题才能逐步得到解决。

一点亏也不肯吃的孩子

我的孩子上幼儿园大班,他妈妈和他待在一起的时间较多,有时我发觉她的教育方法不太对,心里总感觉不是滋味。比如她常对孩子说:"老师发点心时,注意力要集中在点心上,马上决定哪个最大就挑哪个。""小朋友打你,你一定要狠狠还击,打完后就去告诉老师,小朋友打你。"我对妻子说:"你这样教育是有问题的,把孩子弄得又凶又自私,对他将来发展没什么好处。"可是妻子不听,她说不能让自己家的孩子吃亏,我又说不出更多的道理,所以向陈老师请教。

像你妻子这种生怕孩子吃亏的心理,现在很多家长都有,殊不知,照这种教法,孩子只会越来越吃亏,越来越笨拙,越来越不会应对他人。这其中的原因你妻子可能没有仔细想过。

家长教孩子这样做那样做,这种事如何对付,那种事如何对付,殊不知家长并没有身临其境,而孩子遇到的事是动态的、变化的,由一个个细节组成,没有身临其境如何指挥得了?孩子脑子里接受的是母亲教导的应对程序,程序就是一步一步走,一步一步做,而细节一旦发生变化,程序就被打乱了,让这么小的孩子如何随机应变?一旦应对失败,孩子脑中固有的程序就更乱了,再遇到问题就变得更束手无策。所以教得越多的孩子越"笨",越容易吃亏。家长要是明白了这个道理,就不会这么热衷于"教"孩子了。

最好的"教"就是让孩子在实践中学习。

老在幼儿园里骂人的男孩

我们幼儿园大班有个孩子,6岁了,谁见谁讨厌,跟他在一起我会怀疑自己是否是个缺乏爱心的幼儿教师,怎么也无法让自己喜欢这个孩子。他一开口就是骂人的脏话,不管怎样批评他,他都不怕,也不会改,小朋友都被他骂过,大家都不和他玩。

这孩子的爸妈是在我们崇明开门面做生意的,他还有个姐姐,大他10岁。据他妈妈说,这孩子4个月大时因为医院误诊,差点把命丢了,抢救了1个月,所以他妈妈对他精心呵护,生怕有闪失。他爸爸是个爱喝酒、骂人的人,经常在家里骂大人、骂小孩,但对这个儿子百般溺爱,这个孩子的姐姐在学校里表现得不错。

我现在拿这个孩子一点办法也没有,我也被他骂过好几次了,现在很少见到像他这样张口骂人的孩子,有时见到他心里真有些不痛快,呵斥、批评、罚站等都试了,实在没办法了。

一个6岁的孩子老是张口骂人,真是蛮少见的,但是仔细想想也不奇怪。语言是孩子最早习得的技能,骂人的话当然是他学来的,也许有时候他根本不懂自己骂出来的话是什么意思,只是觉得这样可以表达自己的情绪。

从你反映的情况来看,孩子的爸爸有骂人的习惯,教会了他骂人的话。但他姐姐并没有在学校里骂人,说明这孩子不仅学会骂人的话,而且有不愉快的情绪。这么小的孩子,哪来那么多负面情绪?这倒是你要了解的。是家里环境更容易造成他的负面情绪,还是幼儿园的环境更让他不愉快?你可以了解一下他妈妈和他在一起时带给他什么样的影响,母亲的情绪绝对会影响孩子。他爸爸老骂人,他妈妈的情绪估计也好不了,要改变和调整的首先是父母。只要母亲传达给儿子的正面情绪更多,他就不会在幼儿园里那么恶狠狠地骂人了。

还有,在幼儿园里是因为他骂了人,小朋友都不理他了,还是因为小朋友都不理他,他才骂人的?如果是小朋友都不理他他才骂人,那一定要找出原因,为什么别人都不理他,什么事情让别人排斥他?

作为老师,听见他骂人要沉得住气,他毕竟是个孩子。可以对他说:"你刚才说的那句话一点也不好听,换一句让老师觉得好听的话。"同时还要说一些理解他情绪的话,如:"你是不是不开心了?"如果他照着做了,一定要当众表扬,说:"你们听,这样说话好不好,大家喜欢不喜欢?"让小朋友一起参与,强化他的正面语言。试试看。

他也要弄点酒喝喝

儿子小捷从小由他爷爷奶奶带着,他们都没什么文化。他爷爷好喝酒,一日三餐都要弄点小酒喝喝,几十年的习惯了。不知从什么时候开始,儿子也学会了喝酒,每晚和他爷爷对坐喝几口,农村老家的亲戚都觉得有意思,都鼓励孩子喝酒。

这次我们从打工的城市回老家,看到儿子每晚要弄点酒喝喝,着实吃惊,他一个6岁的孩子,天天喝酒还了得,将来还不成了酒鬼?我们不让他喝,他吵闹着非要喝,弄得我们头疼不已。

我们夫妇目前都在外省打工,不能常回家,也无法带孩子。陈老师,我们心里急,但又束手无策,你说我们有什么办法可以阻止小捷喝酒?

每晚一老一少对坐着喝点老酒,这场景还真有点意思,怪不得亲戚朋友都觉得有趣。爷爷也许是受到亲戚朋友的鼓励,越发让孙子痛快地喝,享受这份天伦之乐。

作为父母,你们当然心里着急,又不能直接训斥自己的父亲。

我想能否这样:先把喝酒对孩子成长发育的危害告诉爷爷和亲戚朋友。爷爷一定是疼爱自己孙子的,对孩子有害的事情他不会坚持的。

　　酒精最大的坏处是影响人的肝脏,肝脏是解毒器官,酒精会破坏人的肝脏细胞,长期饮酒可导致肝硬化。孩子这么小,肝脏很嫩,长期喝酒后患无穷,是万万不行的。孩子的大脑又正处在发育中,神经在发育过程中不能抵抗毒素侵犯,酒精会直接影响孩子的神经发育。

　　把这些道理用浅显的话对爷爷奶奶说,另外要考虑爷爷的心理感受。孙子模仿他会让他感觉到自己在孙子心目中的地位,要让爷爷继续保持这份感觉,那就得找到其他途径,让孙子跟着爷爷学些其他的本领,例如下棋、打牌之类的活动。

　　至于儿子的戒酒,要慢慢来,可以一点点减少,先以饮料代酒,再以水代饮料,最后实现戒酒。吃晚饭的地方最好作些改动,换个位置,面对奶奶坐,感觉上就有了变化。或者先让爷爷一个人吃饭,看不见爷爷喝酒,直接刺激物就没有了。

不肯穿衣服的男孩

> 儿子很怪，发起脾气来就像个疯子，又摔又打，可他只有6岁，长辈都说没见过这样的孩子。最奇怪的是，从3岁起他就不肯穿衣服，尤其是有领子的衣服，又拉又拽，没领子的衣服也要跟他"战斗"半天才能穿上。
>
> 我们一直在找原因，问了很多人，都说不出个所以然来。有一件事我们觉得可能有些联系。3岁前他发过一次高烧且有过抽搐，失去意识。当时治疗后退了烧，现在想想这种怪异的行为是否和那次高烧有关？如果有关怎么办？如果没有关联又该怎么办？他在幼儿园里常坐在凳子上突然撕自己的衣服，弄得老师束手无策。明年上学怎么办？在教室里发作起来如何是好？我们为此烦恼不已，故求助陈老师。

你们孩子的问题确实有些蹊跷。因为没看到你们的孩子，诊断比较困难。从信上介绍的情况来看，婴儿期高烧、抽搐，确实会留下神经系统发育方面的问题，但这也不是绝对的。首先得从生理上寻找原因。如果有条件，建议去大医院进行脑部检查，至少要有个脑电图的报告，最好是有核磁共振检查报告，看看脑部是否有对应部位损伤。假如脑部影像正常,就去精神科检查是否有儿童精神分裂症状。如果没有就再去看中医,看孩子是否属于极端阴虚火旺的体征,心火虚旺,五心烦躁,心神不宁,因此躁狂暴怒。如果是这种情况,应服用中药滋阴降火,安神宁心。若是生理原因造成的,应对方法只有合理、科学地用药,最好中西医结合治疗。

排除了生理问题后,若把它看成心理问题,就要找找家庭环境、父母关系以及教育方式等方面的原因了。你们是不是生活在嘈杂的环境里?作息是不是毫无规律?父母是不是动不动就吵架?是否有时出现家庭暴力?教育孩子时父母观点是否相左,使孩子认知混乱,无所适从,无法表达,就以发脾气来宣泄?

总之,对于你孩子的问题,若是生理原因,就看病吃药;若是心理原因,家长要作调整,或寻求有经验的心理咨询师的帮助。

要不要阻止他这样玩水

我们家住农村,村里有井、有小河,我那 7 岁的孙子小勇一从幼儿园回家就去玩水,不是拿长竹竿插到井里去搅和,就是跑到小河边捞鱼、摸螺蛳。孩子的爸爸妈妈都在城里打工,我们老两口又要干地里的活,忙的时候一没看住,孙子就去玩水了。他不但夏天玩,冬天也会玩,我就纳闷了,这孩子咋就这么爱玩水,像是天生的。

陈老师,我们带孙子是有责任的,万一孩子出了事,我们怎么向他父母交代?井也好,河也好,一失足掉下去都很可怕。骂也骂过,打也打过,就是不顶事,我们也没法子了,请邻居高中生代我们写信,向您请教办法。谢谢!

小勇爱玩水不是什么特别的心理问题,男孩子顽皮,又没有喜欢的玩具,跑去玩水也脱不了一个"玩"字。玩是男孩的天性,不玩这个,他就会去玩那个。有句笑话说:男孩是天生带着"玩"的基因出生的。在童年阶段,小孩玩的愿望得到了充分满足,也就是说,如果在童年,男孩的心理需求得到了满足,将来孩子就能健康发展。小孩玩耍本身没有错,家长也不应该限制,现在你们面临的问题只是安全问题。我想，要转移小勇去河边、井边的兴趣，也只有用其他的玩耍方式来吸引他。如果条件许可，可以在家里养些小鱼、小虾，让他回家后有水可玩，不过也许小盆里的水比不过小河里的水那么好玩，吸引不了他。如果是这样，可以试试用更有趣的玩具来吸引他。

小勇的父母在城里打工，可以带小勇去城里转转，让他看看玩具，根据经济条件选几样，孩子一定很喜欢的。特别是一些智力玩具，又耐玩，又吸引孩子。这样就在解决安全问题的同时，满足了孩子玩的欲望。

要注意的是：千万不要在孩子去河边、井边时严厉责骂他，不要让他觉得自己玩耍是错的。平时给他讲些安全知识，还有，最积极的做法莫过于夏天让会游泳的大人领着孩子学游泳，孩子小，学游泳很快。一旦孩子学会游泳，就安全多了。

穿着纸尿裤才能大便的男孩

我们全家是去年从新加坡回国的侨民,我有两个孩子,大的是女儿,小的是儿子。两人都在国际学校读书,功课也都不错。现在我们遇到了头痛的事:我那读二年级的小儿子有个怪癖,他大便只能在家里的厕所解决,而且要穿上纸尿裤,让他蹲在地上解决,而不是坐在马桶上。在新加坡就是这样,本来想回国了,换了环境,到了新的厕所他的怪癖可能会改变,但是一点也没用。真是让人烦心,这么大的孩子还一直要购买纸尿裤。他自己也很苦恼,但就是无法改变。

我想不出这到底是什么原因导致的。小时候他是由保姆带着的,这其中发生了什么我们也不清楚。

对了,他小便一点问题也没有,可以站着对着马桶撒尿。小时候他本来也可以坐在小痰盂上大便的,不知为什么变成了现在这样。

孩子的这种怪异行为确实令人费解。从心理学的角度来讲,可能是小孩在学习排便的时候受了什么刺激,这种刺激已经进入了深层的潜意识中,潜意识中他自己也说不清的感觉一直在左右着他应对大便这件事,他也不能回忆起儿时在大便问题上有过什么刺激性

的事件发生。

这事件应该是坐在厕所里的马桶上发生的,以后他坐上马桶时就出现当时受刺激时的感觉(应该是恐惧感)。

所谓"一朝被蛇咬,十年怕井绳",父母在家里可以做的是,不要在他穿纸尿裤大便时表现出强烈的反感,这会让他对自己的行为有更强的抵触,引起强迫反应。爸爸可以在他进厕所大便时,也去厕所,就坐在马桶上,什么也不需要说,用行动告诉他,我们都在大便,坐在马桶上也是可以大便的,让他在平静中有习得新的行为的机会。

当然,孩子的这种心理障碍最好请专业心理医生来治疗,通过一些心理治疗技术消除不良感受,从根源上解决问题。

偷了同学东西以后

我的儿子叫小钢,今年读小学三年级,我最近发现他常将同学的文具偷偷带回家,问他为什么要拿同学们的东西,他说不为什么,就是想拿。我们觉得这事有些怪,是不是他心理有问题?老师找他谈也谈不出个所以然来,只能请教陈老师,您有什么办法可以帮助他改掉这个毛病呢?

　　小钢的问题应该属于心理问题,不知在发生这件事情前,你们家庭有什么变故,或者有什么对孩子情绪产生负面影响的事件?小钢拿别人东西的行为有些像紧张、焦虑情绪的转移。你找找原因,看看是什么事情使小钢产生了紧张,是不是孩子有不安全的感觉?

　　我们曾经发现,有的孩子在父母离异后就产生了拿小朋友东西的行为,所以处理这类行为背后的情绪问题更重要。

　　你可以找个机会和小钢好好谈谈,问问他:心里有什么不开心的事吗?与小朋友相处得怎么样?希望妈妈做些什么?了解孩子心里到底有什么事让他紧张。千万不要大惊小怪,不要责怪孩子,更不要无端地将问题上升到道德高度,不对症下药的教育是无效的。

　　当然,还有一种可能是孩子很幼稚,充满好奇,凡是别人的东西就觉得好玩、新鲜,过两天也就没兴趣了。如果是这种情况,就要教会他珍惜文具,分清自己的东西和别人的东西,以节约文具为好表现,文具用得时间长就表扬他。

总之,不可太急躁,循循善诱为好。

女同学为什么欺负男同学

> 我是小学四年级的女生,我们班经常出现女同学欺负男同学的情况,我有时很看不惯。比如我们班的一位班干部,老师让她管理同学们做眼保健操,只要男同学不认真做,她就会去拉他们的耳朵。我觉得这样实在不好,女同学总要有女同学的样子,可是这话我是不能和别的女同学说的,不然她们都会不和我玩的。我又想阻止她们,又不知道该怎么做,请老师教教我。

你说的这种情况现在小学里并不少见,这和这个年龄的女同学身心发育先于男同学有关,这个年龄往往女同学长得更高一些,力气也更大一些。还有,这个年龄的男女同学很少会互相吸引,男同学和男同学一起玩,女同学和女同学一起玩,男女同学一旦碰撞就会产生对立,发生你说的那种情况——打打闹闹,力气大的就会欺负力气小的,所以出现了女同学欺负男同学的现象。

你现在已经意识到这个问题了,你像一个大姑娘了。如果不愿意看到其他女同学有这种行为,你可以在没人的时候和她说说,一定要私下里谈,不然会伤害她的自尊心。相信她会听你讲的道理的。

你还可以告诉她什么样的女孩子才是受大家欢迎的,你可以和女同学一起读一些专门介绍礼仪、使自己文明礼貌的书,大家一起进步。

女儿居然想上吊

我女儿在小学读五年级,她属于性格比较外向的孩子,平时总是叽叽喳喳,说个不停。没想到这样的孩子也会有消极的情绪。上个月她爸爸外出办事回家,正值她放学不久,开门看到她站在凳子上,刚想把脖子套在系在窗框上的绳套里。

我们真的不明白她为什么要寻死。后来知道她期中考试成绩退步,被老师骂了几句,心里就想着要去死。问她为什么这样上吊,她说是古装戏中看到的镜头,还说死了就不会有人骂她了。这孩子是不是太幼稚?我们应该怎么办?

分析儿童自杀行为要从儿童心理特点着手。儿童不像成年人自杀前那么有计划和步骤,他们的行为往往带有盲目性、冲动性、模仿性,很难预知后果,也不懂为什么会这样做,做了会怎么样。

你女儿的行为看上去很幼稚,她对生死的认识天真、可笑。这个自杀的行为更像是模仿,并不是抑郁到极至,只能寻求死亡这一归途。你们不必太害怕。

从你女儿的行为,我们可以看出,这个孩子的抗挫折能力很差,这方面的能力没有受到培养和重视。考试没考好,老师批评两句就要上吊，这是很荒唐的。她将来在学校学习还有很长的路要走，考不好的时候还会有，老师也还会批评，她还是无法逃避失败的。

从现在起你们要培养她的抗挫折能力，交给她的任务需要她克服困难才能完成。比如，一起外出由她看地图决定行走路线，然后由她带路，这个过程就会让她不断地克服困难。

至于她的模仿行为，你们可以经常陪她一起看电视，适时地引导她，边看边提问和讲解，让她在欣赏艺术作品时区分幻想和现实，区分故事和真实，以及告诉她作者虚构这些形象的意图，提高她的鉴赏水平和理解能力。模仿行为将随着她年龄增大、心智成熟而逐渐减少。

还有，不要在亲戚朋友面前提她那次上吊的事。不要让她感觉这件事很刺激家长，以后以此作为对付你们的武器，哪一天弄假成真。

另外，家长要检查一下，你们平时是怎么看待她的学习成绩的，说过什么过激的、让她恐惧的话吗？想办法收回吧。

这个学生真是太大胆了

我们是一所商业职业学校,我在这所学校里做了十几年的班主任,从来没有遇到过小王这样的学生。这个学生什么坏事都敢做,真是太大胆了。在初中时他就有过敲诈同学的记录,经常逃学、离家出走;也曾组织一帮学生欺负另外一些学生;还跑到超市偷东西。他初二的时候把一个职校的学生打得腿骨折了;初三时进工读学校,被那里的老师严加看管,总算没闯什么大祸。从工读学校毕业后总得有个去处,就来了我们学校。

我算是倒了霉,接手了这个学生。我不知该如何应对他,他根本不把父母放在眼里,被惹火了他就打。不把学校政教处的老师当回事,学校的校规只有他敢公然违抗。就是不穿校服,什么批评、教育、处罚,他也不在乎。上课睡觉,看哪个老师不顺眼就起哄,老师们为了太平,就让他睡觉,作业不做也没人说他。就是这样的人,居然有女同学喜欢他,还不止一个,真令人费解。

到目前为止,他没跟我有过大的冲突,但是很难预料以后会出什么事情,班里几个没头脑的学生已经开始围在他身边了,发展下去一定不会有什么好事情的。有老师提议开除他,他扬言谁开除他,他就杀了谁。

陈老师,按理说他是独生子女,父母也没离异,为什么这个孩子会发展成这样?他们家的情况是这样的:他很小的时候,在婴儿期,他妈妈跟一帮做服装生意的人去了外地,很少回上海,他由脾

> 气很急躁的奶奶带大。爷爷和奶奶经常吵架,他爸爸发起火来就拿他出气。据说他妈妈回家后他不肯认这个妈妈。现在他父母都在服装批发市场做生意,一般不管他,从不过问他在干什么;即便问了,他也不会说。
>
> 你说这个学生的问题有办法解决吗?从心理上分析是什么原因导致的呢?

这个大胆的学生,确实令老师心悸。

从心理学角度分析这个学生,要分几个层面:一是从气质类型层面,气质类型是先天的,这个孩子的气质属胆汁质,特点是大胆勇猛,不计后果。二是从人格层面,人格是塑造而成的,尤其是早期的教育环境,对人格发展有很大影响。这个孩子从小缺失母爱,他急躁的奶奶实际上代替了他的母亲,成为他生命中第一个客体。急躁的人的特点是没耐心,对这个孩子来说,他和客体的关系就是那种无法让人感受到温暖的、没有安全感的关系。他父亲只会朝他发火、打他,给他的感觉也是令人恐惧和不安的。

用客体关系心理学理论来解释,婴儿未成熟的自我是通过母亲的支持得以平衡的,这里的母亲是广义的,指孩子出生后的主要喂养者。母亲如果提供的是温暖、喂养、接纳,孩子就能心理平衡,发展得好。如果孩子小时候的生长环境是缺乏关爱的,孩子就不能真实、自由地实现整合。未整合的个体的防御机制是混乱和活跃的,这种个体就可能是反社会的或者做坏事的。这样的个体会认为:社会(环境)欠了他们一些东西。

从理论上讲,小王的情形正是环境造成的。换句话说,小王被塑造成一个反社会型人格的人,加上他的气质特点,形成了目前小王的情况。

人格的改变是非常困难的事情,正所谓"江山易改,本性难移"。当然,小王毕竟还是一个成长中的青少年,还是有可塑性的,如果教育得法,也可能有"浪子回头金不换"的结果。但这需要与他打交道的所有成年人一起努力,并且要有富有经验的心理咨询师的参与。家庭成员的互动模式要有根本性改变,他的父母还要重新学一些亲子沟通的方法,了解正确的教育理念。在咨询师的引领下,整个家庭系统都要作调整。同时要单独对小王进行一段时间的心理咨询,处理他早年潜意识里留存的阴影。如果他父母本身有人格问题,也需要单独进行咨询。

学校方面,所有与小王打交道的老师都需要参与到改造小王的工程中。他们需要接受咨询师的指导,了解小王的人格特点以及应对这种人格特点的方法,用比较一致的方法与小王打交道。

班主任老师更是要花大功夫,在与小王打交道时切勿说大道理,这是没有用的,试试看先读懂他的感觉。比如对他说,"你此时心里一定很愤怒","你此时心里一定觉得很沮丧"。所谓共情,就是让这样一个所有人都讨厌的学生感到你的不一样,觉得你可能会走进他心灵深处。一旦他的心扉向你敞开,后面的事情就好办了。

　　总之,改造小王是个系统工程,没有专业心理工作者的参与恐怕是很难成功的。

行为混乱的女学生

我们班里有个女生真是让人受不了,本学期刚开学不久,和别人闹些小矛盾,她就把同学的书包扔到窗外去。有个同学把她的书扔到地上,她就跑去把他的桌子给掀翻了,弄得楼下教室里的学生都跑上来看。我们是寄宿制学校,现在没有一个寝室愿意接纳她,因为她在宿舍里找不到东西就会大喊大叫,吃零食时包装纸到处乱扔,别人批评她,她就会和别人争吵,找不到东西经常怀疑是别人拿的。总之,有她在班里就不太平,过一两天她就会给你惹些麻烦。我发现她的行为举止实在不像一个初一的学生,不知道是退化到了小时候,还是没发展好,有时候很依赖别人,有时候又很排斥别人,好像头脑不正常。陈老师,您说她这是什么问题,我该怎么应对她?

你说的这位初一女学生的问题,听上去确实让人感觉此人的行为比较混乱。

临床心理学把某一种人格问题叫作边缘型人格障碍。这种人的症状就是喜怒无常,行为混乱。一会儿处在极度不安中,表现得无助、可怜;一会儿又是那么凶狠、强硬,对他人的感情极不负责,以自我为中心，社会责任感差，幼稚，不合群。在家庭和集体生活中都会让别人感受到他的"作"，面对压力性环境，寻死觅活也是这类人常用的手段。这种人确实十分让人头痛。你的那个学生有成为这类人的倾向，发展下去，人格定型了，就是一个边缘型人格障碍患者。

　　为什么这个女孩会成为这类人呢？你可以深入她的家庭，作一些了解。通常，这样的人的母亲是一个让她的孩子深深感到不可与之发生真正亲密关系的人。这种孩子会怕母亲，有时会极力讨好母亲，长大以后则会骂母亲、打母亲。混乱的行为实质上代表了一种介于神经症和分裂之间的状态，其实是蛮可怜的。

　　对这个孩子的矫正，在班级里要尽可能对她网开一面。当她不在教室里时，可以告诉其他同学不要排斥她，因为她需要更多的关心，她发作时大家可以冷处理。单独教育她的时候，可以用角色扮演法，让她在具体情境中体验别人的感受。要从根源上解决她的问题，还需要邀请专业心理咨询师介入。总之，对她要耐心，再耐心。

我的儿子没法管

我的孩子实在太难管了,刚上初一的人,就什么话都不肯听,你让他往东他偏往西。你说:"赶快去做作业。"他说:"和你无关!"你说:"今天冷,你把这件衣服穿上。"他说:"我热得很!"一个人在房间里把门关得死死的,还挂了个牌子"请勿打扰"。他讨厌你说话时简直就像个聋子。可作为母亲,有的话是不能不交代的,所以经常是他在前面走,我在后面跟着说话。他一会儿到房间,一会儿到客厅,一会儿进厕所,就是要甩掉你,不听你说话。

他这样不听大人的话,不服管教,发展下去可怎么得了!这种年龄的孩子很危险,半懂不懂,他们喜欢几个人扎堆,这是我最担心的了,交上坏朋友,学坏了可怎么办?我总是苦口婆心地教育他,要交好的朋友,向优秀的少先队员看齐,人家能做到的,你也要努力做到。他回答我:"优秀的都是女的,我变不成女的。我们教育局长是女的,很优秀,你也可以学学。"你听,真让人气不打一处来。

他爸爸很忙,经常出差,我不想让儿子的事烦他,可有时实在管不了了,就打电话给他爸爸。他回来一准揍他一顿,儿子就对我恨得咬牙切齿,等他爸爸一走,那态度就更恶劣了。

我现在心里很焦虑,经常为他担心,有时半夜睡不着觉。孩子再这样发展下去该怎么办?

你是不是已经把他这样发展下去的情形给想象出来了？他被关在监狱里了是吧？越想越可怕，觉也睡不着了。

你的孩子怎么了？好像也没做什么坏事，只是很逆反，处处违抗你，让你感觉到你的教育的无能，并且为无法控制他而感到沮丧。

初一的孩子正值逆反期，这个时候的教育最忌用指令性的语言。比如"做作业去""睡觉去""不许和同学出去玩"，或者"你应该……""你必须……"。这样的说话方式会立即激起他们的反抗。因为他们本能地要长大，长大就是自主决定自己的事，不让别人命令自己，当他听到别人对他发命令时，他觉得是在打压他的成长，他们会害怕自己长不大。长不大的孩子就是处处听从父母安排，让父母对自己负一切责任的孩子。所以你儿子在这个年龄，对指令性的话语特别敏感、抵触是很正常的。聪明的父母在孩子这个年龄段要换种语气和方式说话，把怎么做的决定权交给他们自己，同时也就是把责任交给他们自己了。比如："现在已经十点了，你还有什么事没做好吗？需要我们帮忙吗？"这比"睡觉去"有效多了，不信你试试。

你老对着孩子发命令，其实是教育观念有问题。你一定认为孩子就是要严加管教的，不管就会变坏。其实，在这个世界上，变坏的人不是因为缺管教，而是因为缺爱。生命中缺失爱的人才会变得反抗社会，仇恨他人。

你这样老盯着、管着孩子，让孩子感到自己不被信任，不受尊重，孩子一定会强烈抗争,挣脱捆绑。

好孩子不是管出来的,好孩子是被欣赏、尊重、信任灌溉出来的。你还是转变自己的观念和方式,跟着孩子一起长大吧。

你不要太担心孩子目前的状况,逆反期就那么两三年,过了这个阶段,他就不会那么让人"讨厌"了。这是个必经阶段,这个阶段的孩子一点风浪也没有也不是好事情,他们的问题可能在后面出现,而且更棘手。

无论在什么情况下,你最好不要纵容孩子的爸爸打孩子了,这样孩子心里会既怨恨又不服。你想,爸爸经常在外,平时又不亲近孩子,给孩子的关心还不到位,一出现就打人,这成什么形象了?你还是维持好你丈夫的好爸爸形象吧。多在丈夫面前说孩子的好话,对孩子更有利。同时你也要意识到,在丈夫面前告儿子的状,有你自己内心对生活不如意的发泄——你丈夫不在,你多少有怨气吧,调整好自己。

他擅自拿家里的钱请客

儿子正在读初二,学习一直不太好,我们也请了家教,但总不见效。儿子的问题还不仅仅是学习不好的问题,他在与同学相处时,明显让我们感到他比同龄孩子幼稚,常常和同学闹得不欢而散。

半年前我们发现抽屉里少了500元钱,问儿子,他起先不承认,后来在他爸爸的严厉责问下才承认是他拿的。问他拿来干什么,说是请同学吃了顿饭,他爸爸骂他"小偷",气得狠揍了他一顿。没想到前几天他又拿了家里的钱去请客,我们去学校与老师联系后,老师把那些同学都叫来了,他们都说是我儿子硬要请他们客的。

我们搞不懂,他为什么老是要偷家里的钱去请别人的客,他的目的是什么?为什么拿过一次挨了打,还是要拿?

孩子行为的背后是有原因的,你们先不要把它看成偷窃行为。偷窃的目的是占有,你孩子行为的目的不是占有,更何况他拿的是家长的钱。人一旦被别人叫作小偷,自尊会大受打击,成长中的孩子建立自尊是最重要的。自尊是做人的脊梁骨,没了自尊人就趴下了,一定要保护好自己孩子的自尊。

你孩子人际交往能力较差,可能交不到朋友,对一个初中学生来说,没有什么比他和同伴的关系更让他看重的,同伴关系甚至可以直接影响孩子的学习动力。有些孩子不愿去学校、厌学,其中最主要的原因就是他在学校里没有好朋友,他们很在乎没有人找自己做朋友,这是这个年龄段的孩子的心理特点。

你孩子没有好朋友,又十分想交到朋友,但他没有掌握交到朋友的正确方法。可能他想来想去,觉得请同学吃饭最有效,可以交到一桌子朋友,这个举动实质上也是在模仿成人的请客吃饭。

你孩子请客行为的深层的心理动机是讨好别人。这已经揭示出他的自卑心理,他觉得自己是不如别人的,别人是比自己强的,自己只有讨好他人才能被他人接纳。这种心理定位,很能说明问题。你孩子心理上缺的是什么,你们也该明白了。

在处理拿钱这件事上,家长要小心。帮他分析一下,为什么别的同学从不这样做,照样也可以有很多朋友,他在交朋友方面与别人的差异在哪里,进一步教他一些交友技巧。比如怎样认真倾听别人说话,当别人痛苦时给予安慰、帮助,等等。当然,交友能力最终是建立在自信的基础上的。你儿子缺的就是自信,这需要你们的鼓励和帮助,你们平时要多注意鼓励自己的孩子,多看看孩子的可爱之处,不要老是指责孩子。父母的评价在孩子心中是很重要的。

热衷于炒股票的中学生

　　儿子读初二,学习成绩一般,却对炒股票特别有兴趣,他每晚做完作业还在电脑上看什么 K 线图,说这也是作业。我不知道他什么时候对股票发生了兴趣,在家里他爸爸是老股民,但也从未鼓励他去炒股票,他的学习任务那么紧张。

　　我想来想去,儿子的炒股票的热情可能源于一次他爸爸对他的教训。那次期中考试,他的成绩很一般,他爸爸说再这样下去恐怕连高中也考不上。要是考不上高中,不继续读书,将来家里的任何财产都和不努力、不争气的儿子无关,情愿捐给国家,也不会留给他。儿子那次不吭声,但表情是愤愤不平的。

　　第二天放学他就对我说,要取出他存在银行的压岁钱,投资股票。他还说他拥有处置自己压岁钱的权利,就像我们有处置我们财产的权利一样。

　　话说得在理,我也只能随他去。他把资金交给他外公,对外公说:"一切听我的指令,买进抛出只管等我电话。"从此天天关心股市行情,做他的股票研究作业。

　　据外公反映,儿子选的股票收益很好,只是资金少了些。儿子还想大干,提出让我贷些款给他,他会以高于银行的利息还给我。我不知道该不该借给他,他毕竟是个孩子,炒股炒得起劲,会把学习放在一边的。我很矛盾,不知他这么热衷于炒股票到底是什么心理。

行为问题

这个孩子蛮有意思,看上去是个有志气的孩子。他炒股的心理是这样的:你们不用财产来威胁我吗?我会有钱的,我有钱就不让你们来控制我。

他爸爸当时的话对孩子刺激很大,他爸爸是想用财产来激励他学习,但这起不到激励的作用,只能被孩子理解成引诱或威胁。孩子在他爸爸这个老股民的耳濡目染下,认为赚钱并不难。真可谓初生牛犊不怕虎,一狠心就入市了,而且还赚了,这孩子心里的得意劲儿可想而知。

你儿子炒股的"成功"将对他的心理产生这样的影响:一是他不会再像以前那样仰视父母,在心理上会越来越要求和你们平起平坐,这当然不一定是坏事;二是他对金融活动的兴趣会被激发出来;三是他会比同龄孩子心智成熟得快些。

以后你们会发现,你们对儿子的控制力将越来越弱。如果你们不想让儿子炒股成为坏事,正好就此引导你儿子关注国家的宏观经济形势,对未来从事经济研究发生兴趣,这种兴趣将促使他努力完成课堂学习,以考进好的高中,进而考进好的大学,去实现从事研究的理想。

最忌的事情是:一边呵斥说将来财产不给你,一边又压制他投资的兴趣;一边要他成为有志气的人,一边不允许他朝有志气的方向去努力。那孩子就变成了一个什么都做不好的人,弄不明白你们到底要他成为怎样的人。

兴趣是最好的老师,有兴趣炒股票就会有兴趣关心经济问题,遇到不懂的自然就有兴趣去问、去学,一问一学就有了知识,有了知识就会要求进一步研究,想从事研究就会渴望走进大学,路就是这样走出来的。

儿子炒股会不会影响课堂学习,全看家长怎么引导。

他只喜欢看滑稽戏

儿子小同已读初二,身高 1.74 米,可是这么个人高马大的孩子,兴趣却让人看不懂。他每天回家就要看滑稽戏,功课完成得早也要去看一会儿,休息日在家的娱乐就是看滑稽戏。一些大型滑稽戏的台词他背得滚瓜烂熟,小品、相声也熟得不得了,买了大量的碟片,津津乐道,总也看不够。虽然喜欢看滑稽戏,可他并没有幽默细胞,平时比较内向,更不要说上台表演了。

我们给他选择了一些有益的书籍,他就是不看。真弄不明白他的这个兴趣是怎样培养出来的。

小同看滑稽戏可能不是出于兴趣,而是为了释放压力。

这个孩子比较内向,那他平时与同学交往就不会太主动,可想而知从别人那里得到的欢笑也就少些。初二的孩子学习压力不小,整天忙于学习,又没有什么释放压力的渠道,这个年龄也过了看动画片的阶段了,可能偶然发现了滑稽戏这个天地,从中感受到他想感受的东西,比如放松、随意、不一本正经。演员诙谐夸张的表演,常让人捧腹大笑。也许你的孩子在生活中听惯了说教,滑稽戏中世俗、简单的对话让他感到亲切。这没什么不好。孩子好不容易找到缓解压力的途径,家长不要给堵死。

  一个初二的学生应该有他独立的精神空间,自己选择看什么、听什么,家长应该让他有自主选择的权利。再说,滑稽戏也是艺术门类中的一种,好的滑稽戏艺术造诣也很高,孩子同样可以从中吸收艺术的养分。有时候娱乐就纯粹是娱乐,那才让人放松,连娱乐都要加进学习成分,灌输任务,不免让人生厌。我倒是觉得你的孩子对滑稽戏感兴趣,对他来说是件好事,他可以通过看滑稽戏时的开心、放松,取得心理平衡。家长还是不干涉为好,如果能与孩子一同看看那就更好了,孩子会感到,父母在分享自己的快乐,父母是理解自己的。

  放弃这种心态:孩子做任何事情都要和课堂学习有关。

"拗分"行为的背后

我是一个初二学生,我们学校位于城乡接合处,放学后常发生"拗分"事件,虽然我没被别人"拗过分",但我很害怕,如果遇到这种事情我该怎么办?还有,那些人为什么要这么做呢?

"拗分"特指问题青少年通过威吓手段获取别人钱财,是一种侵害他人人身安全的暴力行为。对这种行为是要坚决打击的。我不知道你所说的"拗分"事件严重到什么程度,是那种用暴力手段敲诈的流氓行为,还是大同学欺侮小同学的恶作剧?不管怎么样,你如果知道或听到,一定要告诉学校老师,学校领导会处理的。

一定要制止这种行为的发生。一旦你遇到了,要保护好自己,记下施暴者的特征,向周围人大声呼救,告诉对方这样做要受法律制裁,报告家长、老师、警察,平时放学尽可能与同学结伴而行。

有暴力行为的学生往往本身就是暴力受害者。比如他可能从小在父母的拳脚下受"教育",产生了认知偏差,认为使用暴力就可以达到目的,有报复心理。这些学生除了暴力以外,不知道其他处理问题的方法。还有的是因为情绪恶劣,又不善于控制情绪,所以把自己恶劣的情绪宣泄在更弱小的同学身上。这两种人都需要有针对性的心理辅导。如果得不到及时的疏导、治疗,发展下去会有恶果。

邋遢鬼儿子

儿子懒得出奇,说出来难为情。他早上不刷牙、不洗脸,晚上不洗脚,十天半个月才洗一次澡,还非得让我们叫上几遍。我们夫妻都很忙,经常晚上加班,星期天我们也常有事,他一个人在家里的时间很多,他也习惯了一个人在家里。

儿子从小很独立,不太愿意听从别人的指令,也不像别人家小孩子那么黏人,和同学的关系也相当好。幼儿园时就能一个人待在家里半天,独自玩玩具,看小人书。现在读初二了,他一个人在家,能自己找吃的,没事看书,玩玩电脑,倒也能让我们放心。就是个人卫生极端差,晚上洗脚一定要妈妈逼着,如果妈妈不在家,就不洗了。

我们观察到,他的时间确实很紧张,作业又多,还想着上网、看看书什么的。可是再忙也没人不洗脚、洗脸吧?我们认为他有问题,到底是什么问题呢?

你儿子的问题可能有两个原因,一个原因是他有感兴趣的事,因为没时间而不能痛快淋漓地去干,心中不快,节省洗脸、洗脚的时间可以多干些自己想干的事。当然,这也带有一些怨愤的情绪,用不洗脚、不洗脸这种行为来发泄心中不满。另外一个原因恐怕是你们经常让他一个人在家,他虽然没提什么意见,但是对你们的这种客观上的忽视,心里也是不舒服的。不洗脚、不洗脸,你就会去干涉,干涉也是一种关心和关注,把你吸引过来就可以和你有互动,也许你只有在干涉他不洗脚时才最起劲,儿子要的就是你这种对他的行为作出明显反应的表现,如果屡试不爽,儿子就会一直这样邋遢下去。

如果是前一种原因,你们可以和儿子商量一下,看看哪块兴趣内容可以压缩出一点洗脸、洗脚的时间来,并且帮助他转换想法,不对目前的生活状态抱怨太甚,告诉他他的生活和学习都很充实,还有长长的未来可以发展自己的兴趣。

如果是后一种原因,你就不要对他的不洗脚作出强烈反应了,看看有没有其他什么事更可以让你作出强烈反应。当这种邋遢行为无法引起你的注意时,他可能会找其他的事来吸引你去关注他。你平时要尽量多给孩子一点时间,孩子毕竟是独生子女,一个人在家还是蛮孤独的,孩子可能比较坚强,嘴上不说,但心里会有怨气的,他会认为你把自己的事情看得比他更重要,他会觉得自己在你心目中的地位不像其他孩子,这会给他留下心理阴影的。平时你早回家的话,可以在儿子临睡前,到他床前跟他闲聊几句,注意,一定不要用教育的口吻说话。

儿子老要和同学攀比

我儿子在一所初级中学念初二,学习成绩不好,他也不上心,但他吃喝玩乐样样要好的。鞋子一定要名牌的,不然就不去学校;一进校门就把套在外面的校服脱去;早晨对着镜子摆弄半天头发,前两天还吵着要去打耳洞;他玩的地方是KTV、桌球房,消费要求不是一个初中生能承担的。

我们是私营业主,虽然经济上也能承受,但总觉得这孩子的需求不大对头。每次跟他谈少花些钱,他扭头不睬我们,说:"你去看看我们同学,我这算什么消费,小巫见大巫。"还骂他爸爸小气鬼、守财奴、乡巴佬,这是不是我们的经济条件给他带来的恶果?

我们平时工作很忙,尤其是他爸爸,整天不回家。我们不太顾得上他,但心里很担心,他不跟同学比成绩,老比谁消费水平高,这样下去怎么得了?将来走上歪路就没救了!您说我们用什么办法才可以让他不再热衷于与同学攀比?

你儿子小小的人儿,却吃喝玩乐都在行。从他的行为来看,这已经涉及价值观的问题。也就是说,这孩子已经有了他自己的一套做人哲学,他认为生活应该(必须)是怎样的,做人应该(必须)是怎样的。造成他这种价值观的原因可能是他平时接受的正面的、有益的教育比较少。

一个孩子怎样用钱，并不完全取决于家里的经济条件。我看到过一些家里经济条件很差，但买东西毫不算计的学生，他们的爸爸妈妈节衣缩食，为了孩子的需要，什么都肯牺牲。还有的孩子家里经济条件相当不错，但孩子在用钱上精打细算，很有头脑。所以关键是教育，这个教育不是讲大道理，而是长期潜移默化的结果。

教育你们孩子的第一步是要让他愿意跟你交流，不然再好的教育也是不起作用的。你们平时很少顾及他，想起来哪件事重要就来教育他，他自然是不听的。

第二步是环境因素。他平时与哪些人交往？是不是都是用钱阔绰的老板的子女？正所谓"强中还有强中手"，总有比你们经济实力更强的人家，他一比，心里不服，自然埋怨你们了。古时孟母还知道为了孩子而迁徙，这方面你们也可以考虑一下，近朱者赤，近墨者黑。

第三步是心情因素。一个孩子愿意积极向上，对家庭环境满意，和爸爸妈妈关系融洽，有自己的兴趣爱好，大多数时候情绪积极，愉快平静，有追求，他的欲望、喜好、追求就不会是他现在要的那些东西了。

第四步是知识水平的因素。一个孩子有自然知识、科学知识、人文知识，他就思想丰富，精神要求高。在精神上有较高追求的孩子就不会沉湎于感官享受，他就会多去图书馆而少去KTV了。你们要培养他学知识的兴趣，可以请大学生回家做家教，和他聊天，启发他的求知欲。

只有注意以上这几方面，你们的孩子才有可能改变。

老想着打游戏的孩子

我是一名初三学生,目前学习很紧张,但我经常出现这样的情况:一想到周六下午属于我打游戏的时间,上课就无法集中注意力,不知道老师在讲什么,心里只想着游戏的玩法。真讨厌,但又没办法。陈老师,您说怎么办?

你的这种问题,在心理学上叫作"衍射心理",这是心理学家诺德斯克提出来的。

衍射心理通常是由一些小事情引起的。比如有人站在拥挤的公共汽车里,想到自己的鞋带可能没系好,因无法弯下腰去看,于是摆脱不了系鞋带的小事产生的影响。

衍射心理在不少人身上都有所表现。有时是因为在一段时间内类似的事情发生多次,或者是引起衍射心理的环境再现,从而出现赶也赶不走的衍射心理现象。

衍射心理往往是强迫症的前兆,所以还是要加以注意。

没有直接治疗的方法,但还是可以用一些小技巧来自主、及时地转移注意力。比如视觉转移法,即一旦意识到脑子里反复地想"周六下午",就将目光转移,去看看周围的同学,仔细地看,如观察对方的发型、鞋子的式样。持续一分钟,这种心理状态就会渐渐消失。

再比如动作转移法,即找一个能让你轻松的动作或活动,持续一小会儿,如涂鸦,你可以在纸上涂涂画画。

同学,你不妨试试。

打游戏到不去上学的程度

初三的学生面临中考,学习那么紧张,可是我的儿子上课打瞌睡,回家不做作业,整晚打游戏。这种情况已经有半年了,我们觉得他已经不太正常,双休日在家,他打游戏从早到晚,别人跟他说话,他充耳不闻,不叫他吃饭就想不起来吃饭。因为他网络游戏成瘾,我们想尽了办法,可都没用,不让他在家里上网,他就去网吧。为了不让他去网吧,我们只能让他在家里上网。亲戚、朋友,该发动的都被发动起来说服他,但这也没用。你说啥他都不理你,像中了邪似的。

前几天,儿子已发展到不去上学的地步了,早上睡在床上死活叫不起来,等我们一上班,他就爬起来打游戏。我们对他很失望,这孩子算是废掉了。对这种网络游戏成瘾难道一点办法都没有吗?

网络游戏成瘾确实是个令人头痛的问题。成瘾有它的发生机制,网络游戏已成为你儿子的心理依赖、情感寄托。你儿子在网络游戏里体验了他的喜怒哀乐,反而漠视了现实中有实际关系的人。

凡是成瘾者,一定有他心理需求得不到满足的现实状况。我不了解你们家的实际生活情况如何,孩子从小与教养者的关系如何,你们在教育孩子中的得失是什么。通常一个孩子在实际生活中没有成就感,就会去寻求虚拟世界中的成就感;在实际生活中没有和他人建立亲密的关系,也会到虚拟世界里去寻找这种关系;在实际生活中行为退缩,经常逃避别人的攻击,也会到虚拟世界中去寻找攻击的满足。

人的一些心理需求受到压抑,就会通过其他渠道去释放。要解决你孩子的问题,一定要仔细查找原因,了解你们儿子到底受到了什么压抑,然后才有可能针对问题进行矫正。

一般和父母沟通得比较好的孩子,有什么心事能及时告诉父母,相对来说心理上就不太有压抑感。你们可能要做的事情是恢复和儿子的沟通,要能和他有正常的对话,和他说话不要老是用挑剔、指责的口吻,试试看先说出你们对他情绪的理解。比如面对中考,心理压力很大,实际上很紧张之类,让儿子感到你们是理解他的。然后看一看他在游戏中扮演的是什么角色,他选的那个角色往往能说明他的内心需求,是一种心理投射,比如他喜欢做骑士、杀手、王者,还是其他游戏角色?这里都有他心理上的满足,因为他没王者气概,或自己认为缺乏王者气概,故而选王者;没骑士风度,故而选骑士。透过游戏角色,你们也可以更好地了解自己的孩子。

总而言之,网络成瘾的孩子的共同问题是生活中缺乏成就感。父母想让孩子戒掉网瘾,入手的方式是感情,让孩子觉得有幸福感,孩子就会接受正常的生活状态了。

这个学生又逃夜了

我班里的一个学生从初一开始就逃夜,常常在外面过了一夜,第二天才回家,问他住哪儿,他死活不肯说。现在到了初三,逃夜的时间就更长了,有时会在外连住三天。学校已给过他处分,但是仍然不管用。我曾去他家家访,他家是一室户的房子,一间13.4平米的卧室,除了一家三口之外还有个叔叔,放了一张大床和一张双层床,这屋里已下不了脚了。那次我去时是冬天的一个傍晚,他妈妈正坐在床上抽烟,窝在被窝里,也不烧晚饭,他爸爸和几个人在搓麻将,这一家三个成人都不工作,靠领取社会低保金维持生活。

看了那个环境,我当时对我这个学生就恨不起来了。这个学生非常聪明,反应非常快,要是在一个好一点的环境里生活,可能是个优等生。我很痛心,可是作为老师,我有什么办法呢?我觉得孩子的心理越来越不健康,有种"苍老"的感觉,有时用犀利的眼神看你,让你背上凉凉的。我担心这个孩子出了学校以后出事,可是我没办法帮他,对他讲任何道理都是没用的,他更不会接受安慰或者物质上的帮助,真让人感到可惜。

　　这个学生的问题是环境造成的,这种问题最棘手。当他带着一颗受伤的心来到学校,你安抚好了这颗心,他回去后又得受伤。

随着这孩子年龄的增长,他对环境的憎恶感会压抑起来,他可能不在家里"作"了,他会到外面去寻求释放,一旦有了攻击的目标,那种爆发力就会大得不得了,加上这个学生聪明,后果可能更可怕。

那双阴郁的眼睛已经告诉你他对生活的仇视,告诉你他对他人的不信任,因为他最爱、最亲的人从没照顾过、关心过他,更别说非亲非故的人,所以他不愿接受别人的帮助。

这个学生的心理确实是已经扭曲了,人格中已有反社会倾向。学校要做的事不仅仅是处分他,负责青少年保护的老师应深入到社区,和街道取得联系,看看能否以特困生的资格改善住房条件,哪怕有一小间房,能有一点点独立空间,他的感觉就会不一样。如果办不到,应该想办法和工读学校联系,让他去比较专门的学校,最好能住校。

班主任老师给他的只能是爱。你的行为要让他相信这世界上的人不全是他理解的那样,他父母的态度也不等于别人父母的态度。告诉他,他父母之所以是这样一种状况,和他们早年的经历分不开,他们也是很无奈的,他对父母的怨恨应该转变为可怜他们。但他未来的生命是属于自己的,未来的环境也是可以创造的,中国有那么多贫穷乡村走出来的成功人士,不足以说明这一切吗?鼓励他成为掌握自己命运的强者而不是懦夫,一个只会怨恨、责怪的人就是懦夫。不管父母是谁,都要感激,因为是他们给了你生命,就凭这一点就够了。更多的和更好的,将来自己到社会上去争取。

这个女生是不是发疯了

我带了二十几年的班,从没遇到过这样的学生,她的行为实在让人费解。她上课经常迟到,你是不能批评她的,你一批评她她就会跑到楼顶上去。作业不做找她谈话,她要么号啕大哭,要么把自己的东西扔到窗外去。对同学的反应又敏感到极点,别人看她一眼,她就会认为是看不起她、蔑视她;回到家里会和父母大吵大闹,说自己不该来到这世上,应该去死,把她生下来是父母作孽。她在班里的人际关系可想而知,全班学生没有一个人同她讲话,背后都叫她"疯狗"。

作为班主任,我没少关心她,每次家访后心情总被她弄得很糟糕。有一次星期天我去家访,她躲在房里不出来,好不容易被她爸爸妈妈求出来了,她居然是爬出来的。一个15岁的女生像小狗一样"汪汪"叫着爬出来,令人瞠目结舌,后来还当着我的面打了她爸爸两拳。

这个孩子的父母都是乐团的器乐演奏员,她的祖辈都受过高等教育,父母很溺爱她,只要是她提出的要求,他们都会满足。父母从小对她的期望很高,希望她成为真正的音乐家,但是她弹了几次琴后就不愿学了,父母也没办法,又寄希望于她考上名牌大学,但她的功课一年比一年差。她的父亲给她请了各个学科的老师上门补课,也没有什么效果。她热衷于打电脑游戏,听她父母说,她一个人会在电脑前又哭又笑。电脑一旦出了故障,她就在家里乱发火,家里地板都被她用剪刀戳出了小洞。

她已经两个月没来上学了,最近要来上学,我真的有些害怕,怕她会惹出什么事来。

从你描述的情况来看,这个女生似有重度抑郁。当然最好去精神科检查,她这种情况是抑郁和躁狂双相发作,情绪会很失控。

这是一个家庭背景不错的孩子,怎么会弄成这样?从介绍的情况来分析,原因可能在于这个孩子是在一种分裂型教育下长大的。父母从小溺爱,使她可以对父母颐指气使,这是教育的一端,从这一端走下去,这个人会被培养成意识薄弱、懒惰、没有竞争力、心智成熟度低的人;而父母同时又有很高的期望,希望她成为音乐家,有名牌大学学历,这又是一端。你可以想象出来,这两端的教育是越走越分离的,音乐家、名牌大学学历不是她父母这种养育方式能达到的。他们的这种养育方式只适合那种目标,比如:"孩子,我们对你没要求,将来随便找份工作,能够养活自己就可以了,活得轻松些。"

目标和走向目标的路径分离,结果只能导致这个受教育的人行为分裂,不"疯"也要给逼"疯"了。

这个孩子内心应该是极其痛苦的,父母那么爱她,她应该回报,祖辈又都有这样的教育背景,她也理所当然应在他们的行列里。可是她什么都不行,过度溺爱的父母把什么都做了,她没有意志力、没有能力来取得父母想要的成功。而一个各方面能力都低于同龄孩子的她,自然一进入同龄孩子圈就被排斥在外,这样她的心灵反复受伤,一定是伤痕累累,所以她就有了你看到的在地上爬的样子。她是在退化给你们看,退到婴儿时期,你们家长、老师该不会再提要求了

行为问题

吧？退到婴儿时期她就是可爱的，可以享受别人的爱，可以体会自己是安全的。这真是一个崩溃的灵魂，很值得同情的，对她的一会儿哭、一会儿笑，你不难理解了吧？

  作为班主任，能不能和班里的同学沟通一下，对她多付出一份爱？她终究是班里的一员，让同学设身处地想想，你要是一个朋友也没有，如此孤独，你是不是也会发疯？如果班里哪一个小团体能接纳她，让她慢慢学会与人交往，她慢慢会好的。

起 绰 号

我们班有个很不好的风气,喜欢给别人起绰号。大多数老师都有绰号,同学们私下里从不叫老师的姓名,只叫绰号,比如"大头""水泡眼"等,都很难听。最近他们也给我起了个绰号,因为我姓邵,他们就叫我"扫帚"。我很愤怒,但又无可奈何。老师,我该怎样才能阻止他们叫我绰号?

想来听到别人叫你不喜欢的绰号,一定是不愉快的,但是又不能当众发火,那样会显得小肚鸡肠,真有些窝火。

学生当众给别人起绰号,以此取乐,这常会发生,这些同学倒不一定是充满了恶意,对某人特别有意见才给他起绰号,其中寻开心的成分占很大的比重。这也和这个年龄段的学生的心理特点有关,自以为自己长大了,可以将自己的意志表现出来或者强加给他人了。面对绰号,你不要过于敏感,心理上不要把它当回事,特别注意不要仔细去琢磨绰号的意思、来源、起绰号的人的目的等。它没有那么多的讲究,有时就是某人顺嘴一说,它就"成立"了。以后有人叫你绰号时,你要表现出没感觉的样子,差不多是充耳不闻、无动于衷,千万不要作出强烈的反应,显现出不满的表情。皮球是拍了才会跳起来的,拍球的人是看到皮球跳起来,才会再去拍的。对绰号作出反应,只会使这个绰号以更高的频率出现。如果被叫这个绰号的人对这个绰号没有反应,也就是不认可,叫的人就没什么乐趣了,他再叫绰号的兴趣就淡了。

你不妨试试这样去对付他们。

留级的大学生

我儿子读大二,去年留了一级,原因是旷课,他整天去网吧,考试不及格后连补考也不去了。现在学校要劝退他,真让我们丢尽脸面。

我们家长也在反思,我们教育中是否有失误,想来想去也得不出什么结论。

我们夫妇在高校工作多年,孩子的祖辈一代全是高校老师,我们家族中有三位享受国务院津贴待遇者,最低学历也是硕士,按理说家里的氛围对孩子求学是有利的。学校老师公认孩子很聪明,但是他就是不肯好好读书。小时候就老违抗老师布置的背书、默写任务,经常被老师当众批评,所以他从小和班主任老师的关系就很糟糕,但他和同学的关系很不错。他的自主能力远远高于同龄孩子,什么事都能够自己解决。他也很懂得关心长辈,讨老人们喜欢。

这孩子阅读涉猎甚广,兴趣广泛,和我们对话也能够平起平坐,在家里他表现得很健康。他的问题到底在哪里呢?

他的问题可以归纳为两个字:逃避。逃避什么,我认为是逃避已被他自己内化了的责任,这个责任就是他应该和整个家族里所有的人一样,他应该站在这个行列里,和大家在一个高度上生存。这一

行为问题

点不需要谁来教育,相信你们的家庭教育一定是民主的,不会给他过度的压力。他的压力来自整个家族的背景,这种背景对他而言就意味着压力。他一定曾在心里暗暗想要超越自己的父辈,取得辉煌的成功。后来发现这个高度差不多已经到顶了,怎么超越?再加上他是在他不屑的应试教育环境下长大的,他的成绩难以进入优等行列,这就使他对自己内心的"超越"无法自信了。在心理上没有放弃"超越"的"信仰"之前,他能做的似乎只有逃避。

这使我想起"富不过三代"这句俗语。为什么第三代往往是没有成就,甚至吃喝嫖赌的"败家子"?其实,第三代一出生就承受了空前的心理压力,承受不起就只有逃避,成为行尸走肉,以麻痹自己。你想,爷爷辈大苦大累,积累财富,成为富翁,展现了经营的才能,有了钱的爷爷一定给儿子读最好的学校。而不必为挣钱操心的父亲辈倾心读书,终于成为科学家或艺术家,展现了学术的成就。那孙子还能干什么?赚钱赚不过爷爷,读书读不过爸爸,那就玩吧,只能做玩家啦,然后把上代的积累玩光,再从头循环吧。

我们从这个笑话里悟出的是:逃避是因为人们无法面对。真正无法面对的不是那个早就存在的目标,而是自己内心对目标的认定。因为自己内心对自我的认同出了问题:我是"A",我应该就是做"A"的人,可我做不了,那我还是"A"吗?不是,那我是什么?不知道,也不敢知道。逃吧!

让孩子换一个教育环境,让他积极去"逃避",离开家族的视线,去发现一些新的领域和天地,比如国外的教育,容许他走一条完全不同于前辈的道路。

我们的爱还走得下去吗

我们是同校学生,不是一个系的,他在读研一,我在读大四。在一次偶然的校园活动上,我们相识并相爱。当时他给我的感觉是鹤立鸡群,他站在一群人中侃侃而谈,思维流畅,说了很多能反映他能力的事。我觉得他才华出众,能力超强。我们的关系是我主动找机会接近他的,然后就自然走到一起了。

可是一年半下来,我越来越觉得他是个有问题的人,有时候真叫人受不了。

比如,他只要一出现在有人群的地方,就开始说他自己的事情,熟悉他后觉得有些事根本不值得拿出来炫耀,他也要夸张地大讲特讲。有个记者采访了他几次,他就对别人说:"我真厌烦了这种采访。"好像他是个新闻人物,全市的记者都要追着他似的,其实听他讲话的人中大有被新闻记者采访过的人。他在报上发表了一篇"豆腐干",就对大家说:"昨天的报纸你们看了吗?"其实听众中大有写文章的高手。

他和我在一起时,话题也永远是他自己,他怎样厉害,连学校卡拉OK比赛获二等奖这种小事情也要在我面前吹嘘一番。

他没有朋友,因为他不会听别人说话。我从来没对他说过我的心里话,他也从来不想理解我的感受。我觉得他很肤浅,我们完全是两种人,跟他在一起我不仅不开心,甚至有了厌恶感。当然他也有好的地方,比如很坦诚,什么事都不会隐瞒。我是个需要安静的人,我们能走得下去吗?如果结婚了,从心理学角度来分析,我们合适吗?

行为问题

  从你的描述来看,你男朋友的人格有表演成分。具有表演型人格的人,其特点就是情感体验肤浅,难以感受他人的感觉,只要有人,他们就抑制不住地想使大家的目光集中到自己身上,否则他会坐立不安,他们要在别人欣赏的目光中才能感觉到内心是安全的。而他们说的话往往是真实与幻想并存,他们会将幻想的成分夹在自己对事实的叙述中。他们的话极少是可信的,不能进行论证,他们的为人做事也是极不可信的。他们会喜怒无常,不负责任地说话、做事是他们的特点。

  通常,这样的人的婚姻总是没好结果,因为和他一起生活的配偶很了解他,根本不会欣赏他,他会有不断被欣赏的心理需求,达不到就可能攻击对方,导致婚姻关系破裂,这样的例子很多。

  你能不能和你的男友走下去,谁也不会给你下一个结论。你现在问一下你自己,这个人作为你的朋友,你愿不愿接受?你会选这样的人吗?你需要的是什么?回答完这些问题后,答案自然就有了。

人格问题

欺软怕硬的儿子

我们的儿子上幼儿园大班,他是个典型的欺软怕硬的孩子。所有的男同学都欺侮他,他从不敢还手,可是他会趁老师不注意的时候去拉小姑娘的辫子,或者去踩别人一脚。他在家里也是这样,他表弟比他小2岁,跟他一起玩时老受他欺侮,被弄得直哭。这孩子的这种欺软怕硬的行为很不好。但我们又没办法改变他,也不知道他为什么会有这种欺软怕硬的行为,这种行为是什么原因造成的呢?

在保护过度的环境下长大的孩子,会有这种欺软怕硬的行为表现。

一个孩子在舒适的、过分保护的环境里容易形成软弱无力的性格,这样的孩子一旦进入幼儿园在同龄孩子中就会显得胆小懦弱,很容易被其他孩子欺侮。一旦受了欺侮,这样的孩子是没能力还击的,面对强者他们害怕,但是被欺侮的次数多了以后,他们就有一种被压抑了的愤怒情绪,他们会寻求发泄,发泄到谁的头上呢?当然是更弱小的人头上。

要想改变孩子欺软怕硬的个性,从现在开始就要调整环境,让孩子适当地吃些苦,比如坚持某项体育锻炼,磨炼意志。不要再对孩子过度保护或经常说一些什么东西危险之类的话,好像家长始终感到孩子有危险,要给予保护一样,可以让他自己去做些力所能及的事情。让他能硬朗一些,能抗击一些挫折,锻炼他的心智,这样他才不至于将来成为一个窝囊的人。

她是个"人来疯"

我的女儿叫丽丽,已经上小学一年级了,可是这个孩子怎么还这么幼稚,让人讨厌呢?她最让人受不了的地方就是"人来疯"。家里只要来个人,她就围着客人团团转,会把家里所有她认为好的东西都搬出来,给客人看,还喋喋不休,打断大人说话,乱插嘴。在那种时候,你还不能当着客人的面说她,一说她她就躺在地上胡搅蛮缠。这种行为怎么才可以阻止?

丽丽的这种行为确实不讨人喜欢。这孩子可能是表演欲较强,平时希望引起他人注意的欲望没有得到满足,一到有客人出现马上就兴奋起来。她的社会认知水平显然低于同龄人,现在这种现象不太多见,过去往往是生活在小地方或父母社交活动有限的家庭,孩子见识很少,会有这种情况。这种"人来疯"的实质是缺乏社交礼仪常识,平时被压抑,得不到满足。你们可以教她一些礼仪知识,比如怎样称呼人,怎样接待客人,哪些话是不宜和客人说的,等等。她如果弄不明白,可以用角色扮演的方法来教育她,让她演客人,你演她,让她真实地感受一下客人面对她这个"人来疯"的感觉。

至于平时得不到满足,父母要去找找原因,看看是什么让她感到压抑,她的什么需要没有得到满足,有针对性地解决这些问题。还有,这样的孩子要经常带她去做客,走亲访友,特别是去一些比较正规的场合,在实践中学是最好的。

个性古怪的大女儿

我的大女儿上小学一年级，小女儿今年 4 岁。这两个孩子完全不一样，小女儿各方面都发展得很好，也讨人喜欢，情绪稳定。大女儿不知怎么搞的，在学校从来不说话，连上课回答问题也不敢，在班级里就像个哑巴，没有一个小朋友和她玩，但回到家里，她把我们搞得头都大了。爸爸妈妈不能表现出一点关照妹妹的样子，爸爸要是抱妹妹，她就会找借口在地板上大哭大叫。趁我们不注意，她会跑去打妹妹，她的眼睛好像一直在看着妹妹，我们总是小心翼翼，生怕伤害了她。在家里她显得很霸道，什么东西都要她先拿，不要的才轮到妹妹，假如我们给了妹妹一个玩具，她非得让我们给她买个一样的玩具，真是没办法。

你的大女儿是个极其敏感的人，又恰巧有个易让她嫉妒的对象——妹妹，于是她的问题就表现得有些极端了。

当大女儿还是两三岁时，你又生了个小女儿，两三岁的孩子是很依赖父母的怀抱的，对她来说，妹妹是活生生将她从你们的怀抱里赶走的人。这种嫉妒埋在了潜意识里，在她似懂非懂的时候，看到你给妹妹喂奶、换尿布，那种感觉就是很不好受的，加上她又是那种过于敏感的人，麻烦就更多了。

对于大女儿的问题，你们要给予高度重视，不然会影响她的人格发展和将来的人际关系。

你可以单独给大女儿讲讲她婴儿时的样子，你是怎样喂奶、抱她、喜欢她的，告诉她为什么又生了妹妹，是为了给她做伴，希望她带领妹妹，做好榜样。

平时对待大女儿一定要公平，现在看来你们有些害怕大女儿有情绪，息事宁人，"政策"有些向她倾斜，久而久之她就习以为常，造成她和妹妹之间的不公平，那样还会伤害妹妹。

公平的原则是一定要坚持的，谁错就批评谁。至于在学校里她的表现，说明在她心里把妹妹的到来看成是你们不喜欢她后的选择。她自卑，认为自己是不被别人喜欢的人，自然在别人面前就不开口了。解除她对妹妹的嫉妒，知道你们看到了她身上的优点，多给予鼓励，进而消除她的自卑感，才能使她正常发展，心理健康。

两个外孙,两种样子

我有两个外孙,年龄相差5个月,今年都是9岁。暑假里他们住在我家,我有机会观察和比较他们,发现他们差异很大。大外孙胖胖的,喜欢看小人书,坐在那里半天不挪窝,不喜欢运动,反应不快,语速也慢。小外孙瘦瘦的,像个小猴子,爬上爬下,没个安静的时候,不愿看书,喜欢看电视,喜欢在房间里嘻嘻哈哈地跳来跳去,大人说什么,他反应很快。我觉得蛮有趣的,这俩小子完全是两种个性。这是教育的结果,还是天生的?写信来请教陈老师。

你有两个小外孙,真是好福气。大的和小的之间的差异主要是气质类型上的差异。人的气质类型是天生的,是由遗传决定的。大的似乎属于黏液质类型的人,小的属于多血质类型的人。他们各自显现了他们那种气质类型的特征。气质类型无所谓好坏,各有优势和劣势。大的的优势是安静、执着、不太冲动、麻烦人的事情少;劣势是缺少变化、不太主动。小的的优势是活泼多变、进取积极;劣势是缺乏恒心、没有韧劲。也许你要问,气质类型是先天决定的,那么后天的教育对个性发展有什么作用?我们说人格的塑造是环境和教育共同作用的结果。一个健康、有正常人格的人,不管是哪种气质类型,都会受到他人的欢迎。反之,一个人格有障碍的人,他会被群体排斥,让他人讨厌。比如说一个有反社会型人格障碍的人,他可能是黏液质气质,也可能是多血质气质,但因为他们被塑造成了一个人格有问题的人,他们都不会被大家接纳。所以,家庭、学校要给孩子一个良好的成长环境,不要扭曲他们的心灵,这样,不管什么气质类型的孩子都会健康成长的。

他们是可爱的孩子,都会发展得很好的。

心胸狭隘的女儿

我是一个上三年级的女孩的妈妈,我的孩子叫小真,她心胸特别狭窄,只要我一说哪个同事的小孩怎么好,她就会发脾气,小的时候还为此跳脚、大哭,现在虽然不再大哭了,但就是不能听到对别人的表扬,老师也有这样的反映。她个性是不是有些问题?我们该怎么教育这个孩子?真的担心她将来怎么面对社会。

人的气质类型和个性是有差异的,从小真的情况来看,这个孩子可能有多疑敏感、退缩胆怯的特质,这受一定的遗传因素的影响,当然更重要的是环境的作用,而且随着年龄增长,环境的作用会越来越大。你们现在已经意识到了小真的个性问题,相信你们会调整不利于小真个性成长的环境。

孩子应该有一个比较开放的家庭环境,你们自身的社交不能很封闭。你们要注意给小真创设与同伴游戏的条件,让她有机会独自面对同伴,学会与同伴协作,学会请求别人帮助,学习帮助别人。孩子还需要经常听到父母对他人的全面客观的评价,你们也要教会小真全面地评价他人,要经常进行练习,还要指导她学会赞美小朋友,可以和她用角色扮演的方法互相赞美,直到她能够很自然地赞美别人。

为什么他没一点竞争意识

我儿子小琰在小学读三年级。这孩子平时拖拖拉拉,做什么事情都是无所谓的态度。在幼儿园里,别的小朋友都在争得五角星,老师说只有他对五角星不感兴趣。进小学后,这一点就更加突出了,班主任老师为了强化小朋友的良好行为,会给各方面表现符合要求的同学在备忘录上画上五角星,让他们积累 10 个五角星后去老师那儿换奖品,班里的小朋友都非常起劲,有的孩子因为没有得到五角星而哭鼻子。只有我儿子,满了 10 个也不去换奖品,老师提醒他,他也懒得去换。至于争取做中队长、小队长,那就更不是他的事了。现在上三年级了,连班里谁是中队长他都搞不清楚,一天到晚就是对动漫感兴趣,拥有许多动漫画册和光碟。

我们挺纳闷的,这孩子怎么一点竞争意识都没有呢?这可是个竞争的社会,将来怎么办呀?

对于一个刚上三年级才 9 岁的男孩来说,竞争意识还不会形成,他只会本能地去追求鼓励,所以大多数孩子对五角星之类的强化物都是极喜欢的,这也是老师教育学生的特别有效的手段。

小琰对这些五角星带来的奖励不感兴趣,我估计有两种情况可能会造成他的这种态度。一是他是个受表扬太多的孩子,听惯家长的表扬或者经常可以得到奖励,对他来说老师的奖励已经失去了强化作用;二是孩子另有很感兴趣的方向,他的精力都投注在他自己的世界里。

从你信上提到的情况来看,对于小琰可能这两种情况都有。因为他在幼儿园里就不稀罕五角星,老师的表扬对他来说强度不大。现在他迷上了动漫,兴趣完全投入其中,其他领域的鼓励他不在乎了。如果有个动漫爱好者评选,他也许会很起劲,不信你可以试试。

孩子的天性就是会趋向于得到他人的赞扬。针对小琰的情况,有机会老师可以让他在班里向小朋友介绍动漫知识,或由他牵头去参观一些动漫展览,或是让他参加一些动漫竞赛。当他将在他感兴趣领域里的竞争性激活,这种竞争性可以迁移到其他方面,让他感到他各方面都是强的,体会到竞争的快乐。

老是对着镜子表演的女儿

我们都是高校教师,女儿今年 11 岁,在学校里学习是中上水平。我们发现她和同学的关系相处得不太好,尤其是女同学,三年级时被全班女同学孤立过,这使她的脾气越来越不好。后来我们去找了老师,反映了这种情况,她在班里的境况才有所改善。

我们女儿有个特别的兴趣,老是喜欢独自在穿衣镜前自唱自跳,自我欣赏,而且很投入。平日里我们在她面前赞扬别人,她会强烈反对,甚至大发雷霆。她总是自我赞美,把自己说成学校里最出色的学生。老师反映,集体活动中她总是要获得最好的待遇,不然就会提意见,或者和同学吵。比如春游时,她认为公交车的头排位子最好,应该是她坐的,结果老师让另外一个女同学坐了,她就一路发牢骚,否定春游的意义,还说她不想去了,要回去。我们总觉得这孩子有些问题,但不知道是什么问题,怎么帮助她改变。

从你们描述的情况来看,这孩子在人格的形成过程中产生了一些影响发展的障碍。"我是最好的、最重要的,是特殊的,别人是要照顾我的",这是一种自恋型人格倾向。你看她自我欣赏,自我陶醉,不能听赞美他人的话,完全是"唯我独尊"的心态。

人格问题

自恋的人在生活中会不断去寻求别人的赞美,这似乎是他们生活的重心,如果得不到,他们往往会诋毁别人,自我吹嘘,以此引起他人的关注。他们还有一个共同的问题是自我认知水平很低。换句话说,就是没有自知之明,而且对他人的情绪感受性也很低,也就是很难感觉到别人的情绪变化,并且在人群里显得比较自私自利,把自己的利益置于集体利益之上,所以全班女同学都不理她。

随着年龄增大,如果这孩子的自恋倾向没有改变,她在人际交往中受的伤害就会越来越大,会得到更多的来自他人的负面语言或行为反馈,这会扭曲她的心理,使行为和情绪都出现障碍。

好在你女儿还小,人格尚未完全定型,你一定要有意识地去改造她。最重要的是要改变那些造成她自恋的信念。每个人都是重要的,没有谁是特殊的。具体的方法是:可以让她独自挑选和抚养小动物,如狗、兔、猫之类,对小动物的生命、冷暖负责;有机会带她去参与一些志愿者活动,如养老院敬老活动等;走亲访友时教会她和亲朋见面时说的赞美的话语;父亲节、母亲节督促她学会表达感恩,等等。相信你们能给她提供帮助。

喜欢打小报告的女学生

> 我是奉贤区一所小学四年级的班主任,我们班里有一个女孩是小队长,长得挺秀气的,我在三年级接这个班的时候蛮喜欢她的,可是后来我发现这个女孩有个毛病,特别爱打小报告。几乎每节课下课后都要跑来向我打小报告,总是把其他小朋友一些鸡毛蒜皮的事情讲得很严重。一开始我很相信她,后来发现事实不像她说的,心里就有些讨厌她。但作为老师,我又不能打击她的积极性。我心里总觉得这孩子不太对劲,可又不知道她这个毛病是怎么形成的。我家访时去过她家,他们过的是现在郊区农民也比较少见的那种一个家族都住在一幢大房子里的生活,这是个比较特殊的生活环境,不知道这是否和她的问题有关。我也不知道如何去矫治她这个毛病,特向您讨教。

小孩子在成长过程中总难免出现一些偏差,需要家长、老师循循善诱,去帮助他们找出原因,提供改变的方法。

你班里那个小队长一定是个要求上进、做好学生愿望强烈的孩子。她不停地来你这里打别人的小报告,一是想接近你,给你留下好的印象;二是想表现出她主动关心班级工作,为你分忧。动机是积极的，只是她采用了贬损他人、衬托自己的方式来达到她积极表现的目的，这也正是小孩子天真幼稚之处。

至于她为什么习惯于用这样的方法来表现自己，可能和她的生活环境有一定关系。你想，那么一个大家族住在一起，妯娌、婆媳、兄弟、堂兄妹之间复杂的人际关系很容易引起冲突，孩子们也许从小就目睹了大人之间复杂的相处方式，习得了一些东西，形成了她的人际认知信念。

要矫治这个学生的偏差，最重要的是要纠正她的认识：只有别人都不好时，自己才能显得好。可以通过班会等教育途径进行教育，她来打小报告时，你不必作出反应，既不要批评她，也不要试图弄清楚事实，笑笑就可以了，她的这种行为慢慢会消失的。

教书育人，培育孩子健康的人格是老师的责任。

为什么难以忍受小伤痛

我的孩子今年 10 岁,和同龄孩子相比,他各方面都还可以,就是体质弱些,可有一点特别奇怪——只要有一点小伤痛,他就表现得极其夸张,让别人感觉他痛得受不了。有一天他不小心把脚趾撞在桌腿上,破了点皮,先是大叫"痛死了",后来又大哭,我上前一看,没什么大不了的事,破了一点点皮,不至于这么个叫法吧!

平日里跌一跤呀,撞一下呀,他就哇哇大叫。如果别人对他说"没关系的,不要紧的",他就叫得更加起劲,一直要叫到别人认同他确实很痛,才安静下来。

我们发现他特别怕死。小时候稍稍站在高处,就惊恐万分,过马路也死拽着大人。长大后好了一些,但是比起别的男孩,他还是显得胆小,尤其是那种夸张的喊叫,更让人觉得他与其他男孩不同。这是什么问题?是个性问题还是心理问题?

你的孩子为什么难以忍受小伤痛,如果不追寻他的成长历程,恐怕没法搞清楚。从你的信上无法知道你的孩子小时候发生过什么事件(应该是一件让他有失去生命的危险,导致他产生原始恐惧的事件)。

人格问题

曾经接过一个案例,那个孩子比你孩子大,问题和你孩子差不多,大家都搞不清他为什么如此怕肢体伤害。在详细了解他的成长史后,有一件事引起了我的注意。那个孩子简称 A 吧, A 在妈妈肚子里时一直发育良好,做 B 超的医生总是告诉他妈妈, A 头颅大,发育得很好,整个孕期他妈妈也很安宁,没有什么强烈的妊娠反应。没想到在临产前两天 A 没了心跳,医生立即实施剖腹产,发现 A 脐带绕颈两圈,差点丢了性命。结果马上输氧抢救,折腾了半个月。以后 A 的体质一直不太好,运动功能也不太好,智力还不错,但父母发现他特别害怕肢体伤害。

这其实是一个心理问题,可以用精神动力学的原理来解释。在孩子出生前的几天里已经孕育成熟的具备了一定神经感受的胎儿,真切地感到了死亡的威胁,这种本能的恐惧留在了他的潜意识中,所以他特别"怕死",因为死曾经离他那么近。

有这种问题的孩子,家长可能无法提供帮助,他需要专业的心理咨询师的帮助,有条件的话,做一段时间的催眠治疗会有些作用。

不知道你的孩子有没有遇到过一些危险的事情,如果没有,他的这种表现也属于心理问题。他有这么夸张的表现无非是为了满足他的心理需求,是什么心理需求呢?也许是通过大喊大叫引起你们的关注,得到你们的爱抚。假如是这样,你们就要检查一下,是不是太疏忽他被关注的需求?孩子是不是"皮肤饥渴",需要大人的肌肤接触?从小不敢站在高处,是不是和户外活动太少有关?建议你们去寻求专业人士的帮助,以对症下药,解决孩子的问题。

极端怕狗的男孩

我儿子已经上四年级了,可是他还像一个幼童一样害怕狗,他怕狗不是一般性害怕,他是极度害怕。他看见狗就躲到大人身后;远远地看到一只狗,情愿绕道走远路;外婆家的邻居养了只狗,他就再也不去外婆家了。他还跟我说:"如果我们住的楼里有哪家养狗了,我们就一定要搬家。"我们也被他弄得头疼,有时带他去朋友家,他要问这家有没有狗,我们不知道时还非得让我们打电话去问。如果有狗,那是死活也不会跟我们去的。

他这样怕狗,是不是心理上有问题?其实我们小区里养狗的人家也有好几家,他并不是很少见到狗的,为什么怕狗怕到这种程度?他爸说小时候,大概两三岁时,曾带他到郊区玩,被狗吓过一次,详情我也不清楚,这会不会是问题的根源?

小男孩往往喜欢和狗一起玩,狗见到小男孩有时候也特别地撒欢。你儿子那么怕狗,确实有些不可思议。怕狗的小孩在城市里有不少,但怕到像你儿子这种程度的可能很少。

我想,这是"一朝被蛇咬,十年怕井绳"的问题,他小时候经历过被狗严重惊吓的事件,这种惊吓的感觉会进入他的潜意识中,以后一

人格问题

旦再见到那个刺激物,惊吓感觉就又会出现。如果是这样,也确实是一种心理障碍了。

怎么处理这个问题?可以用心理治疗的一个技术——系统脱敏法。这个技术的做法是:将小孩怕狗的程度等级化,1~10分,最怕的情形是10分。比如1分是看书时看到狗的图片,10分是单独和一条大狼狗待在一间房里。然后教孩子放松,在放松的情况下,让他想象第一等级的情形,极力把画面想象出来,看看心理是否平静,有没有紧张、恐惧感。如果不紧张,就进入第二等级;紧张就要继续放松,再想象该等级的情形。原则是一个等级一个等级地过关,每个等级的情形要做到心里能平静对待后,才继续下一个等级。后面几个等级可能还要让他实地去和狗接触。限于篇幅不能逐级介绍,你们可以去找心理咨询师帮忙,通常他们会帮助你制定等级,包括指导你如何实施该技术。

另外,不要见人就说自己的孩子怕狗,说多了对孩子的改变没好处,他怕狗的形象会被定型的。

男孩子还处于发展之中,小时候害怕的事物不等于长大了也会害怕。

我的孩子没有朋友

我的孩子在读初一,老师反映他在班级里没有一个朋友,别人都不愿意和他交朋友。我们问过他是什么原因造成的,他也说不清。老师也曾询问过班里的同学,同学也说不出个所以然来。有的同学说,"就是有点讨厌他",到底哪里惹人讨厌也搞不清楚。

据我们观察,他在家里总是很计较我们说错的话,有时会为了他爸爸说错话而纠缠不休,他似乎不能包容别人。比如有次他和他爸爸出去,那是个雨天,他爸爸坐在座位上,旁边站着一个年轻人,将滴水的雨伞拎得老高,水滴在他爸爸裤子上,他爸爸就站了起来,把座位让给那人了。他就嚷起来了,说凭什么让给他,下车后还不停地说他爸爸不对,他爸爸跟他说一个座位对他来说实在是太小的事情,让与不让都无所谓的,自己根本没往心里去,不用那么气愤,犯得着吗?但他还是要说一大套道理,证明他爸爸做错了,估计在班里他也是这副模样。

现在的问题是,他的情况越来越不好,一个人独来独往,情绪一直低落,学习的积极性也越来越低,成绩也下降了。这样下去对他很不利,我们很着急。

听上去你的孩子像个时刻准备击退别人的进攻的刺猬,性格比

较偏执。偏执型人格的人往往内心不信任他人，怀疑他人的可靠性，当他觉得别人在攻击自己，马上就要回击，于是在社会上就得到他人不良的反馈。而这样的人报复心又特别重，没有朋友也就不奇怪了。

问题是你们的儿子正值青春早期，在这个时期，与同伴的交往会让他们逐渐确立自己发展中的身份。他们成为哪种类型的人以及发展哪种关系，都会和同伴关系中的感受有关。可以说这个时期他们对同伴的需要和行为的顺从达到顶点，朋友对这个年龄的孩子来说太重要了，直接影响其社会性功能的发展。

没有朋友的孩子最后会认为自己是不被别人接受的，是不可爱的。他会越来越拒斥他人，敌视他人，关闭自己的内心世界。父母要高度重视这个问题，帮助他学会交流。

首先可以检讨一下，父母双方哪一方的言行是比较偏执的，孩子的偏执往往是习得的。大人在家中要尽可能地克服自己身上的偏执言行。其次要多跟孩子谈谈心，改变他内心深处一些对他人的基本信念，可以出一些实际的练习题让他来做，然后针对问题分析，让他能直观地感受到问题产生的根源是自己的信念不对。比如可以出这样的问题：上午你和一个同学吵过架，下午他走过你书桌旁，把你放在桌上的铅笔盒碰翻了，你认为他是出于什么目的？在寒暑假里也可以请一些亲朋的同龄孩子来家里住住，一起生活、一起游戏，及时发现他的问题，并予以纠正，同时让他切实地学到一些交流的技巧，增强交流的自信心。

我感觉自己很无能

我是个很无能的女孩,从小学到初中,我从来没担任过班级干部。我有时很羡慕别人,特别是我们班的班长,她什么都行,能歌善舞,再难的事到她手里都处理得妥妥帖帖。可我是多么无能,让我一个人去处理一件事,我总是拿不定主意,心慌意乱,易出差错。陈老师,怎么才能让我像别人一样能干呢?

一个人活在世界上,总要干点什么,最好还能干得出色些,这就涉及能力这个问题了。能力有许多种类,你眼中的班长是一个能力很强、很全面的人,你很羡慕她。人能力的高低确实是有差异的,但是每一个人都会有她的长处,也就是能力较强的方面,特别是你这个年龄的孩子,具有很大的潜力,这些潜力也许你自己都没意识到。如果你有意识地开发自己的潜力,若干年后,你也会在某些方面表现得很出色。

你现在要做的事情是想想自己的兴趣所在,你感兴趣的领域里往往藏着你的潜力,当你投身到你感兴趣的活动中去的时候,你的潜力就一点一点被挖掘出来了,到时候你就会像金子一样闪闪发光。

还有,你要注意培养自己一些基本的生存能力,如与别人交往的能力、演讲的能力、组织活动的能力等。首先不要害怕这方面的活动,不要因认为自己缺乏这方面的能力而回避,更不要老是对自己说自己是个"无能的人"。这种消极的暗示是很有害的,要积极投身于各项能锻炼自己能力的活动中。不要怕失败,要把失败看成是"付学费",一次次地锻炼自己。你们的班长也是因为参加各类活动的次数多才培养了她的能力,既然你已经意识到这个问题,就不要停留在原地,只是空想或羡慕别人是没用的,一定要行动起来。记住这句话:"天生我才必有用"。

当众说话就脸红

 我这人很没出息,在大庭广众之下说话常脸红心跳,我有意识地锻炼自己,可还是没什么改变,为此我很苦恼,向您讨教。

在大庭广众之下说话会脸红心跳是因为你心里紧张,心脏收缩加剧引起脸部毛细血管充血。谁都有过脸红心跳的经历,这没什么大不了,但一出现在众人面前就脸红心跳,倒是要想想办法,去改变它。

这位同学,你是不是每次出现在大庭广众之下就感觉所有的眼睛都在注视你,你的每句话别人都在洗耳恭听?或者某一次你遇到了一个尴尬的场面,你脸红心跳了,以后就以为这种场面一定会使你尴尬,甚至想到那时的情境也会脸红心跳?

这种情况其实很大一部分原因是你心理过敏造成的,别人不一定像你想的那么注意你,偶尔一次的尴尬之事只有你自己记得,别人才不会记得那么牢呢!你只要问问自己,你那么注意每一个人的举手投足吗?你记得每个熟人曾经经历过的尴尬之事吗?以后在大庭广众之下说话时,尽量把注意力集中在对话的内容上,而不是别人的脸上。还有,不要时常去想自己脸红心跳的问题,别去研究它,这只会增加心理负担。

最好的锻炼方法莫过于作推销员,假期里有空跟着别人"玩玩"推销,你一定会大有改变。

我的儿子有洁癖

我的儿子有洁癖,每天晚上临睡前一定要洗澡,早上上学前还要洗,冬天也是这样,星期天在家居然要换两双袜子,上厕所要用好几张手纸,怎么说他也不听。

儿子过去不是这样,进了这个重点高中后就变得特别爱干净,不过爱的只是他个人的干净,对家里的环境他倒不会注意。

我不明白,这孩子怎么会变成这样。是不是处于青春期的男孩都会变得爱干净?他也太过分了吧!这孩子的这种变化总有什么理由吧?

　　一个高中男生特别讲个人卫生,一天洗两次澡,尤其是冬天也如此,是有些奇怪。他这样不厌其烦,总是有一定道理的。你们观察一下,他除了洗澡特别勤外还有什么变化,比如照镜子照得多了,头发梳得次数多了,对衣服也开始讲究了,等等。如果是这样,说明他进入青春期后开始关注异性了,注意卫生、讲究穿着是为了吸引异性,不过这也表明他不够自信,刻意、频繁地洗澡换袜,是将内在的对自己吸引力的不自信外化成对自己外观的挑剔、讲究。

　　你们可以提供一些名人传记给孩子看,鼓励他,让他有自信心,

人格问题

制造一些与异性交往的机会,最好是一群男女同学的交往,让他体验到与异性交往的乐趣,提高交往技能,他会变得越来越自信,洗澡的频率也可能会减低。

还有另外一种可能,你们要注意,如果他每天洗澡时间特别长,那可能是他产生了强迫行为。

一个人在高压之下或情绪紧张就易出现强迫行为,实质上是一种焦虑反应,强迫行为会不由自主地、反复地出现,他自己也感到讨厌,想摆脱但摆脱不了,只能用外在的无意义的行为来转移内心的紧张和恐慌。

这样的孩子往往对自己要求比较苛刻,通常追求完美,害怕失败,只能赢不能输,心胸也不够开阔。这就需要了解孩子的压力源在哪里,孩子对压力的认识,孩子头脑中的自我认识以及人生信念,和孩子讨论这些问题,转变不正确的信念,比如做人就要做成功的人,我是不能失败的,等等。因为孩子头脑里对什么是成功、什么叫做人失败的认识往往是极端的、不合理的,所以要教这样的孩子学会放松,自然地应对生活,不苛求他人和自己。

这两种情况都需要家长的洞察、辨别,只有了解了问题背后的原因,家长才能提供帮助,改变孩子的行为,让孩子健康成长。

他为什么总和老师搞不好关系

　　我的儿子叫小东,在一所市重点高中读高一,学习成绩中等。在学习上我们不为他操心,可就是为他和老师搞不好关系而烦心。按理说这样的学校师资应该是不错的,可我儿子一进学校就说这老师怎么不行,那老师怎么不行,横竖看不惯。

　　我儿子平时阅读量很大,经常在网上发表历史评论文章。有时上语文课他回答问题时,提到的书老师也不一定知道,心里就总不服气;有时还公然和老师争论,所以他和语文老师的关系特别僵。上历史课老师反映他根本不听,一直在看自己的书,还会向老师提一些刁钻的问题,弄得老师很尴尬。还有政治老师也不喜欢他,说他目中无人。

　　因为和老师关系不好,儿子对课堂学习也没什么积极性,稍有些小感冒就不去上学了。还说去与不去差不多,我和他妈妈一直说服不了他,也不知道怎么去说服他。

　　记得他小时候老师倒是蛮喜欢他的,小学里的老师尤其喜欢他,初中老师和他的关系也还不错,怎么到了高中就这么糟糕?他曾经说:"早知道拼命想考进的学校是这个模样,真不该那么起劲。"失望之情溢于言表,我们该如何帮助他调整想法呢?

读了你的信,一个少年气盛的男孩的形象出现在眼前,他的失望正来自他强烈的求知欲望。小东是满怀求知欲望进入这所自己向往的学校的,但当课堂教学的内容满足不了他时,他表现出不满,甚至愤怒,于是他提些刁钻的问题为难老师,提些老师没读过的书考考老师,这都是不满的发泄,当然也不乏年轻人"半瓶子醋"的晃荡与卖弄。

其实小东的要求和实际的课堂教学是有差距的,你想,课堂教学有统一的大纲和教材,老师是有教学任务的。教师的课时受考试任务的限制,必须在一定课时里完成一定教学内容,不然就会影响学生的考试。应试教育和一般讲座是不同的,你可以问问小东,如果让他去教这本书,他会怎么教,目标是要参加考试。

我想小东也许有不少问题想与老师交流,这些问题又不在课堂的教学范围之内,老师不太可能准备充分,好好作答。小东其实可以把要问的或要找人讨论的问题写在纸上交给老师,让老师做一些准备后再来一起讨论,那样一定会使小东感觉酣畅淋漓,和老师私下讨论个人想讨论的问题一定比课堂上问效果好。还有,老师也不一定是专家,他的知识也是有限的,学生很有可能超过老师。那种没有欣赏学生的好心态的老师也存在,只能说明他见到的优等生太少了。

另外一个值得讨论的问题是:为什么小东和小学、初中的老师关系搞得不错呢?小时候小东对老师的要求和现在的要求是不一样的。在小学勤动脑、爱提问的学生老师往往很喜欢,常能得到鼓励。在初中老师眼里,小东还是个少年,不管说什么都会显得天真可爱,所以小东和小学、初中的老师处得不错。到了高中,小东对老师的要求不同了,他希望教他的老师个个是专家,或许以他的知识程度,确实需要由专家来指导,但一个专家最起码得有十年以上苦功,年轻的老师可能还不是专家。其实小东自己的心态也要放平和些,可以给予他指导的去处还是有的,例如大的图书馆、大学双休日的开放性讲座、网上求教等。

还有一点小东不应忘记,他有个关是一定要过的,那就是高考,而高考离不开课堂、教材的学习,谁都不能,这是规律。

和全班同学闹矛盾的女儿

我的女儿小婧已无法在学校里读书了,她的情况糟透了。可以说,她在与全班同学为敌。她的书包会被人踩踏,她的书桌也会被人掀翻。班里组织秋游,是小组活动,全班没有一个同学愿意和她在一个小组,气得她秋游也没去。昨天她说她不想去上学了。其实老师没少关心她,一直出面为她调解她与同学的矛盾,还为此开过班会,一起找原因帮助她,可是也没什么效果,老师也无能为力了。

这孩子怎么会和同学闹到这般地步?问题究竟在哪里?我女儿为人比较率直,也很善良,路遇乞丐总是掏钱,可我们总觉得她有些固执、认死理,脑筋不会转弯。比如她外语成绩比较好,有的男同学外语作业没做好,第二天早上就从课代表那儿找出她的作业来抄,结果她和那个抄她作业的男同学打了一架,还和课代表闹翻了。她责怪课代表没坚持原则,害同学;怪那个抄作业的同学越抄成绩越差,学会不劳而获。类似这样的事情天天出现,听起来她也是蛮有道理的,但做起来总是那么的糟糕。我们现在一点辙也没有了,要么给她换学校,可她已经读初二了,换学校会不会再出现这样的问题呢?

　　问题出在孩子身上,换学校有什么用?这孩子的问题听上去有点像偏执型人格,这种类型的人固执多疑,爱钻"牛角尖",不信任他人,处理问题刻板,不能准确地感知别人的感受。

　　在和同学发生冲突时,她认为自己是正确的,对方是错的,她的这种想法很难纠正。她要坚持"真理",就不断得罪同学,加上她对同学抱不信任的态度,经常显露出敌意,自然令别人敬而远之。上初中的孩子最喜欢恶作剧,她人缘不好,自然就会成为众矢之的。而一旦遭到别人攻击,你女儿是绝对不能忍受的,她会用她的方法来反击,事情就由小变大了。久而久之,她会把自己的形象搞得很糟糕,到后来别人都会认为她是个不可接近、有问题的人,她就被群体孤立起来了。

　　人格是在成长过程中被塑造出来的,什么样的教育环境就会塑造出什么样的人格。偏执型人格是在特定的教育环境中形成的,你们可以找一找原因,也可以去找心理专家作些分析。

　　目前你们能做的是安慰好自己的女儿,不要去指责她,她的心灵受到了伤害,家人应该给她温暖的感觉。你们也可以去同学那儿详细了解一下,她与别人的矛盾到底是什么,同学们讨厌她的哪些做法。

　　可以在家里设计一些场景,进行一些角色扮演,让她体验到他人的感受。也可以出些人际碰撞的问题,让她提供答案。比如你买了不喜欢的东西如何和营业员调换，当营业员这么说时你怎么说，那样说时你怎么说，训练她学会人际应变。

人际交往的方法对她很重要，方法是在训练体验中学会的，讲道理是没用的。小婧这样的问题最终要寻求专业心理工作者的帮助。

不愿做女孩

我们班有个女生,没有一点女生的样子。头发剪得极短,连走路姿势、讲话的腔调都是一副男孩样,她还老把衣服袖子高高撸起,时刻准备打架似的,她也确实和几个男生打过架,还都是她占了上风。她平时喜欢和男生扎堆,操场上男生打篮球,她也挤在里面,刚进初中时她甚至想去男厕所,被男同学撵了出来。

尽管这个女生不跟其他女同学在一起,但其他女同学倒也不讨厌她,有时她似乎是她们的保护人。

做了那么多年班主任,学生见多了,这个女生确实让我有些挠头。我去家访过,他们家只有父亲、哥哥和她,她母亲早年过世,她父亲收入较低,一家三口至今还住在一间房里,平时生活很简单。她父亲反映,小时候她常随哥哥的一群朋友到外面去疯,她父亲现在也意识到她的问题,有时会把她姑姑叫来教育她,可是没用。

我总觉得这个女生并不是性别认同问题,她好像在极力扮演成男性,可我不知道她为什么要这样做,希望听听陈老师的分析。

这是一个不愿做女孩的女孩,她极力要扮演成一个男孩子,因为这样子她就可以真正地和她的亲人亲密无间。

你想,这个女孩很小的时候就失去母亲,与哺育者分离会使她充满恐惧,这时候她爸爸就会替代她妈妈的位置,恐惧的孩子会紧紧抓住这个替代的人不放,她不能再失去他,她对他有强烈的依赖。

在实际教养过程中,由于她哥哥是男孩,可能有些活动她父亲很自然会和她哥哥一起去做,或者和她哥哥一起讨论,这会使这个女生希望自己有像哥哥一样的性别,这样才能和爸爸贴得更近。在以后的日子里,她的环境使她学会了很多男孩的游戏,在男孩群中她如鱼得水,在男孩群中她就可以和哥哥不分离。

这个女生的教养环境使她学会用男孩的样子来生存,无论是心理需要还是习惯养成,都使她以一个男孩的样子出现在人群中。

你的一个"演"字用得好,说明你还是看出了这个女生不同于那些性别认同障碍者,不同于那些性取向有问题的人。这个"演"字恰好说明了她在通过"演"获得心理上的"收益"。说到底,早年母爱缺失是这个女生的问题根源。这种主体和客体的关系以及这个家庭特有的成员结构,使这个女生形成了这样一种人格。

要改变这个女生,环境的改变很重要,她的生活中要有些女性榜样。一旦她和女性建立亲密关系后,她的"演"就会改变很多,自然的性别属性就会流露出来,这时候恰当地给予鼓励、赞美,她就会渐渐喜欢上"做"女孩了。

经常训斥别人的小干部

我们班里的小干部,尤其是那些女干部,动不动就训斥我们男同学,特别是那位女班长,我们背地里都叫她"三八婆"。每天清晨一到校,她就开始"大喇叭"了,叫大家传本子、检查卫生什么的,我们动作稍微慢点,就教训我们,凶得要死,专门盯着我们男生。

选班长时,我们男生都没投她的票,可是老师还是让她做班长,一点也不民主。老师就是想让她来管住我们,及时把我们的情况报告给老师。

我们男同学心里真的不爽,为什么总是女的管男的?为什么女干部都那么凶巴巴的?为什么老师总是包庇女同学,一发生矛盾总是怪男同学,难道我们就应该听她的教训?心里不服气,所以写信给您,请您评评理。

你们好像心里有点委屈,在学校里经常挨女同学的教训,心里很不爽。

你们问我,为什么女干部都那么凶巴巴的,我的看法是,并不是所有的女干部都凶巴巴的,你们可以去看看其他班的女干部,可能也

人格问题

有几个是比较温文尔雅的。为什么有的女干部那么凶巴巴呢？可能是她们被老师赋予了很重要的使命，她们觉得维持班级纪律是她们的责任，她们要对老师负责，要让老师相信自己是能管好班级的。而这时候如果班里的男同学不配合，尤其是你们这种年龄的男孩子，正当好动、好玩的时候，她们控制不了局面，心里一急就大吼大叫了，而她们一大吼大叫，你们就更不服她了。如果你们和她们好好谈谈，告诉她们你们希望有怎样的管理方法，再学会控制住自己在不该动的时候不要乱动，这样情况就会好一些的。

你们问我，为什么老师总是包庇女同学，我的看法是，在你们这个年龄，相对来说，女孩子心智会稍成熟些，大多数情况下女孩比男孩动得少，女孩比男孩更能控制自己在课堂上听课时的行为和动作。她们更安静些，老师心里自然就对女孩更满意。如果班里有几个小猴子一样的男孩，给老师的总体印象就是男孩不易控制，当男孩和女孩发生冲突时，就会想当然地认为是男孩先惹麻烦的，也许就会批评男孩了。不过别埋怨，因为这种情况过几年就会改观，当你们十四五岁，进入青春期后，就会安静很多，控制力也变强了，那时候你再看看，老师不知多喜欢男生呢！

他为什么坚持要变性

　　请您一定要帮帮我们,我们痛苦万分。我们唯一的儿子在读高三,但最近他不再去学校,一定要我们答应他,让他去做变性手术,不然他就结束自己的生命,真让我们急死了!

　　这孩子是怎么了? 他从小学到高中一直好好的,没惹过什么事,读书成绩中等偏上,属于比较听话的孩子。

　　我们住在郊区,亲戚大都住在附近,过去住在一个院里。他有五个表姐、两个堂姐、两个堂兄,他是最小的一个孩子。小时候他很孤独,没有人玩,就跟着表姐们,像跟屁虫一样,表姐们有时讨厌他,不愿让他跟随。

　　在初中,我们发现他只和女同学要好,班主任说班里男同学都和他玩不到一块儿,男孩子的游戏他都不行。

　　上初二的时候,他遇到一件事,与他比较要好的两个女生商量好,突然不睬他了,他非常难过,觉得自己没有朋友了,从此闷闷不乐,本来就不开朗的他,越发内向孤独。发展到今天,居然提出要变性,而且态度坚决。家族中该来劝他的人都劝过了。班主任老师、学校心理老师也来劝过,但是谁劝都没有用,怎么办? 如果他达不到变性的目的,发生什么意外,叫我们怎么过呀? 陈老师,请您帮帮我们吧。

面临这样的问题,你们一定心急如焚,我们都是做父母的,我能体会你们现在的心情。

这孩子有变性的愿望也许不是一天两天了,只是终于到了不能再忍的地步,才说了出来,面临高考的孩子压力太大,在这种时候把压抑已久的愿望说出来也是一种宣泄。只是他的这种念头让人感到太吃惊,变性手术绝不是小事,它对一个人的影响太大了。

你们孩子的问题从心理学角度来说是性别认同障碍。一个人不能接纳自己的生理性别,这主要是心理上的问题。从信上来看,这孩子的成长环境有些特殊,他从小与一大群表姐一起玩,这是他能选择的玩伴,问题在于表姐们不太接纳他,讨厌这个男孩子挤在她们中间。也许那个时候他幼小的心灵就冒过这样的念头:我要是个女孩多好,她们就一定会带我一起玩;我要是个女孩,一定会玩得更开心;我要是个女孩,会幸福快乐得多。

由于他小时候习惯和女孩一起玩,熟悉的是女孩子的世界,到了学校里他自然就会去找女同学玩,习惯于远离男生,接近女生。又由于他长期和女孩一起玩,男孩玩的东西自然就玩不来了,男同学也就不愿意同他一起玩了,而男同学的排斥,会让你们的孩子更加接近女生。问题是到了初二,这是孩子成长中一个特别的年龄阶段,这个时期的孩子真正开始有了男女有别的意识,也开始有了性意识。女生开始将他这个"鸡群里的鸭子"赶出去,她们不再接纳他是她们中的一员了,他跟她们是不一样的。

你们孩子心理上有性别认同障碍,此时的他依然认为自己是属于女孩群的,突然遭到女生的排斥对他来说打击很大,初中阶段的学生将同伴友谊看得十分重要,女孩不接纳他了,男孩也不接纳他,他往哪里去呢?这时候你们的儿子认定因为他是男孩,女孩才会排斥他,如果他是女孩的话,就可以和她们玩得很开心。怎么解决这个痛苦的问题?怎么才能摆脱孤独的感觉?想来想去,唯有变性。变性手术可以让自己一了百了,从此解决了群体归宿问题,找到了"自己",安心做人。

你们的孩子在性别认同上的认识、在性别角色体验上的感觉以及对性别社会角色的认定,都存在错乱。请你们带孩子去找有经验的心理医生,他需要专业人员的帮助。

目前家长要注意的是:不要让亲朋好友走马灯似地来劝说,你们自己也不要多提变性的话题,也不要催着他去上学,给他一段安静的时间。下一步,去找心理医生。

我失去了自我

　　我痛苦万分，说来您可能不相信。我现在上课一点也听不进去，大脑里一片混乱。一开始是由什么问题引起的呢？是在一堂政治课上，当时老师正谈到做人的重要性，我就在想我算不算会做人呢？下课后我发现我们班的女班长，每节课后总是能和一群同学谈笑风生，男女同学都喜欢跟她讲话，她满脸笑容，好像总是很开心的样子，从来不会顾忌什么，又大方又开朗。我突然觉得和她比起来，我一点也不算会做人。我下课后总是一个人坐在椅子上，我没什么特别好的朋友，也不受人欢迎。于是我想我应该以她为榜样，我就开始特别关注她的一言一行，竭力模仿她。我也热衷于下课和同学们搅和在一起，甚至表现得好像比她还开朗，有两个男同学以前从来没接触，现在也来套近乎了。

　　按理说，我应该为自己学会了做人而高兴。可是有一天我突然觉得没了自我，也就是说我现在做的不是我自己，而是模仿别人，我的本性不是这样的，我找不到自己了，我的灵魂没了安身的地方。我在做一个不是自己的自己，我在讨好别人，我在远离自己，我的痛苦就此开始了。我已连续几星期没能睡好觉了，我特别恐惧的是，那两位男同学如果想进一步和我发展友情的话，我是以我本来的面目来应对呢，还是以我模仿别人的面目去应对？本来的我驾轻就熟，但别人不会喜欢；模仿的我做着难受。我可怎么办？我真的失去了自我，我天天生活在痛苦中，再这样下去我会发疯的。

这有点像东施效颦的故事,你别介意,过去搞艺术的人有句话,"学我者死"。一个人套上另外一个人的面具,模仿另外一个人的模样去应对别人,这种事情只适合发生在舞台上。

值得讨论的问题有两个:一个是你为什么要去做别人?二是本来的你是一个什么样的你?你为什么要去做别人,是因为你自卑,你不能接纳自己。你自卑的根源在哪里,你可要好好去追溯,它往往根子很深。想想小时候在哪些阶段你听到了否定自己的话,或者哪些事情没做好,让你觉得自己是个失败者,还有你父母是如何评价你的。你果真没有自信的话,你要做的事是克服自卑,自己无法做到的话,可以去找有经验的心理老师帮助你。等你不再觉得自己不如别人,你就不会去做别人了。

你本来是什么样的?有什么是你需要改变的?也许你敏感、多疑、多虑,考虑问题总是会灾难化。你对自己的这些特点所带来的负面情绪可能一直不满,所以你才会去模仿别人。其实你不必模仿别人,你就是你,只不过需要做一些修正。其实谁都会有需要修正的部分,调整一些认知,改变一些对问题的看法,让自己的正面情绪占主导地位,这样的你就会觉得充满了力量,就会有能力去面对人际交往,在人际交往中如鱼得水。现在的你过于退缩,过于自我否定,才会在人际交往中失败。

当你喜欢你自己了,你就不会失去自我了。

同桌让我受不了

我是一所市重点高中的学生，我们这所学校在市里是顶级的，我考进去时分数比较高，所以我认为我是这个城市里这一届学生中读书最好的一类人。我也一直很刻苦，目标是考上清华大学或北京大学。

可是这个学期我心里一直很压抑，每天不想去上学，心里有一种说不出的愤恨。我同桌是个从北京转来的学生，听说他在那边也是顶级学校的学生，父母都是外交部的高级官员。此人上课老趴在桌上睡觉，尤其是数学课，我没见他好好听过，可一旦有一道难题出现，谁都解答不了时，他就不睡了，浑身来劲地去把它给解决了。老师对他青睐有加，任由他睡觉。每当他解答了一道谁也做不了的难题，我的心就揪得很紧，跳得很快，我多么想这个角色由我来扮演，我应该（必须）是学得最好的，可是我越紧张就越不可能解答出来。我那么刻苦地学习，却不如这个懒鬼，我开始怀疑自己的智商了。从小到大我都是优等生，自信得很，可是这个人让我的自信备受打击，我开始有了自卑感，我渐渐发现自己身上有很多不如别人的地方，甚至连从来没在意过的外形，如今也觉得自己不如别人长得好。可以说我越来越不喜欢自己了，我的情绪一直很低落，有时想，这人为什么要转学到这里，这人真让我受不了。我真的恨不得杀了他，是他带给我痛苦，我妈妈说我太狭隘，可我就是克服不了想杀他的念头。

我能理解你不再喜欢自己时的感觉,一定是不好受的。这让我想到孩子们的心理健康是多么重要。

你有没有想过,你同桌是给你带来痛苦感觉的人,但这痛苦的根源可不是来自他,而是来自你自身的一些信念。为什么你的同桌没有给班里其他同学带来像你一样的感受呢?

我分析,因为你一直是个优等生,于是你建立的信念是我应该(必须)是学得最好的学生。信念可是个顽固得像基石一样的东西,你同桌的出现让你的基石产生了动摇,可你要捍卫这基石,所以你的痛苦就产生了。

我们要讨论的是你的信念的合理性,为什么你就应该(必须)是学得最好的学生?怎么才算学得最好?任何东西一旦加上"最"字,麻烦就来了,"最"是极端,走到极端就很容易走向反面。只有一个人是最好的,还是前面几个人都是最好的?凭什么前六名、前五名就不是最好的? 其实,在常人眼里他们都是最好的。

此外,怎么才算学得最好? 分数考第一就算学得最好? 这确实狭隘了一些。"学"是个广义的概念,课堂学习只是学习的一部分。一个年轻人要学的东西太多了,课堂以外要学的东西远远多于课堂内要学的。有的学生语文成绩并没有考第一名或第二名,但是他可以写出十几万字的文章,这算不算语文学得好?

给你布置一项作业,你可以在脑子里假想有甲乙两方,甲方坚持你的信念,乙方反对你的信念,两方论战,把它写在纸上。如果能请你的同桌来跟你做这个作业,那效果更好,你可以先做甲方,让他做乙方;接着再让他做甲方,你做乙方。辩辩看。

世界大得很,别只看着眼皮底下的几个分数。

女儿为什么一定要穿男装

我女儿在读高一,她人长得比较胖。从初二开始她就穿男装,把头发剪得像个男孩,到了高中更加喜欢男性化打扮。我们看在眼里,急在心里,这样男不男女不女的打扮会被别人笑话,将来如何找男朋友?

我们没能说服她,亲戚朋友也没能说服她。

看电视节目时,只要看见时装模特表演之类的画面,她要么跑开,要么换频道。

我们发现尽管她喜欢男装,但她并不和男孩子一起玩,她的好朋友都是女孩,她会不会成为同性恋?我们很担心。

你女儿的男装问题是从初二开始的,就是说她小时候并没有想成为男孩子的念头,只是到了初二才发生了变化。

初二是个非常敏感的时期,孩子往往在这个时候发生变化,而且是生理、心理同时出现变化。从你女儿的情况来看,她的问题是对自己的外貌不自信,产生了自卑感。

初二的年龄是关注异性的开始,如今铺天盖地的瘦美人形象无时不在刺激她,她会认为她的形象不受异性欢迎,她无法做到用美丽的形象来吸引异性的目光。于是她把自己的女性形象包裹起来,藏起来,她心里想的是:我不做女性了,总没有人讨厌我了吧?我不做女性了,总没有好看难看的问题了吧?

自卑让她选择了男装,倒不一定是有同性恋的问题。

怎么解决她的心理问题?最好去找专业心理咨询师,帮助她学会接纳自己,战胜自卑。同时看看有什么减肥的方法适合她,如果能减掉一些体重,会对她恢复自信有好处。一定要帮助她找到可以让自己和他人欣赏的行为,鼓励她在某个领域表现出她的才华,让她有自豪感。

老师看不惯的好学生

在现在的教育体制下,评价一个学生只看分数,"一俊遮百丑"。我是教高中物理的老师,在高二年级有个全年级公认的好学生,他每次大考成绩都排在前五位,可我非常看不惯他,把这样的学生看成好学生,心里总觉得不舒服。这个学生凡评选、得奖之类的事总能够轮上,似乎成绩好就可以理所应当地得到荣誉,但这个学生的行为实在不能和"好"连在一起,他的行为让我感到他心灵很阴暗。比如,有一次我看到他从厕所出来,两只手都是水,他扑上去搂住走在前面的一个同学,拍他的肩。既伪装自己充满善意,又擦干了自己的手;他把别人的衣服当抹布,还让别人心里高兴。

还有,他们班有个长得很漂亮的女同学,男同学都愿意接近她,向她献殷勤。其中有个男同学受到这个女同学的青睐,表现得更殷勤。但不久之后,这个男同学就成了众矢之的,他和几个人打了架,挨了学校的处分,那女同学自然也远离了他。事前这位"好同学"频繁地来办公室找他们年轻的班主任,兜着圈子把同学们的意思转达给老师,又频繁地与同学接触。具体过程我不了解,但我可以感到,他是用了一些手段让那个男生倒了霉。那个男生受了处分后,和他走得最近的、去安慰他的也是这个人。小小的年纪这么狡诈,看不到他身上有什么真善美,我真看不惯。这种孩子的心理究竟是怎样的?

有一种说法：低层次的竞争是体力的竞争，中层次的竞争是脑力的竞争，高层次的竞争是道德的竞争。放眼看世界，诺贝尔奖得主都是具有人格魅力、道德高尚的人。在学校里，一个学生课堂学习的成绩不是他全部能力的展示，充其量也就是中等层次的竞争。人的精力是有限的，人不可能同时关注太多的焦点。这个学生如果心有旁骛，在学习以外有那么多的算计，这会抑制他的创造力，妨碍他向更高的境界提升，对他将来的发展是没有好处的。

你一定困惑：为什么他小小的年纪就这么工于心计？你可能不知道，6岁前是一个人人格塑造的关键期，此时孩子和什么人在一起，受什么人的影响最大，就有可能成为具有什么样人格的人。也许他在小的时候看到、听到大人把快乐建立在别人的痛苦之上，或者看到、听到不少周围的成人为财产你争我夺、尔虞我诈的事情；也许他接受了保护自己不受伤害的错误指导。在成人的世界里我们很少能看到那种自私狡猾、没有诚意的人会成为别人持久的朋友，因为这种人本质上是不愿为别人付出的，尽管他可能说得很好，但别人没有感受到实质性的帮助也是没用的，谁也不是傻瓜。判断一个人时我们都更愿意看他做了什么，而不是说了什么。再说，暗中使坏让别人倒霉，这种事绝对会露馅的，只要有一个环节出了问题，他就会被人看成一个恶人，不管做得多保密。

因为有个结果摆在那里，结果会使人们去反思过程，所以他这样做人,最后是会后悔的。学校里与同学相处无非三年,到了社会上就不那么简单了。我们看见,在社会上那些在小事上可以生出十七八个脑袋算计、惯于使用计谋的人,很少能在专业领域达到顶峰。心理能量在爬山过程中消耗太大,人是爬不上顶峰的。

话说回来,孩子的问题说到底是家长的问题,孩子原本是白纸,图是家长画上去的。改变这个孩子,要靠他的父母。

教师承担着教书育人的责任,我们发现了学生的问题,还是应该多加以引导、教育,使他树立正确的价值观、人生观。老师要做学生的良师益友。

难道减肥就那么重要

我女儿阿玲现在在重点中学读高二,身高1.64米,体重130斤。她从小就胖,进了高中后就特别关注自己的胖瘦问题,整天的话题就是减肥。班里谁的体重90斤,谁只有80斤,女同学们在一起就比谁胖谁瘦,阿玲压力很大。去年暑假拼命减肥,几乎不吃淀粉类食物,忍饥挨饿,体重降至116斤。这一年来为了保持体重,阿玲不吃饭,虽然人瘦了,可我发现她其他方面却出了问题,学习成绩大幅度下降,尤其是数学,每次考试都不及格。阿玲的性格也变得古怪,对什么都没兴趣,也不愿去旅游,无精打采,睡眠质量很差,早上早醒,常发脾气,拉自己的头发,洗完澡拼命在自己肚子上捏,看着她对自己身体那么怨恨的样子,我非常痛苦,也十分困惑,难道减肥对她就那么重要?现在的在校生为什么这么在乎胖瘦?她的那些问题是否和减肥有关?她是不是得了抑郁症?

像阿玲这种情况并不少见,现在的女性被减肥的噪声包围着,青年妇女减,中年妇女减,现在又殃及少女。其实这些人对待自己的体重问题没有持一种理性的态度,只是盲目崇拜或者跟风,这是一种浅薄的表现。一个少女可爱与否,胖瘦不是唯一的指标。阿玲目前是人群中脑力劳动量最大的一类人,强脑力劳动需要通过血液向大脑提供大量营养,碳水化合物是大脑所需的基本营养。中学生是学过能量守恒定律的,试想:大脑没有足够的能量,哪会有足够的力量?数学是对脑力要求很高的学科,没有足够的脑力,做题时就会下笔有误,错处很多,也许明明是理解了的知识,但从笔下出来的答案是错的。这种现象在学生中常常见到,没有足够的脑力,注意的稳定性就会下降。阿玲可以自己思考一下:数学成绩与减肥行为有无关系?减肥的代价是否太大?

你所说的阿玲的性格变化问题,我认为从你描述的症状来看,阿玲是有抑郁倾向。抑郁的发病机制有生理与心理两方面的原因。长期营养不良势必使机体免疫功能下降。根据中医理论,阿玲出现虚亏现象,易导致抑郁发生,加上阿玲学习成绩下降,学习方面的压力自然越来越重,身心双重原因导致了她目前的精神状况。另外,拼命减肥这种自虐行为的背后有更深层的原因,这种行为可以揭示出阿玲的同一性发展没能完成得很好,她还不能坚定、明确地知道自己做什么人,能成为什么人。

阿玲妈妈,像阿玲这种情况,应该带她去寻求专业心理医生的帮助,不要让她发展成神经性厌食症。另外,她不愿吃饭,你得注意给她提供多种维生素药片,不然身体太弱了,学习是进行不下去的。

这世上有真朋友吗

这年头还有没有知心朋友？我的一位所谓的好朋友，两年来彼此交往很多，我觉得我们关系不错，我跟她无话不说，把她当作知心朋友。但这次遇到的一件事，让我对知心朋友产生了怀疑。

事情是这样的：我因为想报考化学专业，想找沪上一位有名的化学老师补课，但实在没途径认识他。那天和她谈起这话题，她说她也听说这位老师很有名，也很想找他补课。

后来我父母托了很多人找到那位老师，好不容易求他答应了我报名上他的大课班。闲聊中，那位老师告诉我妈妈，上他家补课实在安排不过来，还说你孩子的那所学校有一个女生也在他那儿补课，他说的那位女生就是我的这个朋友。当我妈妈回家把这一切告诉我时，我简直不敢相信自己的耳朵。

这就是知心朋友让我尝到的滋味，这件事颠覆了我关于朋友的信念，再联系到有时听父母亲朋在一起议论社会新闻，里面有很多朋友互相攻讦、互相出卖的事例，心里更寒。哪儿有什么朋友，更不要奢谈什么知心朋友了！现在我看见她就很反感，但我也不说破，只是用虚伪的态度应付她。

好朋友欺骗你，你很失望，于是得出这世界上没有真朋友的结

论,这是片面的。世界上是有真朋友的,这样的例子还不少,比如马克思和恩格斯的关系,比如我有一个少女时代的好朋友,她在儿子2岁时突发心脏病去世,如今儿子已经二十多岁了,我至今还在关心她的儿子,这算不算真朋友?

你有没有对你那位朋友的行为进行过仔细分析?你的这个朋友在激烈的竞争中乱了方寸,没了坦然面对朋友的好心态,她不告诉你是因为她怕多了一个竞争对手。她选化学,你也选化学,也许你们的成绩也相当,她慌了,没信心了,才不肯告诉你。

你的这位朋友选择这么做的原因可能有很多,但她选择欺骗你,其实她自己心里也不会舒服的。一个人只有当她能坦然地面对朋友,与朋友交心,把自己的担忧、困难、心事告诉朋友,做人才有顺畅的感觉。

如何面对竞争,也是一个既是竞争对手又要做朋友的难题。要和竞争对手做好朋友确实比较困难,谁也不是圣人,面临竞争,面临人生的重要关头,放弃自己的利益以成全朋友的利益,这恐怕很难,不能对别人有那么高的要求,所以通常好朋友、知心朋友都不容易在竞争对手中找到。

我对朋友的理解是这样的:真朋友就是那种能在你有困难、需要他提供帮助的时候,力所能及地帮助你,而不是推脱、搪塞、找借口的那种人。有的人往往在没事的时候和你很要好,主动和你搞好关系,一旦你有求于他,他就会找推脱的借口。

一个需要真朋友的人,首先要对别人付出真诚。问你一个问题:这件事如果换成你,你会怎么样?假如你肯定你能做到坦然地告诉她,那么我相信,你在未来生活中一定会有不少真心朋友的。

中学生看问题往往容易以偏概全,这是思维不够成熟的表现,所以得在合理思维上下功夫,切莫感情用事。

教育者为什么都这么"虚伪"

我是一个高中生,从小到大被教育者包围着。教导主任、班主任、爷爷奶奶、外公外婆,还有父母,这些教育我的人说起来都是一大套一大套的,什么是正确的,什么是原则,可以说我接受了许多正面的教育。

我的前辈都是干部,在单位里也都是领导,我读的学校也是这个市里数一数二的,这些教育者都是有资格教育别人的人。但是,我从内心里不认可这些教育,因为在和他们近距离的接触中,我看到了他们真实的内心世界,他们嘴上说的是连他们自己也不相信的话,多么虚伪。

最近我和父母闹得比较僵,他们老要居高临下地训导我,我不屑,他们就更起劲。我报考的专业他们已经设想好了,他们选择专业的出发点就是将来能不能当官,那种官僚主义思想根深蒂固。实际上,是他们在当官时拿了好处,明说不就得了,还把它说成可以为社会作出最大的贡献,因为你的决策可能会影响一个群体的命运,等等。他们说服不了我,就又去动员教导主任,此人为了家里的七大姑八大姨的事,没少找我那当权派爷爷走后门,他说出来的话更加冠冕堂皇,真是可笑。

我心里很烦,围着我的一群教育者让我讨厌,他们都是极虚伪的人。不理他们吧,他们又说我有心理问题,陈老师,您给评评理。

你为你选择专业的事与长辈发生冲突,这是表面的问题,真正的问题是你们两代人之间的价值观的冲突。你这个年龄正处于价值体系构建的时期,父母通常也特别注重将自己的价值观灌输给孩子,希望可以影响孩子,尤其是那些社会成功人士,他们觉得更有理由和资格将自己的经验传给后人。

问题是长辈的灌输方式是平等的对话,还是以教育者自居的训话,这是不一样的。平等对话时,你可以问要问的任何问题。与教育者对话,只是我讲你听,并且挑"正确"的来说,以免误导。像你现在这样一个思想水平的学生,和你对话当然是以平等的方式为好。你可以提醒他们你需要这样的对话方式,很多时候家长并不一定随着孩子的长大而"长大"的。

对于你认为长辈们"虚伪",这是个比较复杂的问题,我倒是从你的言谈中看到你有非此即彼的思维特点,这可能比较极端。人们在做教育者时往往说的是一种理想和憧憬,是美好的愿望。人是需要这些美好的愿望来支撑精神世界的,对下一代说话时那就更是充满了美好的愿望。

人人都憧憬未来世界是纯净的、黑白分明的,但现实并不如此,你的长辈们每天的工作实际上就是用自己的行动去参与美好社会的建设,促使社会变得纯净些。你如果能站在他们的立场上理解他们,你的心情就好多了。如果在其他事情上你的思维也有非此即彼的现象,你要注意观察这是不是你一贯的思维模式,这样的思维模式往往会使人走极端,而且经常处于愤怒之中。

至于你的专业选择,当然应该由你自己做主,但也不要一味排斥长辈的意见,综合起来考虑比较好。兴趣、个性、能力、技能,诸项因素都应考虑,而不仅仅是这个专业将来可以从事什么职业,一个不能挖掘自己潜力的职业,做一辈子也谈不上是幸福人生。

如果你和你的长辈谈不到一块儿,可以一起去找心理机构做职业方向的测评,看看哪些领域更适合你的思维特点,可以让你发展得更好。

上海人真让人搞不懂

 我是从山东被挑选进上海重点中学的。我被选中时我父母高兴极了,我也成了被别人羡慕的人。可是来上海两年了,我由情绪高涨变为情绪低落。这不是因为我离开了父母,想家的缘故,而是因为我实在不理解和我住一个宿舍的同学。我们对问题的看法差异太大了,可以说根本谈不到一块儿,尤其是她们对金钱的算计,让我感觉一点友谊和人情味都没有。

暑假里我回老家,同学小璐让我给她带一串小海螺做成的项链。这在我们那儿的旅游景点特别多,两块钱一串,根本不值钱。回上海前我给她仨一人买了一串。本来想,大家一定会兴高采烈地戴在脖子上,很开心的。可是我给了她们后,三人不约而同地去翻钱包,然后每人给我两个硬币,小璐还问了一句:"买三串项链没还他价呀?"我说:"这要什么钱呀,我送你们的。"三人非要把钱还给我,小璐说:"请你买东西哪能不给钱?"我拿着她们塞给我的钱,心里真感到生分。联想到她们平时也是斤斤计较,什么都要算清楚,你我分得明明白白,心里很没劲。上海人为什么是这样的?人与人之间的友谊是用钱能买到的吗?

你从山东来到上海,对这里的人文环境要有个了解的过程。一

方水土养一方人,一方人有一方人的文化积淀。待人接物的方式其实也是文化的体现。

上海在中国是个比较特殊的地方,它的城市历史比内陆地区要短。上海的早期居民主要来自江浙,20世纪三四十年代还有不少外国人居住在这个城市。这是一个开放的城市,是最早、最多浸润"欧风美雨"的城市。商品经济在这个城市里一直比较发达,繁忙的经济活动需要有自己的游戏规则,那就是契约。契约使经济游戏有了约束,使经济得以有序发展,这是现代社会的标志。你想,上海是较早进入商品经济的城市,市民观念中的契约性自然就较其他城市的人强一些。所谓契约,就是双方事先的约定,与经济利益有关的活动,双方都应事先约定。事先约定是送的就是送的,事先约定是代买的就是代买的,是借的就是借的,所谓"亲兄弟明算账"。你的同学是上海人,自然有这样的契约观念,她们事先说定是请你带的,就一定会给你钱,不然她们心里会过意不去的。这不是钱的数额的问题,也不是付钱就不是朋友,不付钱就是"哥们",这是观念的问题,不付钱她们心里会不舒服,因为你让她们违背了契约。

现在你能明白一些了吗?契约思想是人类的进步思想,契约思想使社会公正有序地运转。在如今这个商品经济发达的时代,如果还是按照过去传统小农经济社会的家族观念,认为你的就是我的,我的也可以是你的,只要咱是一家人,或者只要我认为你和我是一家人,就可以不分你我,这样做反而会矛盾百出,冲突不断。你不要担心,她们付你钱不是不和你好。你在上海生活,可以多看些讲述上海历史的书,尽快融入这个城市。

寝室冷暴力

我实在忍不住了才给你的栏目写信。我是一名大一学生,从河南考入上海。我对考进这所大学很满意,父母也都很高兴。可是我在来之前,怎么也不会想到日子会那么难过。高中时我也在省城高中住校,大家都很开心。

我们寝室共四个人,一个是苏州人,另外两个是上海人。第一个星期情况还算可以,后来就越来越不对头了。那两个上海人开始不理我,对我冷眼相待。我不知道自己做错了什么,想来想去可能是因为我用了她们放在桌上的碗,但用后我洗了呀,不让我用就不用呗。有一天我因急着赶去听课,将随手脱下的外衣扔在靠门最近的一个上海人的床上,回寝室后她当着三个人的面把衣服狠狠地砸到我身上,我们吵了起来,她骂我"乡下人"。我怒火中烧,冲过去想打她,被苏州人拉开了。接着两个上海人用非常快速的上海话骂我,我听不明白,事后问苏州人,她说她们说跟你这种"巴子"住在一起是倒了霉。我问她对这事怎么看,苏州人说:"你的很多行为是让人看不惯。"

苏州人本来还能和我聊几句,后来两个上海人给苏州人施加压力。她们要孤立我,苏州人迫于压力也渐渐地不再理我。四个人住在一间房里,三个人有说有笑,还有意识地在我出现时说笑得更厉害,不断地刺激我。

在寝室她们这样做还不算完,还到其他寝室去说我的坏话,现在我到其他寝室玩,别人也对我爱理不理的。她们这样做伤我太深,我怎么得罪她们了?我想出去租房子住,但经济条件不允许,可这种日子叫我怎么过?现在我听课也听不进去,情绪坏到了极点。我该怎么办?

  你目前的处境确实让你不好过,都在一个屋檐下,低头不见抬头见,不理不睬这种冷暴力,给人带来的心理压抑感很强。

  这个问题我是这么看的:首先得找找造成这种状况的根源,想想看她们到底讨厌你什么?是不是生活习惯上差异太大造成彼此无法和谐相处?从你信上描述的两件事来看,你是个不拘小节、生活态度随便的人。也许你的信念是,大家在一块,你的就是我的,我的就是你的,不分什么你我。或许你们家乡很多人的做法也与你相同,大家相处得很好。你从河南来上海,跨了好几个省,你其实是到了一个对你来说完全陌生的城市,需要摸索一个阶段,多些观察,少说些评价性的话。你同寝室的三个姑娘都是南方人,多了解她们的生活习惯,注意观察一些细节,争取适应周围的人,而不是等着周围的人来适应自己。有些事在你看来是芝麻绿豆的小事,别人却看得比较重。一个聪明人要敏锐地体察别人的感受,在乎别人的感受。当你能体察到别人的感受,你做出的事就会比较得体,比较正确。同时你得到的来自他人的反馈就是正向的居多了,于是你和他人的关系就进入

人格问题

了良性循环。

也许你要说,我这样改造自己不是太辛苦了吗?为什么我不可以保持自己的个性,活得率性一些?学习本来就够累人的。

作为一个年轻人,你还会有长长的在社会上生活的历程,你还会遇到各种各样的人、各种各样的环境,你只有不断地追求心灵的成长,才能有好的心态、好的应对方法,在人的海洋中行进自如。谁都不能放弃心灵的进修,提升自己做人的境界会让你生活得游刃有余,更加愉快。

找机会主动和你的上海同学聊聊,把你的成长环境以及你成长环境中的人文习性、自然条件介绍给她们,让她们进一步了解你。只有了解了你,她们才能适应你的行为。要勇于打破现在这个僵局,先找那个吵架的同学说话,找出自己的不足之处,给人以诚恳、真心的感觉,再请别人找找自己身上还有哪些自己没发现的问题。跨出这一步,以后就好办得多。

相信你有足够的心理能量跨出这一步,试试看。记住,做人比读书重要。

冷酷的母亲

　　我是个大一的学生,去年考大学,我填的志愿都是外地的学校,为的是摆脱我那冷酷的妈妈,后来我终于如愿以偿。我妈妈和我爸爸在我读小学三年级时离婚了。在小时候的记忆中,我妈妈老挨我爸爸打,后来我爸爸有了外遇就提出了离婚。他们离婚后,我随我妈妈住在老房子里,可我妈妈从来没让我感到过温暖,我从心里有些害怕她,她教训起我来比我们的教导主任还一本正经。记得小时候,我在外面受了委屈,回家后希望她能安慰我,可她要么不听,要么说我不对。小时候拉她的衣服,她会打开我的手,让我感觉她很讨厌我。

　　有一次,我不知道做错了什么事,她把我头上打出了个包,我逃出去找我爸爸。到了我爸爸和那个已和他结婚的女人的家里,我爸爸一边安慰我,一边骂骂咧咧地说我妈妈太冷酷。那个女人用热毛巾给我擦脸,还说了许多安慰的话,那一刻我一点也不恨她,甚至想在她怀里多待会儿,可是我还是回了自己的家。

　　妈妈知道我去了爸爸那里,两周没给我好脸色,根本不理我,觉得我伤了她的心,可我心里更寒。为了排解自己的痛苦,我拼命投入学习,所以学习成绩一直很好。这次我离开家,她也没有舍不得,把我送到火车站,没等火车开就离开了。

　　我妈妈小时候很苦,外婆生了一大堆孩子,她还是婴儿时就被外婆送给了别人,而那家人待她并不好,从小就让她做家务,好不容易中学毕业进了工厂,她硬是靠自己努力做了会计。我知道我妈妈小时候很苦,现在又是一个人,没有伴侣,所以我尽可能不让

人格问题

> 她为我操心,可是她待我就像隔着一层什么东西,无法让我体会到她的温暖。我真不知道为什么她会是个冷冰冰的人,我有时觉得自己成为她的女儿真是不幸。

你妈妈冷酷的个性是由她的成长环境塑造的。按照客体关系心理学的原理,人格结构的形成是一个内化与客体的关系的过程。早年她与你外婆还处在融合和依赖时期时,就从她的客体关系——外婆的身边被拉走了,并且来到一个并不怎么接纳她的环境。可以说,病理性的环境塑造了她在与他人相处时人格上的病理性反应。用通俗的话来说,你妈妈从小被抛弃,又不被接纳,她无法也没有学会与他人建立亲密的关系。作为你的亲生母亲,她一定是爱你的,这是人的本能,但是她又没有能力和你建立亲密的关系,那种拉开你手的动作就是生硬又错误的表达方式。

了解了这些以后,你可以减少对你妈妈的抱怨。你是个正在接受高等教育的年轻人,更应该尽可能地调整自己,试着去和妈妈建立亲密的关系。你要有一些肢体动作,比如帮她梳梳头,剪剪脚趾甲。你以前怕她,肯定不会去做这些,现在学着做做看。回家探亲时和你妈妈结伴出去买东西,有空的时候和她聊聊你的心事,这样会唤起她内心深处对人的亲密感,使她学会表达情感。相信你们会尝到母女情深的滋味的。

难道要无止境的整容吗

我儿子在大学读书,个性比较内向,除了学习成绩不错外,没什么朋友。大一时追求一个女孩,遭到拒绝,这件事确切地说是暗恋,也许对方并没明白他的意思。他想不通,沉闷了很长一段时间。后来提出自己牙床长得不好,牙齿难看,要去做牙齿整形,我们满足了他。没想到接着他又提出,他眼睛大小不一样,要去整眼睛,大家都说看不出他的眼睛有什么问题,可他非整不可。去了上海的大医院,医生也说没什么大问题,不需要做整容的,但他坚持要做,医生后来只给他割了个双眼皮。医生跟我们说,他是心理问题,不解决的话,还会继续整容。果然,现在他又提出他下巴长得难看,非整不可。这次我们不同意,他就天天"作",还说如果我们不答应,他就不去学校了。因为他现在进学校时,总是把头低下来,生怕别人看到他的脸,他已经无脸见人了。

老实说,我们孩子的脸长得并不丑,从没人说他长得不好,可现在他已在脸上动了几刀了,难道一直这样整容下去?我们知道下巴整完了,他还会要求整鼻子的,这可怎么办?

你儿子的问题像是人际恐惧。追求女孩的事只是个诱因,问题的根源在于你儿子的人格。你儿子内向、没有朋友,说明他一直不够

自信,第一次对女孩子萌发感情,又遭到了他认为的拒绝,这就加剧了他的不自信。他把女孩的拒绝归因为自己长得难看,于是就去整容。他把内心的冲突用整容这种外在的形式表现出来,实际上是一种心理防御。这种不自信已经发展成为人际恐惧,进学校没办法面对他人,得把脸藏起来,可见他内心多么自卑、恐惧。

你儿子之所以那么不自信,一定和早期教育环境中缺乏鼓励有关,周围的成人过于挑剔、指责,过于规则化的要求,使他形成了一些造成他不自信的信念。比如,这样的人往往坚信:自己是个不可爱的人,是没什么价值的,别人都会挑剔自己。这种信念成了他人生的基本信条,一旦有诱因,就可能导致他出现人际恐惧。

整容是不能再整下去了,这不能根除他的问题。有可能的话,请那位他暗恋的女同学当面跟他谈一谈,也许人家早就有男朋友了,也许拒绝他是有另外的原因,这样做可以治标。要治本的话,你儿子需要进行一段时间的心理治疗,包括认知的调整,以挖掘形成问题的机制,重塑信念。

选票总是投给中庸之人

这次年终推选优秀团员,是投票决定的。我作为一个旁观者,发现有个现象值得玩味。只要有选举,人们的选票往往会投给一些没有出色才能、不具有攻击性、不太张扬(事实上是没什么好张扬的)的人,也就是通常所说的人缘好的人。大家心里其实很清楚谁更有才华,谁更出色,但那些特别有才华的人绝对不会有高得票率的。这到底是什么心理现象?您能不能分析一下?

水至清则无鱼,人至察则无友,这似乎是一种人际规律。阳春白雪,曲高和寡,高于平均水平太多的人和事都难以让别人接受,过于出色的人的存在,会给他人造成心理压力,看到他,别人会有相形见绌的感觉,心理上自然而然地会排斥他,或许还会找机会诋毁他,以减轻自己的压力,得到心理平衡。这也就是为什么我们通常会看到这样一种现象:一个特别有才华的人往往不被他们的顶头上司重视和提拔,有什么机会也不是通过他们的同事、同学的推荐而获得,而是他们的上司的上司或者更上级的人发现了他,或许还是通过一个偶然的机会才发现了他。

但是,是金子总要发光的,上帝造人,每个人都各有使命,终究会去完成自己的使命,哪怕是在二十年以后。话又说回来,才华横溢的人并不是完人,也会有不少缺点,甚至人格上的缺陷,比如偏执、情绪化等。这些缺点很容易让别人讨厌、远离他,继而被放大,人们只看到他的缺点,只议论他的缺点,这样可以避免面对他咄咄逼人的优势。压力之下,人们都会寻求保护自己,保护自己的心理不受伤害。

再有一个原因就是文化因素。在我们的传统文化中,中庸之道被奉为为人之道。人们的观念是尽可能不偏不倚,不上不下,挤在中部,风险最小。具体到生活中的每一个普通人,谁都不愿做出头椽子,大家都坚守中庸之道,"天塌下来,有高个顶着",中庸文化使得我们心理上排斥"高个子"。专业才能出众的人,要培养自己成为一个有智慧的人,加强心灵修养,健全自己的人格,相信以自己的力量既可以做成事,也可以做好人。因为聪明人有能力,只要重视做人,花一点功夫去思考、去观察,凭他的聪明才智,定能修炼成"正果",做一个既不张扬又没有攻击性的专业高手也是有可能的。还有,这样的人不妨分出一些精力去关注一下别人的冷暖,走近别人,让别人觉得他们有亲和力,减轻了压力感,看上去就会"中庸"些了,选票可能就多了。

我做不到大方怎么办

我这人不太大方,常常会为和同学一起外出付账的事而内心苦恼,虽然表面上没人看得出,但我内心清楚,我有时会为多付几毛钱而不舒服。我知道这不太好,会失去朋友,但心理上又不能坦然面对。陈老师,我该怎么办?

吝啬是你整个个性的一部分,而个性的形成和你的生长环境、所受的教育有关,吝啬与经济状况并不存在正比关系。

人都离不开群体,尤其是年轻人,更离不开社交,一个人既想交朋友,又十分吝啬,其实蛮痛苦的。朋友之间总是礼尚往来,只来不往的人,很快别人就会远离他。道理你都懂,就不多讲了。问题的关键是如何才能使自己变得大方些。

你应该在塑造自己完美的人格上多下点功夫,当然,这不是一天两天的事,慢慢来,你可以选择一些在历史上成就大事业的人物的传记作品来读读,开阔自己的心胸,让自己的思维变得"宏观"些。还要多关注些时事政治,从大处着眼看问题;有意识地去交几个慷慨大方的朋友,相信相处久了,他们身上的特质会感染你,影响你;回到家里尽量少听些家长里短的事,听多了人会变得越来越狭隘。还有,想想你交朋友的目标是什么，是愉快，对吗？既然目的是愉快，那过程中任何付出就都是手段而已，达到了目标，那就是胜利，不就是几个小钱吗？不就是几件小礼物吗？这样转变认知可能也有些效果，不妨试试。

有幽默感的男人何其少

　　我在读博士,也老大不小了,春节回老家,亲朋好友见到我的中心议题就是,得把找男朋友的事摆上议事日程了。长辈们起劲地为我牵线搭桥,我都没有接受,他们有点不高兴,认为我学历高、要求高,其实我压根儿就没什么特别高的要求。我理想中的人只要有大专以上学历就可以了,最关键的一点是,我希望未来做我丈夫的那个人是个有幽默感的男人,这点要求不为过吧?可是说实话,在大学那么多年,我没在年龄相当的男同学中发现过有幽默感的人,不是过度自恋的,就是拘谨过头的。

　　我有些感慨,如今幽默感太稀有,有幽默感的男人实在难找,这到底是什么原因?是教育的原因呢,还是民族特性的原因?在学校里那些白发苍苍的老教授中,我倒是见过两位极有幽默感的老人,可塑造他们的年代太遥远了。我对男人的要求不算高吧,可这一点点小要求就是难以满足。

　　你的要求不是"一点点小要求",而是老大老大的要求。幽默感绝不是凭空出现的,或者仅是个性使然。幽默是以深厚文化底蕴为基础(文化不等于学历)、以极好的人生态度为砖瓦砌就的艺术建筑。

　　我认为幽默感是男人身上最可贵、最吸引人的特质。首先,幽默的人对生活中的负性事件能够坦然面对,对于生活的真谛、生命的本质意义有比较透彻的认识。他没有小肚鸡肠、锱铢必较的小家子气,他的人生哲学往往是抓大放小;他习惯于将尖锐的矛盾化解在诙谐的调侃中,让你在会心一笑的同时体会到一些哲理。幽默感强的人,通常心理比较阳光、健康,相对而言是比较正人君子的人物。

幽默绝对是以文化为底子的,幽默的语言具有高超的修辞技巧,至少是不落俗套的。幽默是反应比较快、机敏的表现,从这点来说,幽默感强的人智商较高。

现在的男士为什么缺乏幽默?可能确实与教育方法有关,也与大城市快节奏的生活和压力有关。你想,幽默是极其个性化的表现,而我们长期的课堂教学追求标准化,那就自然远离个性化,说别人说过的话,哪还会有什么有创意的东西出现呢?

另外,在生活的重压之下,在过于追求世俗功利的东西时,人们往往焦虑、急躁不安,更常见的是愁眉苦脸、内心不平衡,或者充满怨恨。

由此可见,有幽默感的男人通透、智慧、阳光,此类谦谦君子确实是打着灯笼也难找,如果遇见了,一定要珍惜噢!

未来的博士小姐,你的要求比一般人高多了。你倒是真的明白什么东西才更隽永、更可贵。你是个有智慧的姑娘,祝你好运!

创伤问题

儿子挨了小朋友家长的打

有一件事让人气愤,我儿子晨晨在幼儿园里和一个小朋友打起来了,晨晨长得高些、强壮些,把那个小朋友打哭了。那个小朋友回去告诉了父母,他的爸爸居然跑到幼儿园对我儿子又推又搡,把我儿子吓哭了。怎么会有这样的家长?! 第二天,我儿子就不敢去幼儿园了,他是被吓的。这事已经过去两天了,我真想不出有什么办法能让儿子恢复原有的胆量,这算不算一种心理伤害? 如果我儿子有什么问题,我是不会放过那位家长的。陈老师,我还是先来请教您,这事怎么处理为好?

小朋友打架是难免的,不就像两只小公鸡碰在一起打打斗斗吗? 这原本不是什么大事,但如果家长都参与进来,这事就变得麻烦了。你的儿子现在不敢去幼儿园,显然内心是有恐惧的,要想办法消除这些恐惧,还得靠你努力。

你可以去和幼儿园老师商量一下。首先要做的事是请老师让两个小朋友重新成为好朋友,然后双方家长要坐下来沟通,最后是让那位家长明白小朋友已经和好了,他的行为是冲动的和没有意义的。双方家长要明白应该以怎样的心态去看待这么小的孩子做错的事。

解铃还须系铃人,建议你能说服对方家长用和蔼的态度面对你的孩子,可以让对方家长摸摸你孩子的头,最好能抱抱他,对他说几句亲切的话,只有这样才能解除孩子的恐惧。

要知道,任何与对方加剧矛盾的做法都是对你孩子不利的。希望你能以大局为重,把着眼点放在有利于自己孩子成长的事情上。相信你们一定会处理好这件事的。

车祸后孩子再也不敢上路了

我们的儿子叫颂颂,今年4岁,两个月前他爷爷骑自行车,后座上带着他,路上与一辆摩托车相撞,祖孙俩都摔倒在地,爷爷伤势较重,一条腿骨折,手臂多处擦伤。儿子从后座上弹了出去,被路人抱了起来,并未受什么伤,当时儿子吓蒙了,好长时间没有哭出声。

从这以后,儿子在马路上就不肯自己走路了,要是把他放在人行横道线上,他会死揪着大人,一定要人抱,还出现惊恐的神情。现在我们不知道该怎么办,怎样才能解除他对马路的恐惧?他这是不是心理障碍?

你孩子的问题属于创伤后应激障碍。人在经历了突发的灾难性事件后,内心紧张、无助、惊恐,反复闪现可怕的一幕,或者把恐惧的一幕压抑下去,让自己无法回忆那可怕事件的细节,导致出现了心理危机,严重的可能会精神崩溃。

从信上看,颂颂的问题还不算太严重,除了不敢上马路,没有更多的问题。

解决颂颂的问题要一步一步来。第一步是确立问题,也就是搞清楚,颂颂他是怎么想车祸这件事的,孩子也许不会理性思考,但他会有感受,这个感受可能是马路是可怕的、危险的。具体做法是理解他的害怕,同情他的害怕,不要对他说"这有什么害怕的,我们颂颂真勇敢"之类的话。

第二步是保证他的安全,将生理和心理危险降到最低,多抱抱他,让他有安全感、依靠感。让妈妈、爸爸、叔叔等亲朋都来抱抱他。

第三步是采用系统脱敏法。先让他玩马路游戏,有一种玩具叫"高速公路",有小车在轨道上飞快地跑。孩子一边玩,家长一边说些鼓励的话,如这条马路真漂亮,小汽车开得多棒呀。孩子能自然、不紧张地面对"高速公路"玩具后,接着跟他玩开车游戏。爸爸扮演大卡车,妈妈扮演走路的人,宝宝扮演小汽车,大家在马路上穿梭。如果没有障碍就进行下一步,带他去面对马路的窗口,让他数数路上的车辆。再接下来,一家三口(抱着他)去热闹的马路,在他没有紧张感后放下他,牵着他走。完成这些以后,让他爸爸用自行车推他先在小区里走走,再去马路上走走。待他爷爷腿好后,让他爷爷推着自行车带他走走,最后骑车带他上路。

处理这种问题的原则是,小步接近目标,每一步完成后(所谓完成就是不紧张)才能进行下一步,有紧张感的话这一步要重新来过,直到不紧张了再继续进行。你们用心地去做,孩子的恐惧一定会消失的。

老师叫小朋友都不理我儿子

我儿子在一所中心小学读二年级,他很调皮,上课坐不住,老师让我们带他去查是否患了多动症。国庆长假,我们带孩子去北京检查,医生说孩子没有患多动症。老师让我们家长严格管束孩子,因为孩子的行为影响了课堂纪律。我们几乎每天都要给孩子讲上课守纪律的重要性,他还为此挨了他爸爸几次打。但是儿子的情况没有改变,引起老师的反感。前几天他回家哭了,说老师让全班小朋友都不理他,全班小朋友真的都不理他了,还朝他翻白眼,做鬼脸。

这孩子确实讨人嫌,但是如果班里没有一个小朋友和他玩,这会不会导致他心理出问题?我现在心里很急,又不知道怎么跟老师沟通。陈老师,我该怎么做?

对孩子来说,这件事确实够严重的。小小的人儿就要尝到被同伴疏远的滋味,他内心的委屈感可想而知。这个时候孩子最需要的是你的安抚,给他以安全的感觉,让他感到家里是可以诉说委屈的地方,爸爸妈妈是会保护自己的,不要去数落孩子的不是,讲一些大道理,大道理对这个年龄的孩子是没用的。

接下来要做的事情就是去找老师沟通。也许老师也是在他调皮得无法控制的时候一怒之下说了这样的话,并没有对这些话的后果多加考虑。所以,先不要指责老师,而是要告诉老师孩子回家后的反常情绪,让老师理解孩子心灵受了伤害,意识到这对孩子将来的人格发展会产生不良影响,到这时候如果沟通比较顺畅的话,和老师讨论一下,如何消除那些话的影响。老师是"系铃人",可以在班上重新表达一下她的意思,比如告诉小朋友,前几天因为他违反了纪律,老师让大家离他远些是让他冷静地想想自己做得对不对。现在他改好了,小朋友就该解除"警报",仍然和他一起玩。另外,老师还可以安排一两个心智成熟些的班干部主动陪他玩两天,事情就会很快过去的。孩子毕竟年龄小,一会儿就忘记了。

这事得抓紧,如果时间拖得长,会给孩子心灵留下伤痕。

不过,你孩子总不守课堂纪律,控制不住自己的行为,也是一个要解决的问题。在家里你们要有意识地训练他的行为,安静的时间长一些时就要给予肯定和鼓励:"不错,这次安静地坐了5分钟,下次争取坐6分钟怎么样?"

还可以用游戏进行训练,比如和他一起玩"我们都是木头人"的游戏,训练他的控制能力。

另外,环境对孩子也很重要,这样的孩子需要在一个比较安静、生活有规律的家庭中生活。

这个老师太凶了

我们孩子在学校里学习不好,一二年级时成绩还是中下水平,三年级以后成绩变得越来越差。三年级时他们换了一个班主任,这位班主任刚生完孩子,非常辛苦,从外地到上海做老师,又要自己带孩子,又要教两个班的语文,压力确实也挺大的,她的情绪一直不太好,我们做家长的知道孩子成绩不好,拖了班里的后腿,也是能理解老师的苦处的。平时她对孩子指责、批评是家常便饭,我们总是教育自己的孩子要听老师的话。

可最近发生的事,让我们有点受不了了。孩子因为语文作业没完成,吃完午饭后被班主任叫到教室,当着全班同学的面猛踩他的饭盒,一边踩一边大发雷霆,孩子吓傻了,好久才哭出声,全班同学也被老师的这种行为惊呆了。我们不能想象一个老师为何在教室里歇斯底里到这种程度,她一定是有什么心理问题。

从那天以后,孩子晚上老做噩梦,有时半夜会惊醒,胃口也越来越不好,反应迟钝,我们心痛不已。

陈老师,我孩子受了这样的心理伤害,会不会对他今后的成长造成影响?我们该怎么办?

这位教师的这种行为是失去了控制的情绪爆发,对孩子的心灵

造成的创伤不可忽视,这种师源性的伤害值得教育界的人士认真研究思考。

对孩子来说,这是一个急性创伤性事件,它通常会让低龄的孩子出现心慌、发抖等生理症状,情绪烦躁不安,经常处于高度戒备状态,会感到孤独,出现抑郁、麻木。孩子会回避那件使他痛苦的事,抑制回忆,而那份感觉被留在潜意识里了。

父母要重视这件事,科学地去面对和处理。首先要表示出对孩子遭遇的同情,而不是分析、指责,要安抚好孩子,让他感觉在他最无助、最恐惧的时候,父母在自己的身边,使他安定下来。近期你们可以让他和你们一起睡一段时间,将他心理上的恐惧感降下来。然后要发动亲戚朋友支持他,让他觉得有那么多的人是关心我、爱我的,有可能的话,请那位老师给孩子道歉,最好也能解释一下。

这个暑假领着孩子出去玩玩,让他看些幽默的动漫电影,引出他的笑声,不能让孩子的心灵之门关闭起来。

如果老师能意识到自己的错,能配合调整孩子的情绪,这是最好的,所谓"解铃还须系铃人"。但老师如果不能从心底里认识自己的问题,只能做些表面文章,而孩子依然感受到老师从心里不喜欢他的话,可以考虑换一所学校。换学校前一定要把孩子受过的伤害告诉新班主任,让新班主任在与他相处时知道,孩子再也经不起伤害了。

怎样开导留级的儿子

我儿子上小学四年级,因学习成绩在整个年级是倒数几名,学校决定让他留级。儿子从小体弱多病,经常因病请假,落下不少课,再加上他上课注意力不太集中,学习成绩就变差了。根据孩子的实际情况,留级的决定我们家长倒是能够接受,问题是孩子不接受。他说他死也不留级,如果让他留级他就不去上学了。为此我们心里很急,不知如何对孩子说,让他能自愿地去下个年级的班上上学。

这几天我们尽量回避这个话题,但是躲过了初一躲不过十五,终究是要跟孩子谈的呀!我们该怎么说呢?真的很怕伤了孩子的心,让他一辈子心里有阴影。

每个学校每年总要有那么几个孩子留级的,从教学的实际情况来看,比同龄孩子发展略滞后一些的孩子,多读一年不是坏事。小孩子相差一岁各方面就会很不一样,理解力、判断力、注意力大一岁都是不一样的。你们家长是比较明智的,能够面对现实。

但留级这件事对一个孩子来说,确实是一件能留下心理创伤的事件,处理妥当与否相当重要。

学习不好的孩子通常比较自卑,留级让他们感觉自己像是被前行的车子甩下来的乘客,是另类。有的孩子不敢面对新同学、新老师,行为越来越退避,他们往往回到家里乱发脾气,以发泄心中的压抑;还有的孩子,尤其是中学生,往往"破罐子破摔",从此放弃学习,与老师做对,发泄自己对失败的愤怒。

我们要对孩子说的是:学习是一场马拉松赛跑,有的人先快后慢,有的人匀速奔跑,有的人先慢后快。可以举一些例子,让孩子有形象的感受。告诉孩子:你是属于先慢后快的孩子,后面蕴藏着很大的潜能,好的矿石不都埋在很深的地下嘛,你可以慢慢地跑,把全程跑完,你会发现你不比任何人差。

这种鼓励性的语言是可以进入孩子潜意识的很好的暗示。

另外,还要注意到孩子进入新班级后的人际关系可能会对孩子造成不良影响。

你要早一些与班主任沟通,最好能要求班主任来家访,一是表示出对孩子去他们班的欢迎,二是可以让孩子直接听到老师鼓励的话。

可以请求班主任老师在孩子未进班级前向全班同学提个要求,要求大家对新的班级成员表示接纳和欢迎,让班里学生了解班主任老师是欣赏能接纳别人的宽容的学生的。

还可以让班主任安排班里比较细腻文静的女孩与你注意力不太集中的儿子同桌,给予提醒、督促,家长要鼓励两个孩子成为好朋友。这样,孩子进新班级后就会有被他人接纳的愉快的感受。

你们试着去做,千万不可疏忽。

从来不肯唱歌的男生

儿子读小学五年级了,各方面表现都不错,尤其是体育,他跑得快,跳得高,游泳也一学就会。可音乐老师对他很有意见,在音乐课上,他从不张嘴,学吹口琴也不合格。音乐老师气得把他留下来,单独补课,但是也没用。

班主任老师说,班里去年级组表演集体大合唱,他站在队伍中间只张嘴不发声,真正是滥竽充数。问他为什么唱歌对他那么难,他也只是笑笑,不置可否。音乐老师为此对我们说,教了几十年音乐,从未遇到过这样的学生,她让我们找找心理医生,查查原因到底是什么,所以我们写信给你的专栏,希望得到你的指点。

我们孩子的成长一直比较顺利,幼儿园、小学都是区内最好的,他好像在幼儿园里就不爱唱歌,反正我们从没听过他的歌声。对了,有一件事不知是否与此有关,有一次幼儿园大班外出表演,老师让他演个男主角,但说他声音不好听,主角歌唱部分是由幕后另一位声音好听的男孩子唱的,这事已过去好几年了呀。

正是"那件事"的后果。那个"你的声音不好听"的评价,已深深埋在你儿子的潜意识里,也早就内化为他的自我评价了。既然声音不好听,要别人替,那干吗还发声呢?这件事使他再也不歌唱啦。

严格地说，这也算孩子成长过程中的一个"创伤事件"，所以教育者对待教育对象要讲究科学，稍不小心就会给被教育者留下心理问题的隐患。无论是老师还是家长，在面对得奖呀、比赛呀、考级呀这些功利性很强的事件时，如果意识到这些可能会伤害孩子的心灵，就宁可不参加。少得一个奖，没什么大不了的；心灵上划了一刀，可能终身有伤痕。

怎么才可以解决你儿子的"金口难开"的问题呢？确实要寻求专业心理医生的帮助，因为这个问题不在意识层面，只在意识层面上讲一大套道理是没用的。这也不是个认知的问题，你儿子也一定知道大合唱中自己应该发出声音，可他就是发不出来。这是一种感觉，他没找到发出歌声的感觉。这种感觉自"那次事件"后就找不到了，实质上是被压抑了，所以得找有经验的心理治疗师与他进行潜意识深层对话，可以用意象对话技术打开他的潜意识之门。

还有一个办法可以试一试。去找那件事的始作俑者，让那个幼儿园老师把当时的情景再描述一遍，并且告诉他："你的声音也不错，只是当时老师想得奖，就叫另一个把这首歌唱得更好的小朋友代替了你。""解铃还须系铃人"，那个老师对他声音的肯定是一味很好的药。

开完追悼会后我变了

两个月前,我去参加我舅舅、舅妈的追悼会,之后我产生了恐惧的感觉。我整天害怕,但也不知害怕什么,晚上常惊醒,白天上课也受影响,心情很低落,一直开心不起来。

我舅舅是一个企业家,身体很强壮,他和舅妈旅游时在山崖上翻车,掉下去摔死了。当时和我同岁的表弟正巧在澳大利亚参加夏令营。追悼会上,表弟哭得那么悲伤,这镜头太刺激我了,我突然感到从未有过的恐惧。我想表弟前几天还在参加夏令营,现在却成了孤儿,人生真是太无常了,人根本无法控制自己的命运,谁知道自己哪天死去?活着的意义到底是什么?这些问题缠得我失眠。现在我一个人睡觉有害怕的感觉,要把灯开着才敢去睡。在学校里同学叫我去打球,我也没有兴趣。妈妈说我变了,我自己也感到不开心。我该怎么办?

你经历了一个创伤事件,剧烈的、流血的惨祸萦绕在你心头,好端端的亲人消逝了,这对谁都会像是在心头上割了一道伤口,伤口会慢慢愈合,但要有个过程。

这件事使你想了很多问题,都是你以前没有想过的,不过在我看来,这些问题是一个人走向成熟时都会去思考的,也许你会在思考这些问题中一天天长大。

你的这种恐惧感主要来自对死亡的恐惧,追悼会上死去的亲人让你备受刺激。我们把对死亡的恐惧叫作原始恐惧,这样的恐惧其实笼罩着人的一生。正常的人对待死亡恐惧的心态是这样的:这一天无法躲避,也无法预测,就像天空的阴晴不是你能左右的。既然如此,就应该凸显活在当下的意义,着重去体验具体的活着的每一天的喜怒哀乐。扔下当下不管,却沉湎在未知的恐惧中,这是浪费生命。

生命是偶然现象,它的意义是你自己赋予的,而你又是唯一的,所以你将赋予它的是你独特的意义。而死亡是共同的,是大家都会有的,因此还是个性的东西更值得探讨。

人生很无常,正因为无常,活在当下就更重要了,不是吗?如果那次追悼会能引起你深刻的思考,说明你是个有头脑的中学生。我建议你找些心灵修养方面的书来看看,如《相约星期二》《心的路程》等易读懂的书。

挨了继母毒打的孩子

我离婚两年了,孩子判给了他爸爸,当时他爸爸坚持要孩子的抚养权,不然就不同意离婚,我为了早日摆脱死亡婚姻对儿子造成的不利影响,就同意将儿子留给他。哪想到去年他娶了新太太,那女人有个小我儿子三岁的男孩。一开始倒还太平,儿子和那个小男孩也还能相处。我前夫搞贸易,经常出差不在家,那女人不工作,就在家带孩子。

儿子每次来我这里,我都告诉他要和弟弟好好相处,要听继母的话。儿子告诉我,每次他从我这里回去,继母的脸色就很难看,对他没好气。

上星期儿子学校里要春游,他问继母要钱,她当时答应了,可能是忘了给,早上儿子匆忙去上学,就从她抽屉里拿了100元钱,没打招呼。晚上回家后,这女人对着我儿子大喊大叫,说儿子偷她钱,还打电话给他爸爸,说儿子没法管,但不管又要变坏,他爸爸就说偷东西一定要管。儿子和继母吵了起来,一个要他承认偷钱,一个不承认,儿子推了她一把,发怒的继母挥起手上炒菜的铲子朝儿子头上打去,儿子的头被打出了一个大包。儿子哭着从家里跑到我的住处,我怒火中烧,当时就想冲过去和她打架,但为了孩子还是克制住了。现在的问题是,孩子受了刺激,情绪非常糟糕,晚上做噩梦,毕竟是个只有12岁的孩子,我心里真难受,该怎么安慰我的孩子呢?

这是一个急性创伤性事件,对孩子的心理的确会产生不良影响,可能这些日子里孩子头脑中会闪现那个挨打的镜头,情绪激动或者恐惧,在这种时候你要在孩子身边,不要离开他。你自己尽量做到情绪平稳,不要在孩子面前怒气冲天,责骂继母,后面的事情是大人之间交涉的事。

待孩子平静后,和他一起分析那件过激的事是怎么发生的,孩子行为中有哪些做得不合适。问问孩子,如果是面对自己的妈妈他会怎么做。让孩子知道继母心理上需要什么,是不是因为她是继母就特别敏感,特别需要被尊重的感觉?不然为什么孩子去了你那里继母就不高兴呢?这说明她也是想对孩子好的,也想在孩子心目中有一席之地,想让自己的付出有回报。

你为了自己孩子,就宽宏大量一些,尽可能让孩子体会继母好的地方,同时要告诉儿子,他是安全的,因为你会保护好他的。

你还要和他爸爸取得联系,让他爸爸做个中介,把继母后悔的心情告诉孩子,还应当请他爸爸说服继母接受孩子对你有感情的现实,从一个母亲的角度理解孩子。

最理想的结果是,大家坐在一起,包括孩子,当着你的面,让继母拥抱一下孩子,冰释前嫌。

假如继母无法做到这些,你应该考虑将抚养权变更到自己的手里，再和继母一起生活下去对孩子的成长就没有好处了。但是，即使孩子回来和你一起生活，你也不要对继母有怨言，否则孩子心灵上的伤口就不易愈合了。

我的家庭太不幸

我是一位初三的学生,最近我老是打不起精神来,觉得做什么事情都没有意思,在没有人的时候总是想哭,心里的话又不愿跟别人讲,很苦闷,功课也退步了,我不知道该怎么办。

从我记事起,我的父母就经常吵架,甚至打架、摔东西,最近他们的战火又升级了,已经提出离婚,亲戚朋友都来劝他们,但都没用。申请离婚时他们谁都不想要我,今后我怎么办?看到其他同学都生活在和睦的家庭里,我心里很难过,我为什么这么不幸?我为什么生在这样的家庭里?

我很同情你现在的处境,大作家托尔斯泰说过,幸福的家庭都是相似的,不幸的家庭则各有各的不幸。你们家庭现在面临的情况总有它的原因,一个人生在怎样的家庭里是无法选择的。你的父母经常吵架,这样的生活环境对你很不利,而这样的现状又是你无力改变的。当我们无法改变客观事物时,我们只能调整我们的主观认识,也就是说面对这样的现实,你要调整自己的心理状态。不同的人、不同的心理状态面对同样的事物可能会出现截然不同的反应。举个例子:大热天当你从外面跑回家,汗流浃背、口干舌燥时,你拿起水壶,摇了摇,倒出了半杯凉开水。你的心情可能是:"太好了,好歹还有半杯水可以解渴,运气不错。"于是你痛快地喝了水。也可能倒出半杯水后,你的心情是:"真见鬼,早晨凉的开水,谁给喝了,害得我只能喝半杯,半杯顶什么用,真倒霉。"这个例子告诉我们:客观情况相同,主观态度不同,心理状态不同,结论就不一样,效果就不一样。也许你要说:这不是"阿Q"精神吗?不,"阿Q"精神是指那种不切实际的胡思乱想,没有根据的自我欺骗。一个人对生活有什么样的感受全在于他的心理状态,丰衣足食照样有苦恼、怨恨的人,粗茶淡饭也有整天乐呵呵的人。

你现在既然无力改变你家庭的现状,不妨这样想:你们大人的事我也管不了,但我已经长大了,可以自立了,自己管住自己不是更好吗?有的同学不是千方百计地想从大人的管教下挣脱出来吗?我既然已经生活在这样不和睦的家庭中,更要自尊自爱,更要争气,不让别人说闲话,要学会与同学和睦相处,好好学习,因为前途是我自己的,每个人长大后都要离开父母独立,我不过是提前了一点。我的功课一定不能落下,要争取考上好的学校,将来有一份好的职业,那就会有今后幸福的人生。另外,这样的家庭还迫使我早些懂事,早些成熟,不能依靠父母那就更应该依靠自己,多少家境贫寒、没有父母的孤儿不是都长大成才了吗?

你不妨这样去想一想、试一试,莫让不幸的阴影笼罩着你,更不要夸大、膨胀这种不幸,沉浸在其中。要走出这道阴影,迎着前面的阳光。你可以听些健康、愉快的歌曲,多参与体育活动,多与同学聊天,分散自己的"不幸感"。相信你一定能行。有什么想法可继续来信。

我发现了父亲的秘密

　　我们的家是个幸福的家庭，我一贯这样认为。爸爸妈妈在我印象中也一直是比较和睦的一对，我妈妈有时不讲道理，我爸爸总能处理得很好。我爸爸一直是那种比较通情达理的人，特别是他那种中庸的处世哲学，让他在单位里游刃有余，做什么都考虑得很周到，人缘特别好。我妈妈好像也特别信任我爸爸。在我心目中，我爸爸不偏执、不极端，是个比较完美的人。

　　10月1日那天发生的事情，让我爸爸的形象发生了天翻地覆的变化。

　　事情是这样的，9月底我爸爸去广州出差，说正巧有一个老同学全家去广州旅游，他们要见个面，在广州多待一两天，10月3日回家。我们也根本没怀疑他的话，他经常出差。10月1日我和一大帮同学一起去镇江玩，晚上住进一个大旅馆。我在旅馆里看见我爸爸和一个三十多岁的少妇一起上楼。我惊讶得心都快跳出来了。我爸爸怎么会在镇江？后来我对班里没去过我家的女同学说，走进去的那个女的好像是我邻居，但旁边的人肯定不是她丈夫，你去帮我侦察一下。

　　女同学后来告诉我，那对男女走进了403房间，只有他们两个人。她还说我无聊，邻居的隐私也要管。事情明白无误了。

　　陈老师，从我看见那一幕起，我的心就再也安静不了了，我对我爸爸一贯的为人产生了怀疑。我突然觉得我妈妈太可怜了，可我又不能告诉她。我该怎么让我自己心理上过得了这个关？

谁遇到这样的事情都会难堪、难过、难忍的,因为一个人的形象在你心目中被颠覆了,新的形象又是你不愿接受的,况且这个人是你的至亲。

你爸爸被你看成完美的人,那是因为你是他的女儿。你爸爸是现实生活中的人,本来也并不一定有你认定的那么完美,即使是完美的,也还有一个发展变化的问题。一个人的变化不会是单一因素所致,在什么样的年纪、什么样的环境、什么样的条件之下发生了变化,你可以作一些分析,看看你爸爸的心理需求发生了什么改变。

从你描述的你爸爸的个性特征来看,你爸爸这个人在社会上做人一直比较自律,自我约束性较强,这就可能使他长期处于压抑之中,也许他的真性情从未自然地流露过。现在人到中年,该有的也都有了,事业发展的空间也有限了,可能就开始关注自我了。对自己的内心需求越来越重视,还有种抓住青春尾巴的急切感,这在不少中年人身上都可以见到。

还有,你爸爸的心理变化和你妈妈有没有关系呢?在他俩的互动模式中,什么是你爸爸不愿接受,但又克制自己不得不接受的呢?

当你静下心来认真去了解一个人、理解一个人、分析一个人时,你会平静很多,你会看清一些变化的根源,你的疑惑、不解就会释然。

别简单地一定要在你爸爸和你妈妈中分出谁是受害者、谁是加害者,这样很容易使你站在受害者一边声讨加害者,闹得一家人分崩离析。你的角色最好是天平的支架,站在中间,使两边平衡。

建议你单独找你爸爸谈谈,告诉他那天你看见的事实,听他怎么解释,告诉他你会为他保守这个秘密,并表示相信他会一如既往地处理好复杂的问题,因为在你心目中他是个有能力的人。这次谈话比较重要,不要轻易去批评或否定你爸爸,事实上他对家庭是有贡献的。相信你同他谈话后,他会对你妈妈更好的,同时也会为有你这样善解人意的女儿而感到幸福,那么他那驶出港湾的小船,很快又会回来的。

女儿被骗失身怎么办

　　15岁的女儿今年暑假来上海外婆家,外婆外公带她去北方旅游,哪想到这孩子一个人单独行动时遇到了坏人,那个年轻人不仅骗了女儿的钱,还骗了女儿的身。这件事外婆外公不知道,我们也是从她电脑里的聊天记录中发现的。

　　从上海回香港后,女儿好像痴掉了,总是在等谁的电话,她的情绪似乎随着电话那头的变化而改变,一会儿兴奋,一会儿消沉。还向那个北方城市寄过2 000元钱,读书也没了兴趣。

　　再这样下去真的很可怕,我们做家长的是痛在心里,又不敢轻易去提醒女儿,如果我们以成人的经验告诉她,她遇到的根本就是一个骗子,她怎么会受得了?我的孩子太惨了,只怪我们平时太保护她,使她缺乏辨别力,心理太幼稚。

　　现在的问题是,一旦这孩子醒悟了,她那脆弱的精神会崩溃。这事该怎么办才好呢?

　　15岁花季少女单独一个人行动却引来了"色狼",后面发生的事可想而知。作为家长,心里的滋味确实不好受,你们能在这种情况下克制住自己,不让自己的情绪伤害女儿,真是可怜天下父母心啊!

　　就像你们分析的一样,你们女儿确实天真幼稚,又正值青春萌动。她无法辨真与假,涉世实在太浅。

这件事如果真相大白,确实会给你女儿造成心灵创伤,她的初恋交给了一个骗子,一辈子都会有阴影的。

在这种情况下,你们更加需要保护好自己的孩子。可以创造一些活动的机会,让她广泛地接触同龄孩子,包括异性孩子,打开交流的渠道,多作比较,转移注意力和兴趣。

做妈妈的要尽可能地接近孩子,让她能放心地和你沟通,将自己的遭遇告诉你。当孩子说出这件事后,你不要过度紧张,先要安慰女儿,问她有什么地方需要你的帮助,如果你女儿进一步提出些问题让你解答,你就可以将自己对对方的看法说出来,但不要把这种看法强加给你女儿。告诉你女儿未来可能会出现什么样的情况,让她有心理准备,如果出现了你女儿不能接受的事实,你希望你女儿是坚强的、能够面对的。同时要让你女儿知道,不管发生了什么,你们永远是她坚强的后盾,永远爱着她。

你女儿总有一天会明白这件事是怎么回事的,到那时你们要尽可能地让她安静一段时间,出了这样的事,她是需要反思的。过后你们要安排全家人一起活动,让她在心理上找到支持,不至于精神崩溃,让她重整旗鼓,向前发展。

孩子,大胆往前走

我是一个不幸的女孩,在我上小学三年级那年,我妈妈因为工作忙,把我留在一个朋友的姑妈家。姑妈家 19 岁的哥哥对我做了坏事。我永远忘不了那一幕,那一家人跪在我父母面前,求他们放过他,我妈妈气得生了一场病,后来我们搬家了。

发生这件事后,我就觉得自己和别的女孩是不一样的,自己是更下贱的,是应该被人看不起的。而且我觉得父母看我的眼神似乎也变了,那眼神里更多的是可怜和同情。他们格外地照顾我,小心翼翼地对待我。

现在我已大学毕业,也有了自己喜欢的一份职业,只是我很少有朋友,凡热闹的地方,我从不往前凑,我不愿和别人有更深入的接触。没有人能走进我的心里,我觉得我心灵的窗在上三年级那年就关上了。

现在父母年纪渐渐大了,自己也到了谈婚论嫁的年龄。有邻居上门给我介绍男朋友,我看到父母那哀愁、幽怨的眼神,心里面的滋味无法形容。我觉得幸福和我是无缘的,我是个倒霉的人,我应该关上自己心灵的窗,自生自灭。

这两年我觉得自己越来越抑郁,对什么事都不太有兴趣,好像幸福是属于别人的,不幸才是属于我的。

儿时那件事情造成的伤口依然在滴血,怎么会滴到现在?这伤口真是难愈的吗?

你怎么会在幼小的心灵里留下自己是下贱的这种认识?你有什么错?那件事对你来说是不可测的、不可抗的,你只有一个角色——受害者。让一个受害者来承担这个事件的心理负担,而且那么久,真的很残忍。

我的分析是,那件事情发生了以后,没有得到科学的处理,给你留下了很深的创伤。那次你看见几个人下跪,看见你妈妈生病,而你作为一个受伤的小孩,不但没有得到及时的安抚,却再次承受沉甸甸的心理负担,你心里可能会想,这事居然严重到这种程度,你妈妈的痛苦都是你造成的,这份内疚给伤口撒了把盐,加重了你对创伤的体验。

以后的日子里,你爸爸妈妈的眼神总是在提醒你你曾受过伤害,好像你是一个打碎了的玻璃杯,好不容易粘上,捧在手里一动也不能动,更不能去装水,否则它就碎了。

你爸爸妈妈是下意识的态度,但他们把深深的哀伤刻在了你心上,令你挥之不去。

现在你写这封信,是因为你想打开那扇关闭了太久的窗,想透透气了。确实应该透透气了,正处青春时光的你,不去享受灿烂的阳光,更待何时?然后你似乎感到窗户关得很紧,插销生锈了,窗户很难打开,是吗？很难打开是真的,但不敢打开也是真的。打开后你得要迎接异性的男友,你那个秘密该不该向他坦白？他会有什么表示？

好,让我们来试一试。请你闭上眼睛,深呼吸,然后让自己的肌肉放松,想象你面前有扇拉着窗帘的旧窗户,你用力地去拉开那深色的窗帘,阳光顿时透进来;你在生锈的插销孔里滴上几滴机油,让它变得松动;你打开了窗,瞬时,久违的新鲜的空气吹进来,你贪婪地深吸了一口,让清新的空气一直进入你的肺部。你感觉很爽快,内心涌动着一股热流,你想走出去拥抱大自然。

认识上要告诉自己,窗户终于打开了,而且以后也会开关自如。至于你未来的男朋友,他应该是一个能和你携手并进的青年,而不是封建遗少;他应该是一个能理解人、关心人的青年,而不是心胸狭隘的人。相信他会让自己从小心灵就受到伤害的女友更安全的。

图书在版编目(CIP)数据

孩子，你怎么了：儿童、青少年心理问题解答/陈默著.
—上海：上海教育出版社，2018.4（2025.10重印）
（陈默老师家庭教育支招系列）
ISBN 978-7-5444-8322-3

Ⅰ.①孩… Ⅱ.①陈… Ⅲ.①家庭教育-教育心理学
Ⅳ.①G780

中国版本图书馆CIP数据核字(2018)第064126号

责任编辑　金亚静
书籍设计　陆　弦

陈默老师家庭教育支招系列
孩子，你怎么了
——儿童、青少年心理问题解答
陈　默　著

出版发行	上海教育出版社有限公司
官　　网	www.seph.com.cn
地　　址	上海市闵行区号景路159弄C座
邮　　编	201101
印　　刷	上海叶大印务发展有限公司
开　　本	890×1240　1/32　印张 13
字　　数	278 千字
版　　次	2018年4月第1版
印　　次	2025年10月第13次印刷
书　　号	ISBN 978-7-5444-8322-3/G·6881
定　　价	39.00 元

如发现质量问题，读者可向本社调换　电话：021-64373213